中外高等教育学位制度和资历框架研究

教育部留学服务中心 | 主编

外语教学与研究出版社
FOREIGN LANGUAGE TEACHING AND RESEARCH PRESS
北京 BEIJING

图书在版编目（CIP）数据

中外高等教育学位制度和资历框架研究 / 教育部留学服务中心主编. -- 北京 : 外语教学与研究出版社，2024.1

ISBN 978-7-5213-5045-6

Ⅰ. ①中… Ⅱ. ①教… Ⅲ. ①高等学校－学位－研究－中国 Ⅳ. ①G643.7

中国国家版本馆 CIP 数据核字（2024）第 020058 号

出 版 人　王　芳
责任编辑　华宝宁
责任校对　刘相东
封面设计　郭　莹
出版发行　外语教学与研究出版社
社　　址　北京市西三环北路 19 号（100089）
网　　址　https://www.fltrp.com
印　　刷　北京盛通印刷股份有限公司
开　　本　710×1000　1/16
印　　张　17
版　　次　2024 年 1 月第 1 版　2024 年 1 月第 1 次印刷
书　　号　ISBN 978-7-5213-5045-6
定　　价　90.00 元

如有图书采购需求，图书内容或印刷装订等问题，侵权、盗版书籍等线索，请拨打以下电话或关注官方服务号：
客服电话：400 898 7008
官方服务号：微信搜索并关注公众号“外研社官方服务号”
外研社购书网址：https://fltrp.tmall.com

物料号：350450001

编 委 会

序　言

创建学习型社会和建立终身教育体系是全球教育发展和改革的一项重要任务。2010 年，《国家中长期教育改革和发展规划纲要（2010—2020 年）》明确提出搭建终身学习“立交桥”，促进各级各类教育纵向衔接、横向沟通，建立继续教育学分积累与转换制度，实现不同类型学习成果的互认和衔接。实现这些目标最有效的方式就是建立国家资历框架。

2016 年，我国国民经济和社会发展纲领性文件《中华人民共和国国民经济和社会发展第十三个五年规划纲要》首次提出要制定国家资历框架。建立国家资历框架是教育国际化发展的需要，是我国教育实践发展的需求，也是打破我国终身教育制度瓶颈、切实推进我国终身教育实践的关键，更是实现教育和劳动力市场有效互通和衔接的制度基础。我国一直致力于推动形成全方位、多层次、宽领域的教育对外开放格局，深化同世界各国的教育合作与交流，并已加入《亚洲及太平洋地区承认高等教育资历公约》(即《东京公约》)，资历框架建设是实现我国资历全球互容互通、做强中国教育品牌的基础。制定国家资历框架势在必行。

随着经济全球化的拓展和延伸，世界各国在社会、文化、教育等领域的交流与合作不断深化，极大地促进了学生和劳动力的跨境流动。在跨国人才流动过程中，学历互认需求不断增大。然而，基于学位制度的学历互认受不同国家教育体制的影响，差异性和特殊性显著，学历互认存在一定的困难。从学位扩展到资历是应对当前学位制度困境和推动全球高等教育发展的重要趋势。

自 20 世纪 90 年代开始，教育部留学服务中心（简称“留服中心”）开始向社会提供国（境）外高等教育学历、学位与文凭的认证咨询服务，并在 2001 年 1 月正式面向社会开展国（境）外学历学位认证服务。留服中心是国内唯一从事国（境）外学历学位认证服务的国家级专业机构。30 年来，国（境）外学历学位认证不断转变服务方式，优化服务流程，提高服务质量和效率，在助力留学人员回国就业创业、推动国家留学事业发展和教育对外开放等方面发挥了重要的作用，也成为促进国际化人才培养与中外教育交流互鉴的必要环节。

通过多年的实践积累，留服中心已逐步建成囊括了全球 160 余个国家（地区）、1.2 万余所高校以及其颁发的上千种学历学位证书的海外高等教育资源信息库。2021 年，受国务院学位委员会办公室委托，留服中心对世界主流国家和地区的高等教育体系、学位制度以及各种类型的国家 / 地区性资历框架进行了深入调研，圆满地完成了“国际高等教育资历框架研究”专项研究课题。在此基础上，教育部留学服务中心与北京师范大学首都学习型社会研究院的专家团队共同执笔，精心打磨，完成了《中外高等教育学位制度和资历框架研究》的编撰。本书系统地介绍了国际上有代表性的、成熟的高等教育学位制度和资历框架体系，并对中外学位制度以及不同类型的资历框架进行了比较分析，在此基础上为我国学历学位制度改革和国家资历框架建设的提供了启示。

资历框架是实现各国资历对接、促进人才自由流动的重要工具。研究和探索具有中国特色的高等教育资历制度体系、构建国家级资历框架有助于进一步推动我国的教育对外开放事业，促进国际资历互认和人才交流，同时为向国际社会贡献中国方案，有助于共同构建繁荣、和谐、可持续的人类命运共同体。望此书能够通过全面梳理国际高等教育资历框架体系的建立背景、发展历程、发展现状以及未来趋势，为构筑既符合我国实际需求又能够与国际接轨的国家资历框架体系建设方案提供助力。

教育部留学服务中心主任　程家财
2023 年 10 月

前　言

2019 年中共中央、国务院印发的《中国教育现代化 2035》强调“建立全民终身学习的制度环境，建立国家资历框架……建立健全国家学分银行制度和学习成果认证制度。”[①] 党的二十大报告提出“推进教育数字化，建设全民终身学习的学习型社会、学习型大国”[②]，明确了我国学习型大国建设目标，并与教育数字化联系起来，成为国家教育发展的重大战略。以上是我国构建数字时代终身学习制度体系的两个纲领性文件，高等教育是终身教育的重要组成部分，终身学习制度体系的变革直接影响到高等教育制度的发展和改革。

高等教育的学位制度是规范学术活动、保障教育质量的重要手段，是国家人才选拔和培养的重要机制。然而，随着数字时代全民终身学习思潮的全球推广与广泛接受，云计算、大数据、人工智能、区块链、物联网等新兴技术与教育教学的深度融合，以及学习多元性、灵活性、便捷性和动态性的深化，高等教育的学习方式和学习对象已经发生了前所未有的变化，而高等教育的国际化趋势使得跨国学历认可与人才流动成为时代特征，传统的学位制度转向认可所有通过正规、非正规教育和非正式学习成果的资历框架体系成为全球高等教育改革的重心。

面临数字时代高等教育全球化和学历资历互认的发展趋势，建立对接国际标准和有中国创新特色的高等教育学历和资历框架制度体系，完善高等教育质量保证机制，已经成为我国新时代高等教育发展的重中之重。本书旨在通过对中外学位制度和资历框架的发展现状进行比较研究，为数字时代建立我国高

① 新华社. 中共中央、国务院印发《中国教育现代化 2035》. (2019-02-23) [2023-12-23]. https://www.gov.cn/xinwen/2019-02/23/content_5367987.htm?tdsourcetag=s_pctim_aiomsg.

② 新华社. 习近平：高举中国特色社会主义伟大旗帜　为全面建设社会主义现代化国家而团结奋斗——在中国共产党第二十次全国代表大会上的报告. (2022-10-25) [2023-12-23]. https://www.gov.cn/xinwen/2022-10/25/content_5721685.htm.

等教育学位制度和资历框架提出策略性建议。

本书包括四章。第一章描述学位制度和资历框架的概念及作用，即学位制度和资历框架“是什么”和“为什么要建”的问题，内容涵盖学位制度的概念及作用；资历框架的概念及作用；跨国高等教育学位制度和资历框架发展；从学位扩展到资历的重大意义。

第二章分析我国学位制度和资历框架的发展现状，包括我国学位制度的发展历程和面临的问题，在高等教育全球化和终身学习社会建设语境下从学位制度扩展到资历框架的教育改革需求，资历框架建设的政策文本分析，资历框架建设的研究现状和本土创新实践；明确了完善我国学位制度、制定中国资历框架方案、满足联合国教科文组织推出的《承认高等教育相关资历全球公约》的要求及助推我国高等教育学历和资历国际互认的迫切需求。

第三章是探讨国外学位制度和资历框架的发展现状，以英国、美国、法国、德国、爱尔兰、俄罗斯、新西兰、南非、澳大利亚、日本、菲律宾、马来西亚等十二个国家为典型案例，着重分析这些国家学位类型和专业层次的制度，从学位制度向资历框架扩展的理念和特征，以及学位制度向资历框架转型的衔接标准与贯通融通的阶梯模式。

第四章是比较中外学位制度和资历框架的异同。从国外经验来看，学位制度改革与资历框架建设存在紧密的联系：一方面学位制度改革是资历框架体系建设的基础，是通过改革原有学位体系中的体制机制、发挥已有机构和已有制度的作用、不断完善发展的产物；另一方面资历框架建设是学位制度改革的发展方向，是满足开放、灵活、弹性、终身学习的制度基础。基于国际模式和我国本土创新经验，我国学位制度和资历框架发展改革需要齐头并进：一方面加强现有学位制度改革以实现与资历框架的兼容；另一方面基于现有学历、学位、文凭、证书制度，构建有中国创新特色的“资历框架标准 + 学习成果认证制度 + 学分银行制度”三位一体的终身学习制度体系。

本书附录是学位制度和资历框架术语（中英文对照）和定义，包括学位、学位制度、文凭、学历资历、高等教育学历资历、学历资历认可、资历、资历框架、终身教育、终身学习等。

由于中外学位制度和资历框架比较研究的范围广、内容新、难度大且时间有限，书中难免存在不足，恳请专家、读者批评指正，以便再版时修正和完善。

北京师范大学首都学习型社会研究院院长　张伟远

2023 年 10 月

目 录

第一章 学位制度和资历框架的概念及作用

一、学位制度的概念及作用

学位既是受教育程度的一种标志和象征，也是体现学术水平的一种等位或头衔。《教育大辞典》对学位的定义表述为："学位是授予个人的一种终身称号，表明称号获得者曾受教育的水平，或已达到的学历水平"[①]。《简明不列颠百科全书》中对学位的表述为："在教育中学院或大学为了表示学者学术成就的水平而授予的头衔"[②]。

学位制度是指国家赋予其学位授予权的单位对达到一定学位水平或专业技术水平的人员授予一定的学位，并向其颁发相应的学位证书的制度。学位制度是为学位授予的级别、学位获得者的资格、学位评定、学位管理而设立的制度。

我国的学位分为三层，即学士、硕士、博士，相应形成了学士学位、硕士学位、博士学位，这是国家认可的正式学位。我国高等教育中所谓的副学士学位、辅修学位或专科学位，没有经过《学位条例》的确认和国家学位授权审核机关的批准，因而并不是我国正式的学位层级。我国的三层学位分级和目前高等教育分段密切相关，普通高等教育可分为本科教育和研究生教育两个阶段，研究生教育又包含硕士教育和博士教育两个阶段。三层学位各自的基本学制为：学士四年、硕士两年或三年、博士三年或四年，整体构成了我国单一式直线型三级学位制度。此外，我国的学位类型分为学术型和专业型两大类。学术学位在普通高等教育中最为常见，形成了目前我国以学术学位为主导的学位体系。专业学位以硕士层级居多，目前有包括法律、工程、艺术、公共管理等39 种之多。

① 教育大辞典编撰委员会. 教育大辞典：第 3 卷 [M]. 上海：上海教育出版社，1991：74.

② 百科全书. 简明不列颠百科全书 [M]. 中国大百科全书出版社，1985.

学位制度发展到今天不再仅仅是一种评价机制，也是规范学术活动、保障高等教育质量的重要手段，是国家人才选拔和培养的重要机制，已经成为促使精英教育和大众教育分野的重要工具，在社会各阶层间发挥桥梁作用，促进知识再生产与劳动力再创造[①]。

20 世纪 80 年代以来，全球进入知识经济社会，企业需要不断进步、灵活发展、自主学习的员工，客观上要求员工终身持续不断地学习新知识、新技能。同时，随着互联网的发展及其在教育中的广泛应用，终身教育和终身学习理念和实践发生了根本性的变化。在互联网终身学习时代，社会不仅认可人们通过正规教育获得的学历，也认可非正规和非正式学习的学习成果，因而促进了全球从传统的学历向多元化资历的转变。在终身学习资历框架下，无论是面授学习、混合式学习还是在线学习，无论是在学校课堂学习、工作场所学习、社区学习还是在家庭学习，基于资历等级通用标准和学习成果认可，人们都能获得相应的资历和学分，并将之作为升学、就业和晋升的重要依据。

二、资历框架的概念及作用

资历框架是建立全民终身学习环境的基础制度。资历框架系统通常由资历框架标准、学习成果认可制度、学分银行制度三大部分组成。其中，资历框架是标准，是各类学习成果等级和标准的顶层设计。学习成果认可基于质量保证机制和成效为本的评价，是资历框架的保障。学习成果认可将个人在任何场所通过多元化方式获得的知识、技能、能力、态度和价值观，按照资历框架的等级和标准，通过认证制度，保证各类学习成果互认的对等公平和实质等效，保证学分的质量和社会公信力。学分银行是平台，通过学分银行制度对社会成员通过学习成果认可的学分和资历进行积累、互认和转换，为所有社会成员提供更加畅通的、开放灵活的终身学习通道。

（一）资历框架

资历包括通过正规教育、非正规教育和非正式学习获得的学习成果，如

① 范奇. 我国学位制度研究 [D]. 重庆：西南政法大学，2016.

学历、资格证书、技能等级证书、培训证书、各类业绩等。资历框架是用于衡量、沟通、衔接社会成员多元化学习成果的等级和通用标准，例如各级各类学历、资格证书、技能等级证书、培训证书（如 MOOC 证书）、各类业绩（如创新创业、志愿服务、文化传承、科学研究各类奖项）等，也是普通教育、职业教育、继续教育、职业培训以及各种业绩之间沟通和衔接的制度性系统。

国家资历框架在国家经济社会发展中具有基础性地位，事关经济、外交、教育、人才等国家重大战略。推进我国资历框架制度建设的意义可以从两方面体现，一是满足更加开放灵活的终身学习需求，通过各类学习成果的认可、积累和转换，使学业提升、职业晋升、社会上升的通道更加畅通；二是扩大教育的对外开放，通过资历框架实现国际人才标准的对接，进一步加强国际人才交流，也有利于扩大我国教育的国际影响，做强“留学中国”品牌。

（二）学习成果认可

学习成果认可是按照资历框架的等级和标准，将个人在不同场所通过多种方式获得的知识、技能和能力，经过评价给予认可的制度。学习成果认可主要是对非正规教育和非正式学习的学习成果进行认可，促进与正规教育学习成果的衔接和转换。正规教育、非正规教育和非正式学习是终身教育的三种类型。正规教育是由政府教育部门规定的教育系统组织的，按年龄段开展的有目标、有计划、有组织、系统的教育活动，如初等教育、中等教育和高等教育。正规教育以学历教育为主。非正规教育是在正规教育体系之外，对特定学习对象开展的有目标和有组织的教育活动。非正规教育认证方式以颁发证书为主，包括各类职业资格证书和培训证书等。非正式学习是在没有预定目标和没有组织的前提下，个人在日常生活、工作场所、社区、家庭等环境中获得的知识、技能和能力。

随着世界进入云计算、大数据、移动互联网、人工智能、物联网等数字技术推动的后信息时代，终身学习呈现多元化、数字化、泛在化、个性化、智能化等特征和趋势，非正规教育和非正式学习越来越成为人们主要的学习形式。建立非正规教育和非正式学习成果认可的机制，对个人来说，能够减少重复学习的时间、精力和成本，制定终身学习和生涯发展的规划，激励个人终身学习；对雇主来讲，学习成果认可能够作为员工聘用、业绩评价、员工晋升的重要指标，通过员工的终身学习，为企业发展带来新理念、新技术、新方法，促进企业经济的有效和可持续发展；对社会来讲，以学习成果作为衡量社会地位的标准，有效地打破了“唯学历”的社会分层方式，人们可以通过不断地积累学习成果实现阶层的跨越，有助于推进社会公平，提升社会对“教育和学习改变命运”的预期。

（三）学分银行

学分银行是基于学习成果认可制度，对学习成果以学分为计量单位进行认可、积累和转换的管理制度。通过学分银行，每个人都可以建立个人终身学习账户，实现学分的认可、积累和转换。

学分银行对建立服务全民终身学习的学习型社会起着重要作用。第一，学分银行有助于鼓励人们弹性学习和自主学习，保障学习者的学习权益，使学习者拥有学习内容和学习方法的选择权。第二，学分银行能够促进教育公平，使所有社会成员可以通过不同的途径和方式进行学习，促进学习机会和学习成功机会均等。第三，学分银行有助于激励人们参与职后培训，满足个人职业发展的需求，同时学以致用，提高工作的水平和效率。第四，推动企业制定新的考评和激励机制，将学分与业绩考核及晋升相挂钩，提升企业员工学习热情的内在动力，鼓励员工采取多样化的方式参与培训和学习，同时为企业发展带来新理念和新技能。

三、跨国高等教育学位制度和资历框架发展

（一）跨国高等教育学历和资历公约

随着经济全球化的拓展和延伸，世界各国在社会、文化、教育等领域的交流与合作不断深化，极大地促进了人才和劳动力的跨境流动，不同国家间教育资历的互相认可成为亟须解决的问题。1947 年，联合国教科文组织首次提出学位对等问题，20 世纪 70 年代正式启动制定承认高等教育学历和学位的公约。20 世纪 70 年代至 80 年代，六个高等教育资历互认的区域性公约相

继问世，被称为第一代地区公约，它们是:《拉丁美洲及加勒比地区认可高等教育学历、文凭和学位的地区公约》(1974年),《地中海沿岸阿拉伯国家和欧洲国家承认高等教育学历、文凭与学位公约》(1976年),《阿拉伯国家承认高等教育学历、文凭和学位公约》(1978年),《欧洲地区国家高等教育学习、文凭和学位认可公约》(1979年，即《巴黎公约》),《非洲地区国家高等教育学习、证书、文凭、学位及其他学术资历互认公约》(1981年),《亚洲及太平洋地区承认高等教育学历、文凭和学位地区公约》(1983年，即《曼谷公约》)。第一代地区公约试图为开展资历承认工作而建立一种概念框架，指定地区公约委员会作为法定机构，通过每两年召开一次缔约方代表参加的会议来评估和分析取得的进展以及面临的问题。

第一代地区公约推出及实施后，虽然在促进人员流动和减少流动障碍方面发挥了其应有的作用，但随着外部环境以及高等教育自身的快速发展变化，既有的公约已难以适应这种新变化以及满足各种新需求。1997年开始，欧洲、非洲、亚太地区更新了原有公约，更新后的公约被称为第二代地区公约①，例如《欧洲地区高等教育资历互认公约》(1997年，即《里斯本公约》),《亚洲及太平洋地区承认高等教育资历公约》(2011年，即《东京公约》),《修订的非洲地区国家高等教育学习、证书、文凭、学位及其他学术资历互认公约》(2014年，即《亚的斯亚贝巴公约》）等。相较于第一代地区公约而言，第二代地区公约所秉持的原则、要达成的目的以及很多具体内容都发生了很大的变化，强调以申请者为中心和“实质性差异”原则，关注各国高等教育体系的多样性，强调获取可靠消息的重要性，以学术承认作为资历承认的主要目的，注重公约实施指导意见的制定，更加重视质量、质量保证和资历框架的作用以及更加全面的实施体系与结构。

1.《里斯本公约》

（1）公约简介

为了方便不同国家间的人员流动，促进教育交流与合作，增加相互了解，维护欧洲和平，在欧洲委员会和联合国教科文组织的推动下，自20世纪50年

① 阚阅. 从单一功能到多重互动：国际高等教育资历承认的发展与展望 [J]. 中国高教研究，2019（7）：39-46.

代以来，欧洲地区国家间签订了一系列关于教育资格等值或认可的公约，例如1979年发布的《欧洲地区国家高等教育学习、文凭和学位认可公约》。随着时代的发展和进步，欧洲的高等教育发生了巨大的变化，国家层面的主要变化是高等教育多元化。为了应对这种变化，实现欧洲高等教育一体化，建立一个开放的欧洲高等教育区，欧洲委员会于1992年开始着手拟订一份新的公约。在联合国教科文组织的支持下，经过5年努力，欧洲委员会成员终于在1997年4月8日至11日在里斯本举行的国家代表会议上通过承认了《里斯本公约》。

《里斯本公约》是欧洲地区涉及高等教育的一个重要的、具有约束力的国际法律文书，于1999年2月1日生效，包括美国、英国、加拿大、法国等国家在内的多个国家签署了《里斯本公约》，为欧洲地区所有高等教育资历认可程序奠定了基础①。

（2）公约主要内容

除序言外，《里斯本公约》共11节。第1节为释义，对公约中使用且与公约内容有重要联系的14个主要概念，如录取、评估、高等教育、高等教育机构、资格、认可、高等教育的专业、学习期限等进行了解释。第2节主要就在成员国内部教育资格认可权利的不同归属上对成员国的公约义务作了不同的规定。第3节规定了资格评估的基本原则。这些原则涉及的对象既有教育资格证书持有人和教育资格颁发机构，也有成员国及其实施认可的机构，主要包括资格认可的公平性要求、资格认可材料的提供办法、认可程序的透明度要求以及认可的时限等内容。第4节至第7节，针对4种不同的认可类型，包括高等教育的入学资格、学习期限、高等教育资格、难民或类似人员的教育资格，分别做了详细的规定。第8节和第9节，规定了成员国在教育机构评估、专业评估和认可事宜3个方面相互提供有关信息的义务，同时对信息提供的保障办法也予以规定。第10节对公约的执行机制作了具体的规定。根据公约，有两个机构具体负责推动公约的实施，一个机构是欧洲国家信息中心网，另一个机构是欧洲地区高等教育资格认可公约委员会。第11节为

① 胡焰初.《欧洲地区高等教育相关资格认可公约》述评 [J]. 武汉大学学报（哲学社会科学版），2007（1）：129-134.

"最后条款"，就公约的签字、批准和加入、公约的生效、公约条款的保留以及公约与欧洲地区原有的关于教育资格等值或认可公约的关系作了具体的规定和说明[①]。

（3）公约推进

为了推进《里斯本公约》的实施，欧洲委员会进行了一系列的实践活动。早在 1989 年，欧洲委员会就研发和推行了学分转移体系，用于衡量和比较学生在不同国家和机构的学习成果，实现学分互认。欧洲学分转移体系是欧洲各国在高等教育领域互相衔接的一个平台，以确保各国高等教育标准相当。到 1999 年，该体系逐渐发展成为一个学分转移和积累系统，称为"欧洲学分转移与积累系统"（ECTS），这是一个以学生的学习量为基础的学分计算体系，旨在让学生更容易地在不同国家之间移动。该系统规定全日制欧洲学生每年应获得 60 个 ECTS 学分，对应 1,500 到 1,800 个小时的学习量。由于它是基于学习成果和课程而计算成的学习量，因此，学生可以将他们的 ECTS 学分从一所大学转移到另一所大学，用于申请学历或学位。

为了对欧洲地区的高等教育资历认可实践活动提供指导，欧洲委员会启动了"欧洲地区认可项目（European Area of Recognition Project，简称 EAR）"，旨在解决缔约方之间资历认可实践缺乏一致性的问题。该项目的目标是通过创建欧洲资历认可手册，让所有欧洲国家能够根据共同商定的标准和准则分享资历认可实践做法。《EAR 认可手册》（*EAR Recognition Manual*）是一本涉及国际资历认可各项内容的标准和指南手册，于 2011 年 6 月在欧洲国家信息中心（European National Information Centres, ENIC）和国家学术认可和信息中心（National Academic Recognition and Information Centres, NARIC）年度会议上发布。《EAR 认可手册》对非传统学习获取的资历应如何认可给出了详细的建议和指导，并建议根据学习成果来评估非传统学习，指出要建立一套清晰透明的标准，专门用于识别以学习成果为主要参考因素的非传统学习。

① Council of Europe. Convention on the recognition of qualifications concerning higher education in the European region [EB/OL]. (1997-04-11) [2021-05-22]. https://www.coe.int/en/web/conventions/full-list/-/conventions/rms/090000168007f2c7.

欧洲地区还建立了比较完善的 ENIC 网络和 NARIC 网络。ENIC 网络的建立是为了实施《里斯本公约》，并制定欧洲委员会和联合国教科文组织高等教育资历认可的总体政策和实施方案。建立 NARIC 网络源于欧洲委员会的一项倡议，NARIC 网络成立于 1984 年，旨在改善欧洲委员会成员国、欧洲经济区以及土耳其的认可流程。这两个网络都由不同成员国和签署国的国家信息中心组建。ENIC 网络与 NARIC 网络密切合作，对推动欧洲地区高等教育资历认可的实践活动起到了关键作用[①]。

2.《东京公约》

（1）公约简介

1983 年 12 月 16 日在曼谷通过的《亚洲及太平洋地区承认高等教育学历、文凭和学位地区公约》(《曼谷公约》) 是联合国教科文组织发布的第一个关于亚太地区承认高等教育资历的公约，该公约于 1985 年 10 月 23 日生效。为顺应亚洲及太平洋地区高等教育领域的新变化，地区委员会第八届会议建议对 1983 年的《曼谷公约》进行修订，为亚太地区各国提供一种机制，通过增加信息和透明度促进承认高等教育资格的进程，旨在应对近几十年来高等教育的重大变化。在 2009 年 10 月举行的教科文组织大会第 35 届会议上，总干事要求召开国际会议，以通过《曼谷公约》修正案。修订后的《亚洲及太平洋地区承认高等教育资历公约》于 2011 年 11 月 26 日在东京通过，也被称为《东京公约》。按照公约，“亚洲及太平洋地区承认高等教育资历公约委员会”成立。在获得澳大利亚、中国、日本、新西兰、韩国五个教科文组织成员国批准后，《东京公约》于 2018 年 2 月 1 日生效。《东京公约》是促进亚太地区正规和非正规学习的跨境流动和认可公平透明的基础，批准《东京公约》意味着其在促进高等教育跨境流动、加强地区各国之间合作方面的巨大潜力可以更好地发挥出来。《东京公约》的 12 个缔约方包括阿富汗、亚美尼亚、澳大利亚、中国、斐济、日本、蒙古、新西兰、韩国、俄罗斯、土耳其等。

---

① 郭志军，刘永权. UNESCO 关于开放和远程高等教育资历认证的相关政策研究 [J]. 成人教育，2020，40（2）：11-18.

（2）公约主要内容

《东京公约》指出，该公约制定的缘由是出于增强各缔约国地理、文化、教育和经济联系的共同愿望，认识到亚太地区在教育传统、体制和价值观方面的丰富多样性，意识到高等教育资历互认方面存在的挑战，目的是提升高等教育质量，促进缔约国之间的学术流动，确保高等教育资历得到尽可能广泛的承认，并适应各缔约国的文化背景，促进终身教育和教育民主化。修订后的公约主体内容包括 10 个部分，分别是：高等教育、高等教育机构、高等教育课程、评估、资历承认等核心定义的界定；承认主管部门的权限；与资历评估相关的基本原则；对高等教育入学资历的承认；对高校学位项目的承认；对高等教育资历的承认；难民、流离失所者或类似于难民人员的资历认可；与高等教育机构及课程评估、认可和承认事项有关的信息；公约的实施；缔约国批准、核准、接受、加入和实施公约的办法。在每一部分的具体条目里都有更为详细的规定和说明。

在对高等教育入学资历的承认上，《东京公约》特别强调“除非存在巨大差别，否则各国高等教育学历文凭都应予以认可”的原则，公平评估非传统教育模式的资历，各方负责提供有关其教育制度和质量保证计划的信息，改进目前各国承认学历的做法，更加透明、更好地适应亚太地区高等教育的状况及趋势。

《东京公约》还对公约的实施做出了规定，指出对公约的监督、宣传和协助机构是“亚洲及太平洋地区承认高等教育资历公约委员会”，详细地说明了委员会的成员构成、权利与义务、文件的制订、会议的召开、会议的参加国规定，等等。除此之外，还提出应建立国家学术流动和资历承认信息中心网络，负责支持和协助资历承认主管部门的实际运行，此外，还应收集各缔约国有关学术资历承认和流动的信息。公约还宣布拟设立信息中心网络，各成员国将在联合国教科文组织驻曼谷办事处的监督下，建立一个亚太国家高等教育信息中心网络。

（3）公约推进

2015 年，东盟十国正式发布实施东盟资历参照框架，为东盟成员国之间的教育资历提供了对接的可能。2018 年 9 月，联合国教科文组织亚太地区教育局发布《在亚洲及太平洋地区制定和加强资历框架：建立共同责任文化》的报告。主要内容包括：强调相关和有效的学习成果作为促进优质教育手段的重要性；国家资历框架（NQF）是在整个教育和培训系统中建立共同责任文化的一种手段，包括发展预期的学习成果（如知识、技能和价值观）；围绕《东京公约》和《承认高等教育相关资历全球公约》，教科文组织成员国正在制定新的战略、开发新的工具，推进国家资历框架、质量保证、学习成果认证的综合发展①。

2020 年 11 月 17 日，亚太地区国家信息中心网络（APNNIC）门户启动。APNNIC 是《东京公约》缔约方关于承认亚太地区高等教育资格的国家信息中心（NICS）的区域网络。APNNIC 门户免费提供有关资格认可的权威信息，以帮助促进学生和学者的物理或虚拟流动。APNNIC 门户网站中国国家概况板块包括教育体系、高校质量保证、受承认的高校列表和学生流动性几部分。

在韩国信托基金（KFIT2015-2023）的支持下，教科文组织进一步开发和运用区域质量工具，以帮助促进跨界流动和公平承认整个亚太地区的技能和资格——“KFIT 高等教育项目”。当前 KFIT 高等教育项目的具体目标是：通过实施区域质量工具，根据资历框架、质量保证和资格认定的政策一致性，提供技术支持，以建立和完善亚太地区的高等教育体系；协助会员国发展或改进其信息中心网络，促进《东京公约》缔约国和利益攸关方在高等教育中实现透明和公平的信息共享；根据《东京公约》，监测和评估区域质量工具的实施情况以及信息中心网络在亚太地区的作用②。

2021 年 10 月 13 日至 15 日，东京会议委员会第三届会议与亚太地区国家信息中心网络第一次全体会议在日本举行。会议目标是接收和审查关于《东京公约》执行情况的国家报告；分享国家信息中心在亚太地区运作的做法和实例；提高对《承认高等教育相关资历全球公约》的认识，并探讨与现有公约的区域协同作用③。

① UNESCO. 在亚洲及太平洋地区制定和加强资历框架：建立共同责任文化 [EB/OL]. (2018-09-17) [2021-06-12]. https://bangkok.unesco.org/content/guidelines-developing-and-strengthening-qualifications-frameworks-asia-and-pacific-building.

② UNESCO. KFIT 高等教育项目促进亚太地区对资格的公平承认 [EB/OL]. (2021-02-04) [2021-06-10]. https://bangkok.unesco.org/content/kfit-higher-education-project-promotes-fair-recognition-qualifications-asia-pacific.

③ UNESCO. 促进亚太地区资格的公平承认 [EB/OL]. (2020-10-12) [2021-06-10]. https://bangkok.unesco.org/content/promoting-fair-recognition-qualifications-asia-pacific.

3. 其他公约

（1）《亚的斯亚贝巴公约》

1981年，《非洲地区国家高等教育学习、证书、文凭、学位及其他学术资历互认公约》（即《阿鲁沙公约》）出台，拉开了非洲大陆高等教育一体化的序幕。该公约明确了非洲依靠民族国家、联合国教科文组织驻非洲委员会、双边或次地区组织的力量，通过学历资历互认和跨国合作的方式，促进非洲高等教育一体化的方针。具体目标为：加强非洲的统一和团结；摒除殖民地时期所遗留的割裂非洲地区历史传统和文化关联的障碍；促进和强化非洲及非洲各国间的文化认同。但一些独立国家从20世纪70年代开始就将重心转移到国内建设，非洲大陆层次的高等教育合作意识淡化，因此《阿鲁沙公约》仅有21个国家签署。非洲联盟（以下简称“非盟”）高等教育一体化战略出台后，联合国教科文组织和非盟为了适应新的发展需求，着手修订《阿鲁沙公约》。

2014年，非洲国家代表在亚的斯亚贝巴签署了修订后的公约，并将其改名为《修订的非洲地区国家高等教育学习、证书、文凭、学位及其他学术资历互认公约》，也称《亚的斯亚贝巴公约》①。2015年6月，非盟成立了促进《亚的斯亚贝巴公约》履行的非正式工作组，由其承担促进人员流动、设立学历资历框架、防止学历证书伪造等职责。

《亚的斯亚贝巴公约》包含公约目的、术语、公约目标、缔约国义务、实施方式、条款六个部分的内容。该公约于2019年正式生效②，已有20个国家签署。

（2）《拉丁美洲及加勒比地区认可高等教育学历、文凭和学位的地区公约》

联合国教科文组织于20世纪70年代正式启动制定承认高等教育学历和学位的公约，最早通过的公约是1974年的《拉丁美洲及加勒比地区认可高等教育学历、文凭和学位的地区公约》。据世界银行网站2017年5月17日报道，拉丁美洲接受高等教育的学生数量在过去10年增长了近一倍。2016年2月17日至18日，联合国教科文组织拉丁美洲及加勒比地区国际高等教育研究所组

① 陶俊浪，万秀兰. 非洲高等教育一体化进程研究 [J]. 比较教育研究，2016，38（4）：9-17.

② 阚阅. 从单一功能到多重互动：国际高等教育资历承认的发展与展望 [J]. 中国高教研究，2019（7）：39-46.

织召开了修订工作组会议。2019 年 7 月 13 日，该公约的新版本正式发布。新的公约已有 14 个国家签署。

（3）《地中海沿岸阿拉伯国家和欧洲国家承认高等教育学历、文凭与学位公约》

地中海沿岸国家，是指所有位于地中海沿岸的国家，包括 11 个欧洲国家，6 个亚洲国家，5 个非洲国家。《地中海沿岸阿拉伯国家和欧洲国家承认高等教育学历、文凭与学位公约》于 1976 年 12 月在尼斯发布，包括序言、定义、目标、立即实施的承诺、实施机制、与国际组织的合作以及批准、加入与生效等。公约 1978 年 3 月正式生效，共有 11 个国家签署。

（4）《阿拉伯国家承认高等教育学历、文凭和学位公约》

阿拉伯国家是指以阿拉伯人为主要族群的国家，他们有统一的语言阿拉伯语，也有着相似的文化和风俗习惯，绝大部分阿拉伯人信奉伊斯兰教。《阿拉伯国家承认高等教育学历、文凭和学位公约》是在 1945 年《1364 年阿拉伯文化条约》和 1978 年《查瓦尔 1383 年阿拉伯文化统一条约》的基础上建立的阿拉伯地区高等教育承认地区公约，于 1978 年通过，1981 年正式生效，共有 18 个国家签署。

（二）《承认高等教育相关资历全球公约》

1. 公约简介

随着全球化与高等教育的不断深入发展，国际上对制定资历承认全球框架的呼声高涨。2011 年，联合国教科文组织在东京举行修订亚太地区公约的政府间国际会议，就此开启了全球公约的制定。2016 年，联合国教科文组织成立了起草委员会，委员会由来自世界各个地区的专家组成，并于 2017 年 6 月完成了草案初稿。随后，草案于 2017 年至 2018 年在会员国间传阅以征求意见，教科文组织在 2018 年 12 月和 2019 年 3 月举行的两次政府间会议上提交了修订过的草案以供讨论。在 2019 年 3 月的会议上，来自约 150 个会员国的 260 多名技术和法律专家批准了该草案。2019 年 11 月，经过 8 年的努力和大约 150 个国家的批准，在第四十届联合国教科文组织大会上通过了《承认高等教育相关资历全球公约》（简称《全球公约》），这是首个具有法律约束力的适用于全球范围的联合国高等教育条约。《全球公约》旨在满足全球学习多元化和就业能力提升的需求，实现资历框架全球化和教育质量保证，以促进跨地区乃至全球层面的资历承认，加强高等教育的国际合作。《全球公约》的推出，掀开了资历框架全球化和资历互认国际化的新篇章①。

2. 公约主要内容

《全球公约》由术语定义、公约目标、高等教育资历承认的基本原则、缔约国的义务、实施机制与合作以及最后条款六个主要部分、二十五项具体条款组成，如表 1-1 所示②。

表 1-1 《全球公约》的内容组成

第一章　术语定义
第一条　术语界定
第二章　本公约的目标
第二条　公约的目标
第三章　高等教育资历承认的基本原则
第三条　高等教育资历承认的基本原则
第四章　本公约缔约国的义务
第四条　对高等教育入学资历的承认 第五条　对高等教育资历的承认 第六条　对部分学程和先前学习的承认 第七条　对难民和流离失所者的部分学程和资历的承认 第八条　资历评估和承认的信息 第九条　申请的评估 第十条　关于资历承认主管机构的信息 第十一条　高等教育课程录取的附加要求

① UNESCO. 这一全球高等教育公约是什么？[EB/OL]. (2019-11-07) [2021-02-20]. https://zh.unesco.org/news/zhe-yi-quan-qiu-gao-deng-jiao-yu-gong-yue-shi-shi-yao.

② UNESCO. Global convention on the recognition of qualifications concerning higher education [EB/OL]. (2019-11-25) [2020-12-25]. https://unesdoc.unesco.org/ark:/48223/pf0000373602?posInSet=12&queryId=3ec9e630-1d3a-4f4e-8319-3df55ecb4d0b.

续表

第五章　实施机制与合作
第十二条　实施机制 第十三条　国家实施机制 第十四条　国家实施机制网络 第十五条　政府间缔约国大会
第六章　最后条款
第十六条　会员国批准、接受或核准 第十七条　加入 第十八条　生效 第十九条　本公约缔约国与资历承认地区公约及其他条约缔约国之间的关系 第二十条　联邦制或非单一立宪制 第二十一条　退约 第二十二条　保存职责 第二十三条　修正 第二十四条　在联合国登记 第二十五条　作准文本

《全球公约》对学习者相关、终身学习相关、高等教育相关、学习成果认可及资历框架相关四个维度的术语进行了明确的界定，指出了高等教育资历承认的十个基本目标和八项基本原则，并详尽地说明了缔约国的八项根本义务和高等教育资历承认的具体实施机制。

十个基本目标包括：促进高等教育国际合作；支持区域间高等教育倡议、政策和创新；促进高等教育领域的全球流动，使各个利益相关方受益；尊重、维护和保障机构和制度的自主性和多样性；建立包容性的全球框架，促进高等教育相关资历得到公平、透明、连贯、一致、及时和可靠的承认；对资历的质量和可靠性的信任和信心；促进质量保证文化，确保质量保障、资历框架和资历承认的可靠性、连贯性和互补性，以利于国际流动；促进相关信息的收集、分享与传播；促进高等教育的包容和公平，为所有人提供终身学习机会；推动人力资源和教育资源的优化利用，促进可持续发展教育。

八项基本原则包括：个人申请权；资历承认透明、公平、及时、平等、可负担；资历承认标准和程序公平透明；资历承认要由有质量保证的相关机构提供的可靠资料；资历承认充分尊重世界各地高等教育系统的多样性；评估机构评估的可靠性（理由充分、有上诉机制）；保障申请人的权利和义务；利用技术和网络，根除欺诈。

3. 公约特点分析

（1）兼顾高等教育体系的一致性与多样性

受历史、文化、政治、宗教等因素的影响，各国高等教育体系存在很大差异，如学位等级、修业年限、资历名称等。《全球公约》为学历、入学资历和资历的承认确立了普遍原则和一致策略，改善了全世界高等教育机构的入学情况，提高了全球高等教育机构之间的流动性。同时，《全球公约》也将理解、尊重、维护各国高等教育系统的自主性和多样性作为其根本目标与基本原则。高等教育资历认可并不是要求高等教育系统整齐划一，而是将各国高等教育机构和系统的多样性视为各自的特点与财富，通过建立包容性的全球框架，在一致性与多样性之间建立平衡。

（2）强调成效为本的资历认可理念

《全球公约》指出，资历承认是"资历承认主管机构对外国教育资历、部分学程或先前学习的有效性和学术水平的正式承认"，关注的是资历和学习的有效性和学术水平，是对不同教育体系下学习者知识、技能、能力、态度等学习成果的评估与认可，而不注重以何种方式、何种过程来实现学习结果，体现了成效为本的资历认可理念。过去30年，高等教育资历认可理念完成了从一致、等值到认可的转变："一致"理念要求外国教育资历须与本国相近资历几乎完全相同且能够兼容本国教育体系才能获得认可"；"等值"意味着两国资历可以不同，但只要在一些规定的变量（如学习时间、内容、形式等）上等值就可获得对方认可，侧重于对学习投入等过程性要素的评估；与"一致""等值"理念不同，"认可"理念体现了对各国高等教育体系多样性的尊重，也体现了从关注学习投入等过程性要素转变为关注学习成果的理念转向[①]。

（3）拓宽了资历的范围

《全球公约》缔约国义务中的资历认可范围既包含通过正规学习获得的完整高等教育资历，也包含以正规、非正规和非正式学习方式获得的部分学程和

① 朱贺玲，文雯. 从"一致""等值"到"认可"：教育资历跨境认可的全球实践和新动向 [J]. 复旦教育论坛，2018，16（3）：89-96.

先前学习；既包含通过传统面授学习模式获得的资历，也包含以非传统学习模式获得的资历。部分学程是指“尽管其本身并不完整，但经评估能够代表切实掌握了一定知识、技能、态度和能力的任何部分高等教育课程”。先前学习是指“个人通过正规、非正规或非正式学习所获得且经过比照一组特定学习成果、目标或标准评估的经验、知识、技能、态度和能力”。非传统学习模式是“不主要依靠教育者和学习者面对面互动的正规、非正规和非正式教学活动机制”。《全球公约》加入了部分学程、先前学习和非传统学习模式获得资历的认可，是对全球高等教育跨境流动日益频繁和互联网时代在线学习认可需求的呼应，体现了全球学习格局下资历认可的灵活性与开放性。

（4）提倡质量保证文化

质量保证是高等教育国际化进程中的核心问题，也是全球高等教育资历互认的根本性问题。《全球公约》将“质量保障”界定为“主管机构对高等教育系统、机构或课程质量进行评估的持续进程，旨在向利益攸关方保证可接受的教育标准始终得到保持和加强”。即质量保证的根本目的是确保教育标准的保持和提升，涉及高等教育体系、机构和课程等多个维度，并且是一个动态的持续不断的过程。《全球公约》表层是采用多边国际协议保障资历互认，但从深层来看仍然是强调资历的质量对等。缔约国必须建立国际公认的教育质量保障体系，才能够获得其他缔约国的信任。此外，互联网时代教育提供方式的多样化也对质量保障提出了新的要求，《全球公约》中尤其强调了对于非传统学习模式学习成果的认可必须在可比质量保障机制框架内。因此，《全球公约》倡导高等教育机构和系统要将建立质量保证文化，提升质量保证能力贯穿于资历承认的全过程。

（5）突出了资历框架的作用

除了成熟而完善的质量保证体系，《全球公约》强调资历框架的建立和发展是实践资历认可的重要基础。建立具有“包容性的全球框架”，能够为高等教育资历跨境认可提供国际性规范工具，保证“公平、透明、连贯、一致、及时和可靠的承认”，促进缔约国社会成员在不同教育体系之间自由流动。《全球公约》将“资历框架”界定为“按照一套标准对有质量保障的资历进行分类、发布和组织的系统。”即资历框架本质上是一套系统，既包含学习成果认可的标准体系，同时又涵盖相关的制度，各个缔约国在制定资历框架系统和制度方案时，既要考虑自身的需求和特点，又要具备全球视野，在尊重高等教育的自主性和多样性的前提下，增进高等教育的国际合作。

（6）强调国家层面的实施体系与机制

《全球公约》强调建立“国家实施机制”和“国家实施机制网络”，即缔约国需要从国家层面建立全面的资历认可实施体系与机制。资历承认的基本要求是透明、公平、及时、非歧视且费用可承担，资历承认决定要“以信任、明确的标准以及公平、透明和非歧视的程序为基础”。除了资历承认的总体要求，《全球公约》对多方利益相关者的权责进行了说明：资历承认主管机构是评估资历和作出资历决定的机构实体，需要秉持诚信的态度并对决定进行明确解释，还要设置申诉机制；申请人在认可中需要如实提供所获资历的充分、准确的信息和材料；相关教育机构需要在合理的范围内免费提供资历认可的相关信息。此外，《全球公约》还强调建立信息网络的重要作用：一是为资历认可提供广泛的技术支持；二是保证高等教育信息和资历认可信息的透明与公开，避免欺诈；三是促进资历认可案例和经验在利益攸关方、缔约国和各区域之间的交流、分享和传播。

（三）中国加入《全球公约》的意义和挑战

1. 中国加入《全球公约》的意义

（1）实现我国同其他缔约国资历互认、标准互通、经验互鉴

《全球公约》是采用多边协议的方式，实现缔约国间的高等教育相关资历互认，简化了国际上过去常采用的双边互认协议或区域资历框架互认等措施，是实现国际人才交流、保障个体在全球享有终身学习机会的重要机制。公约生效后，缔约国大会及缔约国网络将会在标准互通方面发挥重要作用，实现全球高等教育入学标准和高等教育资历标准的互通互认，定期举办的缔约国间各层面的交流活动，将成为我国与其他各国高等教育经验互鉴的重要平台。

（2）是做强我国“留学中国”品牌的制度性保障

《教育部等八部门关于加快和扩大新时代教育对外开放的意见》提出“做强‘留学中国’品牌，深化教育国际合作”[①]。《全球公约》在联合国教科文组

① 中华人民共和国教育部. 教育部等八部门全面部署加快和扩大新时代教育对外开放 [EB/OL]. (2020-06-18) [2021-06-13]. http://www.moe.gov.cn/jyb_xwfb/gzdt_gzdt/s5987/202006/t20200617_466544.html.

织大会上高票通过，可预见全球将有多个国家成为公约缔约国，《全球公约》的缔结将会降低外国留学生申请在中国留学的成本，降低入学的制度门槛，进一步提升品牌的吸引力，促进国际人才流通，提升我国的教育国际化水平。

（3）是向国际社会贡献教育治理中国方案的重大契机

由于《全球公约》涉及高等教育入学资历与高等教育资历，覆盖了个体学校教育生涯一半以上的时间，解决了跨国学习、深造和就业等重要问题，具有重大的国际影响力。从国内的发展情况来看，终身教育制度的中国方案正在形成，5G、大数据、人工智能、区块链等新兴数字技术也逐渐成为我国的资源优势，为《全球公约》的实施提供了体制机制设计方案和数字化平台，有助于我国争取在缔约国大会的重要地位，是我国参与全球教育治理，向国际社会贡献中国方案的重要契机。

2. 中国加入《全球公约》所面临的挑战

（1）加快建设国家资历框架

《全球公约》资历认可范围既包含通过正规学习获得的完整高等教育资历，还包含以非正规和非正式学习方式获得的部分学程和先前学习。同时，以传统面授学习模式和以非传统学习模式获得的资历都纳入了资历认可的范围。但我国当前的高等教育学历和学位框架更多的是面向正规教育获得的完整学程，无法满足《全球公约》当前资历认可范围。因此，亟须加快建立整合正规教育、非正规教育和非正式学习的国家资历框架，通过成效为本的评价标准，方能开展对先前学习、部分学程以及非传统学习模式所获得的全部资历范围的认可工作，实现对不同学习方式资历认可的实质等效。

（2）加快建设高等教育质量保障体系

《全球公约》提出，“各缔约国应在其宪法、法律和法规的状况和结构可行的范围内，建立客观且可靠的高等教育机构审批、资历承认和质量保障体系，以促进对其高等教育系统的信心和信任”。《全球公约》强调，缔约国必须建立国际公认的教育质量保障体系，才能够获得其他缔约国的信任，多边互认必须是基于质量标准的对等方能实现公约的正常运行。中国应在此方面做出大国表率，建立完善、公平、透明、国际化的质量保障体系，并积极帮助其他缔约国完善其质量保障体系建设，推进公约联盟的积极发展。

（3）成立专门机构开展学习成果认可和资历评估

《全球公约》将“评估”界定为“从事资历评价的资历承认主管机构对申请人的资历、部分学程或先前学习的评价”。《全球公约》强调，作为缔约国必须设立专门的机构开展资历和学习成果的评估和认可工作。其中资历承认需要“主管机构对外国教育资历、部分学程或先前学习的有效性和学术水平的正式承认”，其需要认可的学习成果远远超越了学历、学位证书的范畴，包括了通过非正规、非正式学习获得的学习成果，并非仅依靠我国当前的学历学位主管机构就能完成认可工作，需要扩展相关部门职能或重新设立专门部门，以顺利开展各类学习成果的认可工作。

（4）加大信息化平台的建设力度

《全球公约》指出，“各缔约国应建立并维护一个国家信息中心或类似实体，提供有关其高等教育系统的相关、准确和最新信息。各缔约国应鼓励利用各种技术，确保信息获取便利”，并强调“国家实施机制网络应根据要求为缔约国提供信息交流、能力建设和技术支持”。信息化是当前我国的优势领域，我国拥有全球最大的高等教育资历数据库，并且在资历框架、学分银行体系建设过程中已经开始把大数据、人工智能、区块链等技术应用其中。《全球公约》中虽未提及关于资历互认技术平台的建设，但随着国家实施机制网络开始运行，必然会将资历互认信息系统建设问题提上日程。要发挥我国信息化优势，实现各国高等教育资历数据库的对接和数据资源的汇聚，争取《全球公约》信息化平台的建设主导权，力争成为重要的区域节点。

四、从学位扩展到资历的重大意义

终身学习是 20 世纪最重要的国际教育思潮之一。随着其理念的全球推广和广泛接受，世界范围内终身学习兴起，在时代转换背景下，终身学习将有利于个体发展，实现教育公平与民主，为人们提供更美好的社会与更高品质的人生，个人自主、自我实现、平等与民主成为终身学习的关键。终身学习的主要思想强调，教育和学校学习不应再被限制在青少年时期，教育不能被教育组织所独占，学校正规教育将只是人生教育的一部分，而非正规教育和非正式学习将是个人职业生涯中知识、技能和能力的主要获取方式。而大数据、人工智能、区块链、物联网等互联网新兴技术进一步推动了学习的灵活性、便捷性和动态性，人们学习的方式更加多元。因此，传统的正规高等教育的学位制度需要向资历制度拓展，以满足各级各类学习成果的积累、认可和转换，资历制度将成为未来教学的主流凭证和显示方式。

高等教育从学历互认转向资历互认是教育国际化和劳动力市场全球化驱动的教育变革趋势，也是全球终身学习理念深化的必然要求。基于学位制度的学历互认主要受不同国家政治体制的影响，差异性和特殊性显著，在跨国人才流动或移民大迁徙过程中，学历互认困难重重。资历拓展了学历的概念外延，将非正规和非正式学习成果纳入认可范畴，而国家资历框架和区域资历参照框架基于知识、技能、能力等标准维度和级别指标体系，为国与国之间进行资历对接提供了互认标准和衔接工具，在保证公开、透明和公正的前提下，既可以促进人才的自由流动，为所有人提供生存、生长与发展的机会，也能构建学习型而又和谐的社会，为全球高等教育发展提供参考路径。从学位扩展到资历是应对当前学位制度困境和推动全球高等教育发展的重要途径。

五、讨论和小结

（一）讨论

学位与资历制度的历史发展体现了教育体系应对人类经济社会变革的演进逻辑，其本身的教育功能促进了学术活动的规范和教育质量的保障，是教育体系良性发展与价值显性化的直接标志；而其社会功能则满足了国家人才选拔和培养，促使精英教育和大众教育分野，推动社会分层和社会阶层衔接，促进知识再生产与劳动力再创造。随着知识经济社会与教育全球化的到来，学位与资历制度本身的概念内涵进一步拓展，正规教育评价体系与学位制度的国际化比较与认可成为劳动力跨境流动的必然趋势，而终身学习理念推动了非正规教育与非正式学习的发展，客观上呼吁学位制度进一步向资历制度发展，以满足各种非正规教育和非正式学习的学习成果认可，真正促进教育全球化与学习型社会建设，通过教育推动维护人类社会的和平与发展。

（二）小结

学位制度是规范学术活动、保障高等教育质量的重要手段，是国家人才选拔和培养的重要机制。然而，随着终身学习思潮的全球推广与广泛接受，大数据、人工智能、区块链、物联网等新兴技术与教育教学的深度融合，以及学习的多元性、灵活性、便捷性和动态性的深化，高等教育的学习方式和学习对象已经发生了前所未有的变化，而高等教育的国际化趋势推动了跨国学历认可与人才流动，传统的学位制度向资历制度的转变或融合成为新的发展需要。基于国际资历框架发展经验和我国资历框架建设实践，研制和探索对接国际和具有中国特色的高等教育资历制度体系，向国际社会贡献中国方案，共同构建繁荣、和谐和可持续的人类命运共同体已经成为时代发展需要。

第二章　中国学位制度和资历框架的发展和现状

从晚清时期高等教育引入学位制度至今，我国的学位制度建设取得了丰硕成果，在完成学位制度的本土化过程中确立了“中国模式”的学位制度[①]，特别是在 1980 年颁布并于 1981 年 1 月 1 日正式实施《中华人民共和国学位条例》以后，新中国的学位制度进入了从无到有、从小到大的快速发展进程[②]，取得了不平凡的成就。

一、中国学位制度的发展和现状

（一）中国学位制度的历史沿革

肇始于清末民初的中国学位制度，不是西方学位制度的简单移植，而是一个逐步“中国化”的过程[③]。

1. 清末的学位制度孕育

鸦片战争后，有识之士开始反思科举制度的弊端，提出向西方学习技术和“经世致用”的教育改革理念。通过留学生和外国在华教育机构，西方教育理念和学位制度开始传入中国[④]。清廷宣布“重新行政”之后，便开始仿照西方以制设学，1902 年颁布了《钦定学堂章程》(又称壬寅学制)。该章程包括从小学到大学阶段，标志着我国新式学制系统的开始[⑤]。1904 年，由张百熙、张

① 余伟良. 二十世纪的中国学位制度研究 [D]. 长沙：湖南师范大学，2008：1.

② 刘延东. 在纪念《中华人民共和国学位条例》实施三十周年纪念大会上的讲话 [EB/OL]. (2011-03-26) [2021-05-20]. http://www.moe.gov.cn/jyb_xwfb/gzdt_gzdt/gaoceng/201103/t20110325_116234.html.

③ 谌洪法. 民国时期学位立法研究 [D]. 西安：西南政法大学，2013：1.

④ 余伟良. 二十世纪的中国学位制度研究 [D]. 长沙：湖南师范大学，2008：17-27.

⑤ 璩鑫圭，唐良炎. 中国近代教育史资料汇编 · 学制演变 [G]. 上海：上海教育出版社，2007：244.

之洞和荣庆等人拟定的《奏定学堂章程》（又称癸卯学制）得以颁布，同时颁布的还有《各学堂奖励章程》，是《奏定学堂章程》的配套制度。《奏定学堂章程》试图参照西方的学位等级，给予新式学堂的毕业生以相应的科举出身奖励，如给予成绩中等以上的大学堂分科大学毕业生进士出身，允许进入更高一级的“通儒院”学习，给予成绩中等以上的大学堂分科大学选科毕业生同进士出身[①]。这些教育立法活动是政府以法律手段管理教育的开始，被认为是中国学位制度的滥觞[②]，也正是这段历史引起了后来学者关于我国学位制度起源的“西方引入论”和“科举学位说”的争议[③]。

科举制度是中国古代读书人“学而优则仕”的人才选拔体系，因为是“择优录取”，所以也可以视为古代中国的一种学术评价标准。在这一点上，科举制度与现行学位制度有共通之处，也是我国批判性地扬弃和吸收国外学位制度经验的文化底蕴[④]。但科举制度与近现代的学术体系在内涵与构成上相距甚远，不能因为有科举出身的奖励，就牵强地认为科举制度是我国学位制度的源头。

2. 民国时期的学位立法

1912 年 1 月 1 日，中华民国临时政府在南京成立。民国政府希望通过立法形式将高等教育制度纳入法制轨道，使作为高等教育制度重要组成部分的学位制度通过立法的形式得以建立与发展成为可能。

1912 年，民国政府召开第一次全国临时教育会议，制定了《学校系统令》以改革学校体制。《学校系统令》亦称壬子学制，后综合陆续颁布的小学、中学、专门学校、实业学校、师范学校及大学有关法令规程，形成民国时期第一个学制——壬子癸丑学制，该学制框架一直延续至 1922 年。第一次全国临时教育会议还颁布了中国历史上第一个明令授予学位的《大学令》，明确规定了大学的宗旨、规模、学生入学资格、修业年限、学位授予等情况，“大学各科

① 潘懋元，刘海峰. 中国近代教育史资料汇编 · 高等教育 [G]. 上海：上海教育出版社，1993：323.

② 郑刚. 教育立法与近代中国学位制度的嬗变 [J]. 高教探索，2012（1）：110-114.

③ 郑晓坤. 简析我国学位制的起源与历史发展过程 [J]. 教育与职业，2013（9）：171-172.

④ 苏兆斌. 我国学位制度的历史与现状研究 [D]. 长春：东北师范大学，2013.

学生修业期满，试验及格，授以毕业证书，得称学士"[①]。1913年制定的《大学规程》重申"自认研究完毕欲受学位者，得就其研究事项提出论文，请求院长及导师审定，由教授会议表决遵照学位令授以学位"[②]。为了严格运行学位制度，教育行政机构中也设置了相关的职权行使部门。1914年7月在确定教育部管制的大总统令中，将"博士会事项"和"授予学位事项"规定为专门教育司事务之一[③]。

1922年壬戌学制正式发布，规定主干学程为"六・六・四"，在研究生教育方面，仿照美国的研究生院制，保留设置大学院[④]。其后，北京大学和清华大学先后开始培养研究生。学位和研究生培养制度的定型化集中体现在1931年草拟、1935年颁布的《学位授予法》中。该法借鉴当时的美国模式，规定了学士、硕士、博士三级学位：学生获得学士学位后，在大学研究所继续研究两年以上，考核合格者授予硕士学位；凡获得硕士学位后，在"研究院或研究所继续研究两年以上，经该院所考核成绩合格，提出于教育部审查许可者，得为博士学位候选人"，"博士学位候选人，经博士学位评定会考试合格者，由国家授予博士学位"；硕士学位及博士学位候选人均须提交研究论文。至此，经过多年探索与努力，中国终于在形式上完成了对西方学位制度的移植[⑤]。1928—1949年，只践行了硕士研究生的培养和硕士学位的授予工作，博士研究生的培养和博士学位的授予工作从未真正施行[⑥]。

3. 新中国初期的学位制度

新中国的成立彻底改变了半殖民地半封建的社会形态。1954年3月，中共中央对《关于目前科学院工作的基本情况和今后工作任务给中央的报告》作出批示："在我国建立学位制度是必要的"，并且责成科学院和高等教育部提出

① 中国第二历史档案馆. 中华民国史档案资料汇编：第三辑　教育 [G]. 南京：江苏古籍出版社，1991：108-110.

② 舒新城. 中国近代教育史资料：中册 [M]. 北京：人民教育出版社，1981：640.

③ 朱有瓛. 中国近代学制史料：第三辑　上册 [G]. 上海：华东师范大学出版社，1990：80.

④ 吴文刚，周光礼. 模仿与创新：中国学位与研究生教育百年回顾 [J]. 高等教育研究，2014，35（10）：46-51.

⑤ 余子侠，王海凤. 南京国民政府时期三级学位制度形成考实 [J]. 高等教育研究，2020，41（1）：91-98.

⑥ 吴文刚，周光礼. 模仿与创新：中国学位与研究生教育百年回顾 [J]. 高等教育研究，2014，35（10）：46-51.

建立这种制度的办法[①]。1955 年 9 月，由林枫等 13 人构成的学位条例起草委员会开始进行学位制度的拟定工作。1956 年 6 月，条例起草委员会将《中华人民共和国学位条例（草案）》《中华人民共和国学衔委员会组织条例（草案）》上报中央审批。但因“整风”“反右”运动，立法进程中断。1961 年，中共中央同意了时任国务院副总理、国家科委主任聂荣臻提出的“关于建立学位、学衔、工程技术称号等制度的建议”。1962 年，中央相关部委着手起草条例，于 1963 年将“关于建立学位制度的报告”及其附件《中华人民共和国学位条例（草案）》《国务院学位委员会组织条例（草案）》上报中共中央、国务院审核。但直到“文化大革命”开始，始终没能完成《学位条例》立法程序[②]，从 1967 年起研究生制度也被废止，停辍多年。

（二）中国现行学位制度[③]

1. 内地现行学位制度

“文革”结束后，高等教育领域恢复了研究生教育，1978 年邓小平同志再次提出要建立学位制度[④]，1979 年 2 月重新启动了学位制度的立法工作。在之前两次立法准备的基础上，1980 年 2 月第五届全国人大常委会第十三次会议审议通过了《中华人民共和国学位条例》（以下简称《学位条例》），这是新中国颁布的第一部教育法律，标志着我国学位制度的正式建立。为使《学位条例》得到更好的贯彻与实施，1981 年国务院批准了《中华人民共和国学位条例暂行实施办法》（以下简称《实施办法》），对各级学位授予条件、课程考试和论文水平等提出了进一步要求，同时还对学位评定委员会的职责做出规定。自此，我国学位制度进入了有法可依的规范有序发展阶段，各类专门人才的选拔使用也有了学术方面的标准和依据，对整个社会重建尊重知识的风气具有非比寻常的意义。其中，《学位条例》规定具有研究生毕业同等学力的人员，通

① 鲍嵘. 学位授予与社会公正——从《中华人民共和国学位条例》的创制说起 [J]. 清华大学教育研究，2011，32（2）：10-13.

② 秦惠民.《学位条例》的“立”“释”“修”——略论我国学位法律制度的历史与发展 [J]. 学位与研究生教育，2019（8）：1-7.

③ 本研究不含澳门、台湾。

④ 国家教育委员会研究生司. 学位与研究生工作文件选编 [M]. 北京：北京航空航天大学出版社，1988：399.

过硕士或博士学位的课程考试和论文答辩，成绩合格，达到一定的学术水平，也可授予相应的学位。这一规定并没有将硕士学位的授予局限于高校和研究机构经过特定考试程序招收的在校学生，为同等学力教育和非全日制专业学位研究生教育的产生和发展提供了政策基础和法律依据①。1995年《中华人民共和国教育法》出台，明确国家同时实行学业证书制度和学位制度，学位证书和学历证书并行，二者既联系又分离的教育程度官方证明体系成为独具中国特色的法律制度②。

我国现行学位制度为中央政府、省级地方政府、学位授予单位的三级管理体系③，在学位体系与结构、学位授予标准、学位授权审核以及质量保障和监督相关环节进行规范管理④。

（1）稳定的三级管理体系

《学位条例》规定国务院设立学位委员会，负责领导全国学位授予工作，包括贯彻落实国务院关于学位工作的重大方针和政策，统筹规划学位工作的改革，指导、协调和监督全国各地、各院校的学位授予工作，提供制度依据和普遍性要求，是法律授权的领导国家学位工作的行政主体。

省级人民政府学位委员会负责地方层面的学位管理，在国务院学位委员会授权的职责范围内，对本省（市）学位与研究生教育进行中观层面的统筹管理、规划指导、组织协调和监督检查，提出工作依据和目标要求。

各学位授予单位建立的本单位学位评定委员会和学位评定分委员会等学位管理组织机构，主要在微观层面，依据国家和地方政府颁布的法律、法规、规章，结合自身办学定位、学校发展规划、学科专业特点和人才培养要求，对本单位学位与研究生教育进行规划和管理。

这种三级学位管理体系是基于我国国情而选择的制度设计，可以更好地适应我国幅员辽阔、地区高等教育发展水平差异大的教育实际，既为全国学位

① 周莲. 非全日制硕士研究生并轨招生政策的PEST模型分析[J]. 教育现代化，2019，6（46）：87-90.

② 杨运强，杨颖东，李昊宸. 文凭社会的逻辑及其批判——透过文凭追逐及异化现象[J]. 教育学术月刊，2020（3）：47-53.

③ 赵长林. 中国学位制度实施三十年：回顾与总结[J]. 研究生教育研究，2012，7（1）：21-27.

④ 刘自团. 我国学士学位制度发展三十年述评[J]. 西南交通大学学报（社会科学版），2012，13（2）：1-6.

管理工作的正常运行、健康发展提供了保障，也使得地方和学位授予单位有了更多自主权，调动了省级人民政府与学位授予单位的积极性，有效保证了学位授予工作的质量。

（2）不断完善的学位体系结构及授予标准

《学位条例》及《实施办法》延续传统，规定了我国学位分为学士、硕士和博士三级，其中学士学位由高等学校授予，与本科教育对应；硕士学位、博士学位由高等学校和科学研究机构授予，与硕士研究生和博士研究生教育对应。学位最初按哲学、经济学、法学、教育学、文学、历史学、理学、工学、农学、医学 10 个学科门类授予。后来，国务院学位委员会、国家教育委员会又分别于 1983 年、1997 年和 2011 年三次颁布学位授予和人才培养学科目录，分别增设“军事学”“管理学”“艺术学”门类，使得授予学位的学科门类增至 13 个。2020 年全国研究生教育会议拟将“交叉学科”作为新的学科门类，如果国务院批准，将有 14 个授予学位的学科门类[①]。

国家按照分层办学的原则，通过不断调整和重组以及实施培优奖优政策，鼓励学位授予单位在各自层次上办出特色和水平，促进地方对本地区教育发展的统筹规划及科学定位。截至 2021 年，中国共有研究生培养单位 1,054 个，其中，普通高校 669 个，科研机构 385 个[②]。招生人数逐年增长，已经跨入世界研究生教育大国行列[③]。

为了适应社会需求，我国也在学位结构方面进行了积极调整，设立了与学术学位并行的专业学位[④]。1990 年起，开始设置和试办专业学位教育。1997 年，国务院正式公布了《专业学位设置审批办法》，倡导学术学位与专业学位并重，逐步提高专业学位所占比例。截至目前，国务院学位委员会先后批准了建筑学学士专业学位 1 种，工商管理硕士、法律硕士、教育硕士等专业学位 40 种，教育博士等专业学位 6 种，专业学位类别共计 47 种（见图 2–1），并成立了相关专业学位教育指导委员会。

① 新华网. 交叉学科将成第 14 个学科门类 [EB/OL]. (2020-08-17) [2021-02-15]. http://education.news.cn/2020-08/17/c_1210755884.htm.

② 中国研究生招生信息网. 院校库 [EB/OL]. [2021-06-24]. https://yz.chsi.com.cn/.

③ 王战军，乔刚. 改革开放 40 年中国研究生教育的研究与展望 [J]. 学位与研究生教育，2018（12）：7-13.

④ 冯钰平. 学位制度及其发展研究 [D]. 南昌：江西财经大学，2015：49.

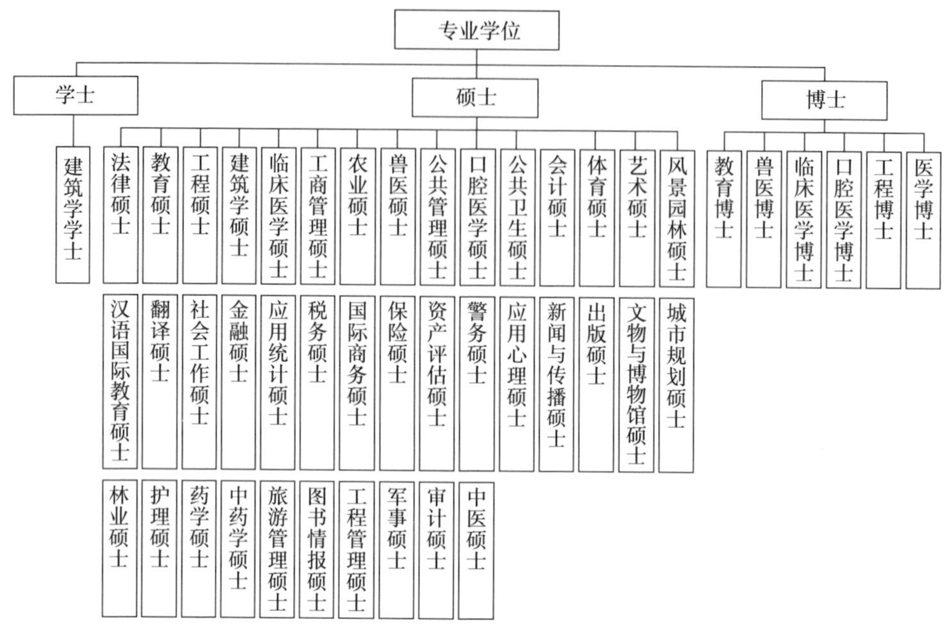

图 2–1　中国专业学位类别

1987 年教育部颁布了《高等学校培养第二学士学位生的试行办法》，规定第二学士学位“在层次上属于大学本科后教育”，从属于与研究生培养并列的培养高层次专门人才的途径①。2019 年国务院学位委员会发布《学士学位授权与授予管理办法》，提出了对双学士学位、辅修学士学位、联合学士学位的管理办法，三种学位均只发放单独的学位证书②。

硕士层级也有只授予学位证书不授予对应学历证书的“单证”教育，包含两种方式：一是同等学力人员通过学位授予单位组织的课程考试和“同等学力人员申请硕士学位外国语水平和学科综合水平全国统一考试”后，经撰写论文、通过答辩获得硕士学位；二是在职人员参加“在职人员攻读硕士学位全国联考”，通过后进行不脱产或半脱产学习，修完要求学分，撰写论文，通过答辩获得相应的专业学位。这两种方式分别称为同等学力教育和非全日制专业学

① 中华人民共和国教育部. 高等学校培养第二学士学位生的试行办法 [EB/OL]. (1987-06-06) [2021-02-06]. http://www.moe.gov.cn/s78/A08/gjs_left/moe_1034/s3883/201001/t20100129_109698.html.

② 中华人民共和国教育部. 国务院学位委员会关于印发《学士学位授权与授予管理办法》的通知 [EB/OL]. (2020-07-07) [2021-02-06]. http://www.moe.gov.cn/srcsite/A22/yjss_xwgl/moe_818/201907/t20190726_392378.html.

位教育[①]。

同等学力教育始于 20 世纪 80 年代，为了满足在工作岗位上有专业深造需求的大批本科毕业生，经过试点摸索、正式开展和规范发展三个阶段，基本实现了良性、稳定发展，同等学力的研究生学位质量也有了一定保障[②]。

随着时代的发展，同等学力申请硕士学位因全国统考试题及获取学位难度较高，规模和方式受到限制。因此 1996 年，国务院学位委员会在几所高校开展在职人员攻读硕士专业学位试点工作，通过单独考试或者几所高校联合考试、以半脱产为主的培养方式，招收有一定工作经历的在职研究生，开启了非全日制专业学位教育的模式[③]。

为了保证非全日制研究生教育的质量，教育部于 2016 年 9 月下发《关于统筹全日制和非全日制研究生管理工作的通知》，提出“全日制和非全日制研究生考试招生依据国家统一要求，执行相同的政策和标准”，将非全日制研究生界定为“采取多种方式和灵活安排时间，进行非脱产学习的研究生”，使其成为与全日制研究生功能互补的全新学位类型[④]。

在授予标准方面，《高等教育法》要求受教育者必须达到国家规定的学术水平，《学位条例》明确规定“凡是拥护中国共产党的领导、拥护社会主义制度，具有一定学术水平的公民，都可以按照本条例的规定申请相应的学位”。即学位申请者应当同时满足政治和学术标准要求。《学位条例》第 4、5、6 条和《实施办法》第 3、7、8、11、12、13 条根据学位等级的不同，就专业成绩(含论文成绩)、答辩结果、知识基础、科研能力、学术成果等做出了不同程度的学术标准框架要求[⑤]。同时，《实施办法》第 25 条规定，学位授予单位可根据暂行实施办法制定本单位授予学位的工作细则。因此，在国家统一立法设定的宏观学术标准框架下，各高校和科研机构分别结合培养实际制定了具体学位授予标准，并根据社会经济发展对人才需求的状况不断调整，以体现培养特色

① 黄瑶，王铭. 研究生毕业同等学力申请硕士学位教育的发展、定位与改革 [J]. 教育理论与实践，2015，35（36）：9-11.

② 刘舟帆. 广西高校同等学力人员申请硕士学位教育质量保障现状及对策研究 [D]. 南宁：广西师范大学，2014：12.

③ 郭军，郭宁. 非全日制研究生招考制度改革研究 [J]. 高等继续教育学报，2019（3）：15-19.

④ 周文辉，曹镇玺. 非全日制研究生招生新形势、问题及对策 [J]. 中国高教研究，2018（1）：81-86.

⑤ 靳澜涛. 国家学位制度的现实考察与立法完善 [J]. 重庆高教研究，2020，8（2）：91-103.

和人才水平。2019 年教育部发布的《学士学位授权与授予管理办法》也明确要求高校等学位授予单位应该制定本单位的学位授予标准和学位授予程序。

（3）重心逐步下移的学位授权审核

《学位条例》规定，学位授予要获得国家最高行政机关国务院的授权，包括授权相关单位进行学位授予，以及授权相关单位的具体学科专业进行学位授予[①]，相关名单由国务院学位委员会提出，经国务院批准公布。为简化审批程序，经国务院同意，从 1986 年起，改为由国务院学位委员会批准公布，即被授权的高等学校和科研机构是代表国家行使学位授予权，体现了我国的学位是“国家学位”的法律属性。

从 1981 年颁布《国务院学位委员会关于审定学位授予单位的原则和办法》后，国务院学位委员会出台了一系列关于学位授权审核的政策措施，并在实践中为适应高等教育管理体制改革的新情况而不断改革发展，通过对自身法定权限的调整，以授权方式实现审批手续简化并按学位等级下放审批层级，适应学位管理多元化的趋势[②]。

1986 年，国务院学位委员会第六次会议通过并颁发了《国务院学位委员会授权部分学位授予单位审批硕士学位授权学科、专业的试行办法》，第一次开始试行在一定学科范围内下放硕士学位授权学科、专业审批权。随着中央和地方在高等教育领域分权体制的发展，1995 年国务院学位委员会颁布了《关于加强省级学位委员会建设的几点意见》，1997 年颁布了《国家教委、国务院学位委员会关于加强省级人民政府对学位与研究生教育工作统筹权的意见》，逐步明确省级学位委员会对本地区新增学士学位授予单位以及新增硕士点等的统筹和审批权[③]。2005 年国务院学位委员会下发的《关于进行第十次博士、硕士学位授权审核工作的通知》再一次将硕士学位授权审核和北大、清华的博士学位授权审核下放。2010 年国务院学位委员会下发的《关于委托省（自治区、直辖市）学位委员会中国人民解放军学位委员会进行博士学位授权一级学

① 李晓凌. 我国学位授权制度的现状及问题——从西北政法大学“申博”案管窥 [D]. 西安：陕西师范大学，2011：8.

② 王大泉. 中国学位法律制度修订完善的历史回顾与现实展望 [J]. 复旦教育论坛，2020，18（2）：24-31.

③ 王敏，余伟良. 新中国学位制度的历史演变 [J]. 黑龙江史志，2013（23）：143-144.

科点初审和硕士学位授权一级学科点审核工作的通知》和《关于开展新增硕士专业学位授权点审核工作的通知》，委托部委属高等院校及中国科学院研究生院、中国社会科学院研究生院自行审核本校（院）新增硕士专业学位授权点；委托各省（自治区、直辖市）学位委员会组织审核所属院校新增硕士专业学位授权点，对博士学位授权点进行初审；把硕士、博士授权单位，一级学科硕士点、博士点审核权真正下放到省级人民政府、设有研究生院的重点高校。截至2019年，国务院学位委员会共确定31所高校可以自主审核新增硕士、博士授权点。

（4）逐步完善的学位质量保障与监督体系

在学位授权审核下放的过程中，国务院学位委员会通过标准把控、过程监督、结果审核审批，来加强对地方政府、高等学校、科研机构学位工作的宏观管理和过程监管，贯彻学位质量保证的原则。

在学位授予过程中，开展学位评估也是学位教育质量保障和监督的重要措施。国务院学位委员会通过一系列评估活动，建立、充实和丰富了学位质量保障体系。1985年，基于《学位条例》第18条关于"保证所授学位的学术水平"的要求，国务院学位委员会首次组织了对政治经济学等5个二级学科136个硕士点学位授予质量的检查和评估[①]。从1991年起，国务院学位委员会组织了对第一、第二、第三批有权授予硕士、博士学位学科专业点的复查和评估，根据学位指标体系，经复查和评估认可合格的硕士点、博士点，可继续行使硕士或博士学位授予权，不合格的暂停或撤销其授予学位的资格，对存在问题较多的学位点则限期整改。2014年国务院学位委员会印发《学位授权点合格评估办法》和《关于开展学位授权点合格评估工作的通知》，进一步规范对学位授权点的评估指标和办法。据此，从2019年开始，国务院学位委员会、教育部定期布置开展学位授权点合格评估抽评工作。

2. 香港地区的学位制度

香港的高等教育体系是在港英政府时期生成的[②]，但香港的学位结构并非

① 梁桂芝，孟汇丽. 中华人民共和国学位与研究生教育要事志 [M]. 西安：西安交通大学出版社，1994：253.

② 焦磊. 香港"差别有序"高等教育系统结构探析 [J]. 江苏高教，2013（5）：151-154.

英国学位结构的复制，香港学位的发展从实用、实际入手，由社会需求来决定。尽管最早的香港大学是以英国伯明翰大学为蓝本[①]建设的，但大学随着经济社会的发展，随时检讨对社会应做的贡献[②]，所以2000年香港特区政府在高等教育阶段引进了副学士学位，并作为"基于广泛定位"的职业导向资历。

（1）香港的高等教育

香港的高等教育称为"专上教育"，以为本地学生提供灵活多元、多阶进出的专上教育途径为宗旨。香港地区的大学主要有11所，包括香港大学、香港中文大学、香港科技大学、香港理工大学、香港城市大学、香港教育大学、香港浸会大学、岭南大学、香港都会大学、香港树仁大学、香港恒生大学。其中，除香港都会大学、香港树仁大学、香港恒生大学之外，其余8所都受到香港的大学教育资助委员会的资助[③]。

香港地区的专上学院也是高等院校的重要组成部分，主要包括明爱专上学院、珠海学院、东华学院、职业训练局-香港高等教育科技学院等，这些专上学院不受大学教育资助委员会的资助。

（2）香港的学位结构体系

目前香港地区专上教育颁发高级文凭、副学士、学士（荣誉学士）、深造证书、深造文凭和硕士、博士学位。香港特区政府设立了教育方面的资历架构，来区分不同资历等级与对应文凭。中学毕业生升学可报读第三级（如文凭）、第四级（如高级文凭）、副学士或第五级（如学士课程）[④]。高级文凭与副学士同级，两者的不同主要在于高级文凭承英制，更注重专业教育，培养学生直接步入工作岗位，而副学士则源于美制，更注重通识教育，培养学生继续攻读学士学位。

香港专上教育的学科范围非常广泛，分为七大科类，即医科、牙科和护理科，理学科，工程科和科技科，商科和管理科，社会科学科，文科和人文科

① 容万城. 香港高等教育：政策与理念 [M]. 香港：三联书店（香港）有限公司，2002：6.

② 王忠烈. 台湾、香港、澳门学位制度与研究生教育研究 [M]. 北京：中国人民大学出版社，1997：192.

③ 香港特区政府一站通. 专上教育 [EB/OL]. [2021-03-02]. https://www.edb.gov.hk/sc/edu-system/postsecondary/index.html.

④ 香港特区政府一站通. 资历架构概览（2020）[EB/OL]. [2021-03-02]. https://www.hkqf.gov.hk/filemanager/printedmaterial/sc/upload/196/2020_QF%20Posters_Secondary%20students.pdf.

学科，教育科[①]，同时全日制与兼读制并重发展。全日制学士学位修业年限一般为四年，学士学位有等级之分，按学分积点划分为不同的荣誉等级，在申请更高一级资历学习时，往往有荣誉等级的要求。硕士学位分为授课型硕士和研究型硕士，修读年限通常为1—2年。与硕士学位类似，深造文凭及深造证书也是为学士学位获得者提供继续深造机会，但程度低于硕士学位。博士学位类型与英国一脉相承，各大学能颁发的博士学位类型大同小异，包括不分学科类别的哲学博士学位和一些专业博士学位[②]。

在职业教育方面，香港地区通过资历架构中第四级的高级文凭以及第三级的职专文凭、职业技术证书、毅进文凭，还有第二级的职专证书、技工证书来构建一个晋级阶梯，即完成中学三年学习获得“中三”证书的学生，如果想接受职业教育训练，可选择修读职专证书或技工证书，获得职专证书或技工证书的学生，可继续修读职专文凭或职业技术证书[③]。

（三）中国现行学位制度面临的问题

随着高等教育的快速发展，教育类型不断丰富，教育评价改革日趋深化，高质量发展成为新时代教育体系建设的重要内容，中国学位制度虽然始终处于改革发展过程中，但仍然存在一系列亟待解决的问题。

1. 法律制度供给滞后

改革开放以来，我国教育事业跨越式发展，与《学位条例》制定时相比，学位制度的现实情况已经发生了根本性变化[④]，学位制度建设中的创新性实践，如专业学位设置、学科门类增加、地方学位委员会的成立与职责确立，都是依靠政策文件予以推动。凡属重大改革都要于法有据[⑤]，在依法治教，推进教育治理体系和治理能力现代化的新时代背景下，亟须修订《学位条例》来解决政策和法律之间脱节的问题。

---

① 焦磊. 香港“差别有序”高等教育系统结构探析 [J]. 江苏高教，2013（5）：151-154.

② 李欣. 香港博士生培养模式研究 [D]. 武汉：华东师范大学，2003：14.

③ 刘盾. 香港地区高校招生考试制度研究 [D]. 厦门：厦门大学，2018：18.

④ 王大泉. 中国学位法律制度修订完善的历史回顾与现实展望 [J]. 复旦教育论坛，2020，18（2）：24-31.

⑤ 习近平. 重大改革都要于法有据 [EB/OL]. (2014-02-28) [2021-02-16]. http://news.sohu.com/20140228/n395851494.shtml.

在学位工作实践中，学位诉讼纠纷不断出现，如“田永案”“于艳茹案”“柴丽杰案”以及“西北政法大学申博案”，引起社会强烈关注。这些案件不仅体现出学位纠纷调处的多元化需求，也暴露出许多带有普遍性的具体问题，如学校乃至二级学院能否增设学位授予条件，应当如何增设，学位评定委员会是否可以行使实质审查权[①]，省级学位委员会的职责以及其与教育行政部门的关系如何进一步明确，学位授权审核过程以及争议处理程序是否正当，是否赋予当事人陈述、辩解和申诉权利等。这些问题都需要在学位立法中有所回应。

教育领域正在大力推进“放管服”和深化教育评价改革，坚决克服“五唯”痼疾，这些重要决策部署也需要学位立法提供保障。例如，对大学自治和学术自由的保障、学位授予审核权的分级下放，应当尽快在学位立法中补充与完善。

2. 学位层级与结构的设置落后于高等教育发展

中国的学位层级分为学士、硕士和博士三级，分别对应本科、硕士研究生和博士研究生教育层级，然而实践中已经推开的辅修学士学位、双学士学位、联合学士学位和第二学士学位等相关学位类别在目前法定的学位等级中无法体现。

目前，专科阶段的职业教育没有对应的学位设置。教育部《2019 年全国教育事业发展统计公报》数据显示，普通本科招生 4,312,880 人，在校生 17,508,204 人；普通专科招生 4,836,146 人，在校生 12,807,058[②]。学位可以在一定程度上体现一个人的知识和能力水平，专科层次也是高等教育的一部分，在高等教育中几乎和本科学生所占份额不相上下的高职学生，只能拥有在专科院校学习的经历而无法获得学位，不符合我国日益发展的高等教育要求。如果设立与专科层次相对应的学位等级，将有助于引导高职教育的健康发展。

《国家职业教育改革实施方案》明确指出，职业教育与普通教育是两种不同教育类型，具有同等重要地位。到 2022 年，一大批普通本科高等学校向应

① 靳澜涛. 修改《学位条例》应当处理好的八对关系 [J]. 学位与研究生教育，2020（7）：24-31.

② 教育部. 2019 年全国教育事业发展统计公报 [EB/OL]. (2020-05-20) [2021-02-16]. http://www.moe.gov.cn/jyb_sjzl/sjzl_fztjgb/202005/t20200520_456751.html.

用型转变，同时也有多所高职学院升格为本科层次的职业院校。我国的本科学士学位结构 40 年来不断扩充发展，形成了由普通高等教育、成人高等教育、自学考试、现代远程教育构成的学士学位基本结构[①]。高职院校升格为本科层次的职业院校后，应再次扩充这一类院校的学士学位，明确职业院校学位授予的知识能力标准和要求，以避免职业教育的人才培养目标被异化[②]。从这一点看，专科层次的高职院校学生也应当得到与其能力水平相当的学位。

另外，普通高等教育、成人高等教育、自学考试、现代远程教育机构都可以申请成为学士学位授予点，但只有普通高校和科研机构能申请硕士和博士学位授予点，这明显不利于成人高等教育、自学考试、现代远程教育机构以及职业院校的发展，也不利于服务全民终身学习的教育体系的构建。

3. 专业学位发展还不成熟

目前我国的学位类型在实践中分为学术型学位与专业学位。学术型学位按学科门类授予，更多是为了满足社会的研究需要，更强调对社会和自然的认识、思考与探究；专业学位按专业类型授予，目的是培养具有扎实理论基础，并适应特定行业或职业实际工作需要的应用型高层次专门人才[③]，名称表示为“××（职业领域）硕士（学士、博士）专业学位”，从本质上讲，专业学位是一种有一定学术基础的职业教育[④]。

虽然我国的专业学位发展迅速，但专业学位的专业类型还不够丰富，如前文图 2–1 所示，很多为社会所需的实务人才类别尚未涉及；而且学位层次以硕士层次为主，仅有建筑学 1 个学士专业学位和教育博士等 6 个博士专业学位，硕士学位一枝独秀并不利于专业学位的长期发展[⑤]。

专业学位教育发展的逻辑起点之一是职业性和学术性的有机融合。但在现实的人才培养过程中，往往受学术型学位影响，人才培养目标的职业导向容易发生偏移，课程设置与结构基本与学术型区分不大，甚至比学术型还要学术型；实践训练不能与行业需求接轨；对学生的学业评价基本沿用学

---

① 张湘韵，陆娇．中国学士学位结构 40 年演进逻辑 [J]．高教发展与评估，2020，36（6）：66-75.
② 冯钰平．学位制度及其发展研究 [D]．南昌：江西财经大学，2015：48.
③ 黄宝印．我国专业学位教育发展的回顾与思考（上）[J]．学位与研究生教育，2007（6）：4-8.
④ 陈静．我国专业学位研究生教育发展问题研究 [D]．重庆：西南大学，2013：21.
⑤ 郑琰．我国专业学位研究生教育存在的问题及法律对策 [D]．兰州：兰州大学，2014：6-18.

术型学位培养的模式；“双师型”教师队伍严重不足[①]，职业性特征没能充分体现。

4. 非全日制研究生教育的社会认可度较低

在我国学位与研究生教育实践中，同等学力申请学位和在职人员攻读专业学位两种教育形式并行发展，构成了我国非全日制研究生教育的主要存在形式。其创设初衷是为了满足社会在职从业人员的再教育需求，体现了终身教育的理念。但由于历史上非全日制研究生主要来源于政府部门、科研院所、事业单位、社会企业等的在职人员，招收时入学门槛相对较低，存在生源质量参差不齐、学习动机差异明显、学习形式千差万别、学习效果难以保证、培养过程管理松散、培养环节缺少监督等问题，因此对非全日制研究生[②]的质疑声一直存在。

在非全日制与全日制研究生招生考试并轨政策实施以后，因为在职考生初试成绩上线率远低于应届考生，出现非全日制研究生生源不足，大量应届考生被调剂为非全日制研究生的“隐形失衡”现象[③]。这些被调剂的应届考生在毕业求职时遇到了重重障碍，许多用人单位在招聘公告里“一刀切”地将非全日制研究生排除在外，还有些用人单位虽然招录了非全日制研究生，但人力资源主管部门不承认其学历[④]。这也从一个侧面反映了社会对非全日制研究生的认知与认可度都还较低的现实。

5. 学位授予标准和质量保障体系不够完善

我国在《学位条例》中只规定了要达到学士、硕士或博士学位应该具备的能力，采用了“较好地掌握本门学科的基本理论、专门知识和基本技能”“具有从事科学研究工作或担负专门技术工作的初步能力”或者“在科学或专门技术上做出创造性的成果”这样的描述，而如何判断是否“较好地掌握”、如何衡量已经具有“初步能力”、什么样的成果属于“创造性的成果”，

① 陈静. 我国专业学位研究生教育发展问题研究 [D]. 重庆：西南大学，2013：74.

② 刘小勇，陈慧民，蔡小薇，马静. 非全日制研究生教育的现状与改进对策 [J]. 新西部，2020（6）：136-137.

③ 李琪，戴一飞. 非全日制硕士研究生招生中“隐形失衡”问题探究 [J]. 学位与研究生教育，2020（2）：32-38.

④ 仿佛读了个“假硕士”？非全日制研究生求职遭歧视 [J]. 廉政瞭望，2020（13）：12.

却没有具体的评价标准，如果仅凭一篇毕业论文或一场答辩来评价一位毕业生的研究能力，是否能有足够的说服力？另外，学位授予标准到底应该侧重申请者哪个方面的要求，是学术，是技能，还是道德？如何处理道德与学术授予的关系[①]？这些问题在现行的学位制度中既没有量化标准，也没有操作指南。

近年来我国按一级学科和专业学位类别分别对学术硕士、博士学位和专业硕士、博士学位规定了基本要求，包括应掌握的基本知识与结构、应具备的基本素质、应具备的基本学术能力、学位论文基本要求和专业学位应接受的实践训练，但仍存在定位模糊化、标准同质化和内容空洞化的症结[②]，如果不看学科名称和介绍，彼此之间的辨识度还不能一目了然。

除了明确科学的学位授予标准以外，学位教育的质量也离不开完善的质量保证体系。我国学位质量保证体系的主角是政府，政府制定一系列宏观评价标准，容易忽略不同地区、不同教育机构的差异；同时代表政府进行学位管理的学位委员会对各学位授予点的标准执行情况还没有形成高效便捷的监督机制；各学位授予点的内部质量保证体系还不够完善与严密，对于质量的追求妥协于现实的压力。

6. 学位国际化程度较低

拓展学术视野，激发创新能力是现代教育的主要目标。伴随着高等教育的国际化进程，学位制度的国际化呼声也日趋高涨。2018 年，来自 196 个国家和地区的各类来华留学人员有 492,185 名，其中接受学历教育的留学生总计 258,122 名，占来华生总数的 52.44%，比 2017 年增加了 16,579 人[③]；出国留学人员总数为 66.21 万人，其中，国家公派 3.02 万人，单位公派 3.56 万人，自费留学 59.63 万人[④]。为了适应人数逐年增多、来源地日益广泛的海外留学生的需要，中国学位制度的国际化步伐亟待加快。

---

① 丛日宏，徐晓艳. 21 世纪我国学位制度研究进展综述 [J]. 现代教育管理，2014（5）：109-113.

② 刘恒，邱新. 我国学位标准立法研究 [J]. 江海学刊，2014（3）：125-132.

③ 教育部. 2018 年来华留学统计 [EB/OL]. (2019-04-12) [2021-02-17]. http://www.moe.gov.cn/jyb_xwfb/gzdt_gzdt/s5987/201904/t20190412_377692.html.

④ 教育部. 2018 年度我国出国留学人员情况统计 [EB/OL]. (2019-03-27) [2021-02-17]. http://www.moe.gov.cn/jyb_xwfb/gzdt_gzdt/s5987/201903/t20190327_375704.html.

二、从学位到资历的含义扩展

（一）高等教育普及化语境下的资历

改革开放以来，中国的教育发展取得了举世瞩目的进步，国民受教育程度实现了大幅提高。2021 年 3 月教育部发布的全国教育事业发展统计数据显示，2020 年，各种形式的高等教育在学总人数达 4,183 万，高等教育毛入学率为 54.4%[①]。依照马丁·特罗提出的高等教育发展阶段的划分标准，中国正在由高等教育发展大众化阶段走向普及化阶段。在高等教育普及化阶段，高等教育的核心理念是让任何人在任何地方都能接受适合自己的高等教育，重点为社会对公平和高质量高等教育的需求。

从国际经验来看，高等教育从大众化走向普及化的过程中会具有以下共性特征：首先，各种学历层次、年龄、阶层的人将有更多的机会进入不同类型和层次的高等教育机构学习，学生将呈现多样化特点；其次，因不适应或选择更适合自身发展的转学、转专业、退学情况会增多，学生的流动性会增强；最后，保证高等教育机构的人才培养质量，提升学生的社会适应能力与竞争能力，以及实现普及化阶段高等教育规模与质量的协调发展将成为大学内部、社会公众、利益相关者共同关心的首要问题。

从中国国情来看，高等教育毛入学率从 2002 年的 15% 增长到 2019 年的超过 50%，只用了不到 20 年的时间，与很多发达国家相比时间较短。在 21 世纪初期，中国因高等教育的急速扩招曾出现过资源分配不均、教学质量滑坡、大学生就业难等一系列问题。党的十九届五中全会提出实现教育强国需要"建设高质量教育体系"，教育部将"推进高等教育提质创新发展"作为 2021 年工作要点之一，以提升教育质量和优化结构为核心的内涵式发展成为确保高等教育可持续发展的根本[②]。当前，中国高等教育发展的区域和校级差距依然存在，随着学生多样性与流动性的日益增强，对衡量不同层次、不同类型高等

① 教育部. 2020 年全国教育事业发展统计主要结果 [EB/OL]. (2020-03-01) [2021-03-01]. http://www.moe.gov.cn/jyb_xwfb/gzdt_gzdt/s5987/202103/t20210301_516062.html.

② 马陆亭. 推动"十四五"时期高等教育的高质量发展 [J]. 中国高等教育，2020（23）：1.

教育机构教育与学习质量的等价性提出了迫切要求。而作为承担高等教育普及化主体的地方高校，随着学生群体的多元化和异质化，在确保高等教育竞争力和公信力上将面临更大挑战①。

中国目前采用的是中央政府、省级地方政府、学位授予单位的三级管理体系，高校等学位授予单位通过各自的学位授予标准完成学位授予。由于国家层面尚未建立国家学位授予标准层级框架，高校内部质量保障与外部质量监督机制的评价基准尚待统一和明确，不同层次、不同类型高等教育机构之间的学习难以实现真正的等价等值。资历框架强调学生的学习增值和学习结果的成效证据，其核心是一套学习成果评估标准。建立在资历框架基础上的质量保障模式，通过对高等教育核心要素的审视与衡量，体现了以学生为中心的理念，提升了质量保证的专业性和科学性。同时，资历框架也为高等教育的内部质量监控和外部质量评估提供了统一、透明、可比的标准，保证了高校自主评估的有效性，也有利于多方利益共同体参与形成持续改进的质量保障文化②。基于资历框架的学习成果认可为实现对不同教育体系、不同院校、不同课程的学分互认和成人学习者的先前学习经验认可创造了条件，解决了学生的多样性和流动性等问题。

（二）终身学习语境下的资历

2015 年，联合国教科文组织发布了《改变我们的世界：2030 年可持续发展议程》，其中“可持续发展目标”将 2030 年教育发展的总目标设定为“确保包容和公平的优质教育，让全民终身享有学习机会”③。终身学习是伴随人的一生的进程，包含旨在提高和发展人的才能、知识、技能、态度和能力的所有正规、非正规或非正式学习活动④。终身学习强调学习本身比学习方式和场所更

---

① 张辉蓉，盛雅琦，宋乃庆. 中国高等教育发展 70 年：回眸与前瞻 [J]. 浙江师范大学学报（社会科学版），2019，44（5）：1-11.

② 钟秉林. 普及化阶段我国高等教育质量保障体系的构建 [J]. 河北师范大学学报（教育科学版），2020，22（2）：1-3.

③ UNESCO. Transforming our world: the 2030 agenda for sustainable development [EB/OL]. (2015-10-21) [2020-12-25]. https://www.un.org/ga/search/view_doc.asp?symbol=A/RES/70/1&Lang=E.

④ UNESCO. Global convention on the recognition of qualifications concerning higher education [EB/OL]. (2019-11-25) [2020-12-25]. https://unesdoc.unesco.org/ark:/48223/pf0000373602?posInSet=12&queryId=3ec9e630-1d3a-4f4e-8319-3df55ecb4d0b.

加重要，学习不再局限于正规教育机构的围墙之内和特定时间安排，而是扩展到能够获得知识的所有空间和所有方式，贯穿于学习者的生命进程。2019年10月，党的十九届四中全会进一步强调“构建服务全民终身学习的教育体系”①。2020年，中国在制定“十四五”规划的建议中也将“完善终身学习体系，建设学习型社会”作为建设高质量教育体系的重要组成部分②。建立服务全民终身学习，加快发展面向每个人、适合每个人、更加开放灵活的教育体系已经成为当前阶段中国教育体系的建设目标。

国际上通常将终身学习划分为正规教育、非正规教育和非正式学习三类。三类学习方式的学习结果均体现为学习者知识、技能、能力、态度和价值观的发展和提升，不同学习方式的特点与学习成果表现形式如表2–1所示③。

表2–1　正规教育、非正规教育和非正式学习

类别	目的性	结构性	可控性	学习场景	学习成果	学习成果表现形式
正规教育	有明确目的	有组织	可控	学校	知识、技能、能力、态度和价值观的发展	学位、学历、文凭等
非正规教育	有明确目的	有组织	不可控	工作场所、培训机构等		行业证书、资历证书、技能等级证书等
非正式学习	无明确目的	无组织	不可控	工作场所、社区、家庭等		自主学习获得的学习成果

从表2–1可以看出，学位、学历、文凭都从属于正规教育中的学习成果表现形式，并不能涵盖终身学习中的其他学习成果类型。随着互联网技术和移动

① 中国共产党十九届四中全会. 中国共产党第十九届中央委员会第四次全体会议公报[EB/OL]. (2019-10-31) [2020-12-25]. https://www.ccps.gov.cn/zt/sjjszqh/tpxw/201911/t20191102_135392.shtml.

② 中国共产党第十九届中央委员会第五次全体会. 中共中央关于制定国民经济和社会发展第十四个五年规划和二〇三五年远景目标的建议[EB/OL]. (2020-10-29) [2020-12-25]. http://www.gov.cn/zhengce/2020-11/03/content_5556991.htm.

③ UIL. Recognition, validation and accreditation of non-formal and informal learning in UNESCO member states [EB/OL]. (2010-02-22) [2020-12-25]. https://uil.unesco.org/lifelong-learning/recognition-validation-accreditation/recognition-validation-and-accreditation-non.

学习技术的出现，学习者以移动学习、泛在学习、无边界学习获得的大量非正规教育和非正式学习的学习成果，也亟须以与正规教育相同的标准给予认可，与学位、学历、文凭共同纳入学习者的学习成果之中。

资历包括学历、文凭、证书以及各种业绩，体现了成效为本的教育理念，强调以统一的资历框架等级和标准，对各类学习成果给予评估和认定，承认所有终身学习方式的合法地位和价值，使学习者的学习成果得到教育机构、企业和社会的共同认可，促进不同教育类型、不同学习形式之间的纵向衔接和横向沟通。因此，在我国构建服务全民终身学习的教育体系的进程中，资历是比学位更适合终身学习语境、包含性更广的概念。

（三）全球化学习语境下的资历

人类学习正在迈向整体化、一体化的全球化进程，全球学习格局正在逐步形成。2019 年，有超过 530 万的国际流动学生在目的地国家接受教育，是 2000 年的 2.65 倍①。澳大利亚教育国际开发署预测，2025 年，将会有 720 多万国际学生在世界范围内留学。教育国际化、一体化是政府、学校、科研机构为应对全球化学习而制定的有目的、有计划、带导向的一种政策或实践措施。以欧洲为例，1987 年欧共体的伊拉斯谟计划，1999 年欧洲的博洛尼亚进程，2005 年欧洲高等教育资历框架的建立都旨在整合欧洲的高等教育资源，打通各国教育体制间的壁垒，推进高等教育的一体化进程。

学历、学位和文凭分别侧重受教育水平和学术能力的获取过程、成就成果和物质表现形式。当教育和学术不再局限于主权国家的地域和政治边界而发生国际流动时，就需要从依托于不同社会历史文化背景的教育体系和学习成果框架中提炼出一个具有普适性的概念，即"资历"②。资历框架的建立使不同国家和地区之间的学习成果具有可比性，旨在确保不同教育体系之间纵向和横向的透明度，使个体获得的各类学习成果能够公平、有效地获得其他地区相关机构的认可和转化。基于资历框架的国际、区域、国家和地区层面的学习成果认可，已经成为推进学习全球化进程的重要手段。

① IMO. World migration report [EB/OL]. (2020-06-09) [2021-01-11]. https://www.iom.int/wmr/.

② 教育部留学服务中心. 中国国（境）外学历学位认证（可）报告 [R]. 2016.

中国一直致力于推动形成全方位、多层次、宽领域的教育对外开放格局，深化同世界各国的教育合作与交流。中国是联合国教科文组织《亚洲及太平洋地区承认高等教育学历、文凭和学位地区公约》最早的缔约国之一。目前，中国已与 188 个国家和地区、46 个重要国际组织建立了教育合作与交流关系，与 54 个国家签署了高等教育学历学位互认协议[①]。教育部数据显示，2018 年我国出国留学人员总数为 66.21 万人，为世界最大留学生生源国。中国还是亚洲最大的留学目的国，共有来自 196 个国家和地区的 49.22 万名留学生来华留学，其中 64 个"一带一路"国家来华留学生人数共计 26.06 万人，占总人数的 52.95%[②]。2019年，教育部印发的《推进共建"一带一路"教育行动》中，将制定各国教育合作交流国际公约以及实现学分互认、学位互授联授作为"一带一路"教育合作的重点，并呼吁各国"加快推进本国教育资历框架开发"以实现各国学习者在不同种类和不同阶段教育之间的转换[③]。因此，在全球化学习语境下，资历是比学位更合适的概念，而资历框架建设是我国加入联合国《全球公约》的准备，也是实现我国资历全球互容互通、做强中国教育品牌的基础。

三、中国资历框架的发展和现状

资历框架是以学习成果指标来衡量、沟通、衔接资历的标准体系，包含由高到低的资历等级和以知识、技能、能力、态度和价值观等维度描述的等级通用标准，为各级各类学习成果提供了透明、清晰、可比的评价基准。以下从资历框架相关政策文本、资历框架的研究概览、资历框架的地方建设、国家资历框架建设四个方面来论述我国资历框架的发展现状。

（一）资历框架相关政策文本

通过对中国政府、教育部等相关部委官网上的资历框架相关政策文本进

① 新华社. 中国已与 54 个国家签署高等教育学历学位互认协议 [EB/OL]. (2020-09-05) [2021-01-11]. http://www.gov.cn/xinwen/2020-09/05/content_5540890.htm.

② 中华人民共和国教育部."有学上"到"上好学"[EB/OL]. (2019-09-12) [2021-01-11]. http://www.moe.gov.cn/jyb_xwfb/moe_2082/zl_2019n/2019_zl76/201909/t20190924_400551.html.

③ 中华人民共和国教育部. 推进共建"一带一路"教育行动 [EB/OL]. (2016-07-15) [2020-12-30]. http://www.moe.gov.cn/srcsite/A20/s7068/201608/t20160811_274679.html.

行搜索，2010 年到 2020 年（截至 2020 年 12 月 31 日），我国政府共发布相关政策文本 25 个。

从政策发布时间和内容来看，2010 年为相关政策发布的起点，教育部《国家中长期教育改革和发展规划纲要（2010—2020 年）》（以下简称《教育规划纲要》），首次提出“构建灵活开放的终身教育体系，搭建终身学习立交桥，促进各级各类教育纵向衔接、横向沟通”，“建立学习成果认可体系，建立‘学分银行’制度”，确立了学习成果认可体系和学分银行制度是构建终身教育体系和学习型社会的具体要求[①]。2016 年，我国国民经济和社会发展纲领性文件《中华人民共和国国民经济和社会发展第十三个五年规划纲要》提出，要“建立个人学习账号和学分累计制度，畅通继续教育、终身学习通道，制定国家资历框架，推进非学历教育学习成果、职业技能等级学分转换互认”[②]。这是“资历框架”首次出现于政策文本中，也标志着建设国家资历框架成为推进我国新时期终身教育体系构建的基本任务。自此，“资历框架”作为关键政策术语越来越多地见诸各类政策文本之中。2019 年，《中国教育现代化 2035》更为明确地提出建立国家资历框架，建立健全国家学分银行制度和学习成果认可制度[③]。同年，《国家职业教育改革实施方案》和《中华人民共和国职业教育法修订草案（征求意见稿）》发布，相关试点项目的启动推动我国国家资历框架、职业教育资历框架、学分银行的建设和发展进入了全新阶段。

从政策发布的类型来看，资历框架相关政策包含国家政策、部委级政策、法律和会议发言四种。国家政策中，既包含国民经济和社会发展、教育发展的纲领性文件，又包含与人才培养、国际交流、教育体制机制改革密切联系的其他文件。教育部在 2015 年至 2019 年连续五年将开展学习成果认可、建设学分银行和国家资历框架作为教育部工作要点之一。2016 年开始施行的《〈中华人

① 中华人民共和国教育部. 国家中长期教育改革和发展规划纲要（2010—2020 年）[EB/OL]. (2010-07-29) [2020-12-20]. http://www.moe.gov.cn/jyb_xwfb/s6052/moe_838/201008/t20100802_93704.html.

② 全国政协十二次四次会议第十二届全国人大四次会议. 中华人民共和国国民经济和社会发展第十三个五年规划纲要 [EB/OL]. (2016-03-17) [2020-12-20]. http://www.xinhuanet.com//politics/2016lh/2016-03/17/c_1118366322.htm.

③ 中华人民共和国教育部. 中国教育现代化 2035 [EB/OL]. (2019-02-23) [2020-12-20]. http://www.moe.gov.cn/jyb_xwfb/gzdt_gzdt/201902/t20190223_370857.html.

民共和国教育法〉修正案》和2019年发布的《中华人民共和国职业教育法修订草案（征求意见稿）》更是从国家法律层面确立了学习成果认可、国家资历框架相关制度建设的地位。

从上述对于政策文本的相关分析可以看出，资历框架建设是构建服务全民终身学习教育体系的重要举措，已经上升到我国国家教育发展的战略高度。

（二）资历框架的研究概览

以中国知网（CNKI）上的核心期刊论文和CSSCI论文为文献来源，以“资历框架”“资格框架”“资历架构”等关键词为选择依据，选择2000年到2020年的时间范围，共检索到文献354篇，剔除新闻等非学术文献，共得到327篇文献样本。

对样本文献的总体发文趋势统计如图2–2所示。可以看出，第一篇核心期刊文献发表于2003年，2010年之前发文量较少，尚处于萌芽期。2010年之后文献开始增多，进入了发展期，2013年开始趋于稳定，此后几年数量一直都维持在30篇左右。2019年发文量迅速增加，进入高速发展期。

利用CiteSpace软件对样本文献的关键词进行分析，得到排序前20名的高频次、高中介中心性关键词统计表（见表2–2）。其中，国家资格（资历）

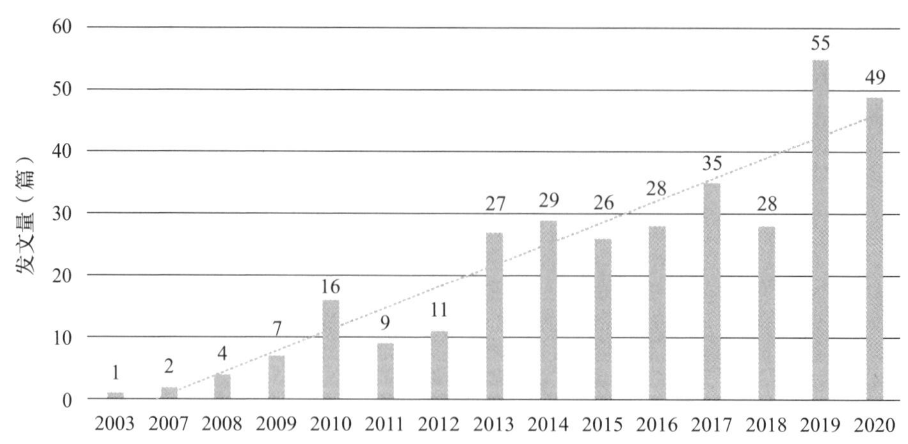

图2–2　2000—2020年我国资历框架研究发文情况

框架、资历框架、职业教育、终身学习、学分银行等关键词代表了资历框架研究领域的关注焦点。而关键词“国家资历框架”“国家资格框架”分别为2018—2020年，2015—2017年的突现关键词，是近几年资历框架研究领域的热点。

表 2–2　高频次、高中介中心性关键词统计

排序	关键词	频次	中介中心性	排序	关键词	频次	中介中心性
1	国家资格框架	72	0.5	11	学习成果	17	0.15
2	资历框架	71	0.18	12	学习成果认可	16	0.11
3	职业教育	59	0.23	13	英国	15	0.05
4	终身学习	39	0.18	14	欧洲资格框架	13	0.07
5	学分银行	35	0.16	15	质量保证	13	0.04
6	国家资历框架	35	0.12	16	欧盟	12	0.04
7	资格框架	32	0.17	17	1+X 证书制度	9	0.07
8	澳大利亚	20	0.14	18	印度	9	0.04
9	职业教育与培训	19	0.14	19	现代职业教育体系	8	0.04
10	终身教育	18	0.05	20	资历架构	7	0.02

（三）资历框架的建设与发展

2012年至今，伴随着我国学习成果认可、学分银行的实践不断推进，我国各地在借鉴国际资历框架发展经验的基础上，开始了资历框架建设的地方探索，包括国家开放大学、广东省、江苏省和重庆市建成的四个终身学习资历框架。2016年以来，国家资历框架的构建与应用也取得了新的进展。与内地相似，香港的资历框架也在不断发展。

1. 国家开放大学学习成果框架

2012年6月，教育部职业教育与成人教育司委托国家开放大学开展“国家继续教育学习成果认可、积累与转换制度的研究与实践”项目。为

此，国家开放大学建立了终身教育资历框架。基于我国现实需求和国际经验，国家开放大学提出以资历框架为引领，以“框架＋标准”为主要路径的“学分银行”模式，以实现横向沟通、纵向衔接的学习成果认证、积累和转换。[①]

国家开放大学的资历框架借助模块化的、以职业为导向的能力单元，连接证书课程和学历课程，探索了“资历框架＋能力单元”（也称为“框架＋标准”）的模式，形成以内容为本、实质等效的职业技能与学历课程的衔接机制，为职业技能与学历教育的衔接与转换提供了可借鉴的经验[②]。

在现有的学历教育等级标准之外，资历框架拓展了衡量学习成果的渠道，构建了一套适应于各种学习成果的衡量标准，是以成果为导向的教育理念的载体。国家开放大学的资历框架被称作学习成果框架，具体构成如图 2-3 所示。

学习成果框架									LOF
框架等级	普通教育		职业教育				继续教育		非正式学习
	基础教育	高等教育	职业学校教育	职业培训			学历继续教育	非学历继续教育	业绩与成就
6		博士研究生毕业证书、学术/专业博士学位		↑	↑	↑	博士学位	↑	↑
5		硕士研究生毕业证书、学术/专业硕士学位		职业技能等级证书	职业资格证书	其他职业培训证书……	硕士学位	包括社区教育、老年教育、闲暇教育、职工继续教育培训等多种形式的非学历继续教育	工作经历 工作经验 工作记忆 技术成果 技术创新 技能竞赛 文化传承 文化休闲 作品奖励 ……
4		本科毕业证书/学士学位	应用本科毕业证书/学士学位				本科毕业证书/学士学位		
3		本科毕业证书	高职毕业证书				专科毕业证书		
2	高中毕业证书		中职毕业证书	↓	↓				
1	初中毕业证书					↓		↓	↓
入门级									

图 2-3 国家开放大学的学习成果框架

① 张岩，谢青松. 基于职业教育的资历框架的理论研究与实践发展——《国家资历框架在职业教育领域的研究与实践》研讨会综述 [J]. 中国职业技术教育，2020（6）：24-30.

② 李静，李林曙，王丽娜. 基于资历框架的能力单元开发：国家开放大学的经验 [J]. 中国职业技术教育，2020（6）：31-38.

在资历等级设置上，国家开放大学学习成果框架共分为 6 个等级，第一级为最低级，第六级为最高级。各个等级的成效特性，由一套学习成果等级指标加以描述，根据我国国民经济行业分类标准，框架中的学习成果分属于 20 个行业领域。同时，根据学习成果的不同呈现形式，将其分为普通教育学习成果、职业教育学习成果、继续教育学习成果和非正式学习成果四种类型。高等教育包括 4 个等级，即三级本科毕业证书、四级本科毕业证书 / 学士学位、五级硕士研究生毕业证书和学术 / 专业硕士学位、六级博士研究生毕业证书和学术 / 专业博士学位[①]。各个等级的成效特性，由一套学习成果等级指标加以描述，等级指标描述指明该等级对应的每个学习成果所承载的知识、技能以及达到的能力水平。学习成果框架通过对学习成果知识、技能、能力的等级描述，为各类学习成果提供共同参照系，遵循实质等效原则，评估各类学习成果所代表的个人能力水平[②]。

依托资历框架，国家开放大学开发了资历框架延伸至具体行业领域的模块化单元，即能力单元，包含带有框架等级的学习结果及其评价，为教育培训提供能力标准指引。能力单元涵盖四个关键要素：资历框架等级、学习结果、评价标准以及学分。样例见表 2–3。

目前国家开放大学官网上呈现了已经开发的 12 个行业中的 518 个能力单元[③]。国家开放大学的学习成果认可包括两个层次：一是学习成果达到资历框架的相应等级；二是学习成果与具体行业领域的能力标准相对应。在国家开放大学目前的实践中，更多的是基于能力单元构建的非学历课程与学历教育课程之间的学习成果替换。国家开放大学学分银行已为超过 45 万人提供了 17 项证书认可服务，涵盖教育、邮政、家政、建筑、物业管理、物流与供应链、商务服务、信息技术、文化、环保、石油和化工、电子等行业。国家开放大学学分银行的学习成果互认联盟成员已发展到 41 家，在全国建立了 75 个学习成果认证分中心（认证点），覆盖 30 个省市地区、24 个行业。

① 国家开放大学学分银行. 学习成果框架 [EB/OL]. [2022-04-26]. http://cbouc.ouchn.edu.cn/kj/xxcgkj/index.shtml.

② 李静，李林曙，王丽娜. 基于资历框架的能力单元开发：国家开放大学的经验 [J]. 中国职业技术教育，2020（6）：31-38.

③ 国家开放大学学分银行.《国家开放大学学分银行》学习成果等级指标 [EB/OL]. [2020-10-10]. http://cbouc.ouchn.edu.cn/kj/kjtyzb/index.shtml.

表 2–3　国家开放大学能力单元样例

名称	策划开发邮政业务市场
编码	1YZYXCH0704A
运用范围	邮政→市场营销→策划
等级	7
学分	1
学习结果	**评价标准**
1. 了解邮务类业务、快递包裹业务、代理金融业务等的业务体系，掌握各业务的分类和特点； 2. 知道主要邮政业务制度规范的目的和内容，理解其运营管理要求； 3. 针对具体的邮政业务，识别其重点目标市场，掌握其目标市场的定位、特征和发展趋势； 4. 了解邮政主要业务的创新发展方向，掌握主要邮政业务的发展思路； 5. 能判断业务市场需求，能综合策划主要邮政业务的营销策略； 6. 能分析评价优秀邮政业务开发案例； 7. 了解邮政业务面临的竞争态势	1. 区分邮务类业务、快递包裹业务、代理金融业务的内容，说明各业务的分类及其特点； 2. 根据业务开发和策划的需要，遵守并灵活运用主要邮政业务制度和运营管理要求； 3. 根据业务开发和策划的需要，分析识别目标市场，并科学选择合适的目标市场； 4. 根据邮政业务创新案例，举一反三地总结说明其业务发展方向，概括说明主要邮政业务的发展思路； 5. 根据市场开发的需要，分析业务市场特征、定位，选用合适的营销策略并进行组合应用； 6. 根据背景资料，尝试进行优秀业务案例开发的分析与评价； 7. 解释分析竞争对手的量收、市场占有率、品牌知名度、营业计划等主要指标
开发机构	中国邮政集团公司培训中心
开发日期	2017 年 6 月
审核机构	学分银行标准委员会
发布日期	2017 年 6 月 20 日
终止日期	2022 年 6 月 19 日
备注	

资料来源：国家开放大学学分银行[①]

① 国家开放大学学分银行. 邮政行业学习成果认证单元：策划开发邮政业务市场 [EB/OL]. (2020-01-05) [2021-05-15]. http://cbouc.ouchn.edu.cn/gkcms/wwwroot/cbank2/gzcx/bzgfcx/index.shtml.

2019 年 1 月，国务院印发《国家职业教育改革实施方案》，提出加快推进职业教育国家学分银行建设，实施“学历证书 + 若干职业技能等级证书”制度。2019 年 4 月，教育部等四部门发布《关于在院校实施“学历证书 + 若干职业技能等级证书”制度试点方案》，提出探索建设职业教育国家“学分银行”，构建国家资历框架。

为了落实职教 20 条和配套 1+X 证书制度试点，国家开放大学搭建了职业教育国家学分银行平台，所有参加 X 证书试点的学生都可以在学分银行同步建立个人学习账号，目前已经为 32 个省级教育行政部门、72 家培训评价组织、4,075 家试点院校建立了机构账户，为参加试点的学生建立个人学习账户 19.5 万余个。在 1+X 证书制度试点中，已有 9.8 万名学生获得 X 证书，这些证书同步存入其学分银行的个人学习账户，等待学分银行的认定，为学分转换提供条件[①]。

建设职业教育国家学分银行是在国家资历框架层面实现职业教育体系内学习成果互相认证、互相转化和学分积累。国家开放大学在总结国家开放大学学分银行平台建设与运维经验的基础上，学习借鉴日本、新西兰相关职业教育类学分银行平台的设计，在功能层面通过设置资历框架管理委员会来保障学习成果认证与转化的客观和公正，在技术层面采用区块链技术突破职业教育学分银行技术架构的难点，初步完成了基于资历框架的职业教育学分银行平台业务框架设计以及平台技术架构设计。

2. 广东终身教育资历框架

2017 年，由广东省 9 个单位联合研制、100 多个机构和 200 多位专家参与制定的《广东终身教育资历框架等级标准》由广东省质监局发布，并通过了国家标准化委员会备案，标志着广东正式建立中国内地首个区域层面的终身教育资历框架。广东终身教育资历框架构成如图 2–4 所示[②]。

① 张伟远. 构建“资历框架为标准、学习成果认证为保障”的学分银行制度 [J]. 中国职业技术教育，2020（24）：5-7.

② 李雪婵，赵斯羽，关燕桃. 广东终身教育资历框架的实践和展望 [J]. 中国职业技术教育，2019（18）：59-64.

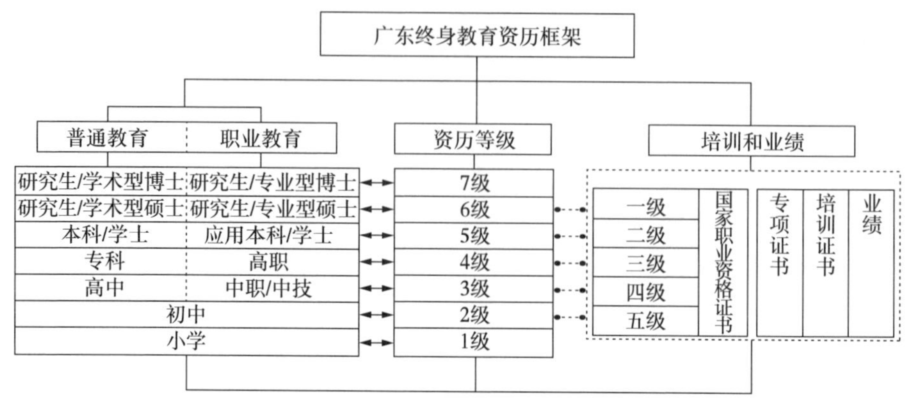

图 2–4　广东终身教育资历框架

在资历等级设置上，广东终身教育资历框架在参考欧洲资历框架 8 级的基础上，将资历等级划分为 7 级（合并了专科的两级），第一级小学为最低级，第七级博士为最高级。其中高等教育包含 4 个层级，在我国现有学位层级基础上加入了专科 / 高职。从资历类型来看，广东终身教育资历框架涵盖普通教育、职业教育、培训和业绩三大领域，其中培训和业绩包括国家职业资格证书、专项证书、培训证书及业绩。普通教育和职业教育从属于正规学历教育，对应我国学位类别中的学术型与专业型分类，培训和业绩包含了非正规和非正式学习的业绩成果。资历框架从知识、技能、能力三个维度描述了各等级的标准，为各级各类教育间的纵向与横向沟通衔接提供了共同的参照。如表格 2–4 所示[①]。

表 2–4　广东终身教育资历框架等级标准

级别	知识	技能	能力
第 1 级	掌握工作或学习所需要的基本的常识性简单知识	具有完成简单任务的基本技能	能够在他人直接指导下完成简单的学习或工作任务
第 2 级	掌握工作或学习所需要的基础知识	具有应用相关信息和简单工具，完成常规任务的基本技能	能够在他人的指导下在一定程度上自主地完成学习或工作任务

① 郑文，吴念香，杨永文. 广东终身教育资历框架建设的实践与思考 [J]. 中国职业技术教育，2019（27）：23-27.

续表

级别	知识	技能	能力
第 3 级	掌握某个工作或学习领域所需要的事实性和理论性知识	具有在某个工作或学习领域中，选择和应用相应的信息、工具和方法，解决具体问题或完成相应任务所需要的技能	能够在变化但可预测的环境中，基于工作或学习的指引进行自我管理，监督他人的常规工作，承担评价和改进或学习的有限职责
第 4 级	掌握某个工作或学习领域所需要的综合、专业、理论的知识，并了解知识应用的范围	具有创新性地解决抽象问题的综合的认知和实践技能	能够在不可预测的工作或学习环境中，履行管理和指导的职责，评估和改进自己和他人工作或学习的表现
第 5 级	掌握某个工作或学习领域所需要的高层次知识，对理论和原理进行批判性理解	具有在某个专业的工作或学习领域中，创新性地解决复杂和不可预测问题的高级技能	能够在不可预测的工作或学习环境中，管理复杂的技术或专业项目，承担管理个人和团队专业发展及做出决策的职责
第 6 级	掌握某个工作或学习领域中高度专业化知识，包括某些可作为原创思维和/或研究基础的前沿知识；对某个领域和交叉领域的知识形成批判性认识	具有在研究和/或创新中，为发展新知识、新工艺以及整合不同领域知识所需的专业化解决问题的技能	能够应对和改变复杂、不可预测、需要新策略方法的工作或学习环境，承担促进专业知识和实践发展和/或评估团队战略绩效的职责
第 7 级	掌握某个工作或学习领域以及交叉领域最先进的前沿知识	具有最先进的技能和方法，包括综合评价，解决在研究和/或创新中的关键问题，扩展和重新定义已有知识和专业化实践	能够站在工作或学习（包括研究）的前沿，表现出高度的权威性、创新性、自主性、学术性和职业操守，能持续不断地形成新的理念和方法

广东对资历框架建设和实施进行了积极的探索和实践，具体包括以下方面。

一是推动相关地方法制建设，为广东终身教育资历框架等级标准的实施建立法律基础。2018 年 5 月 31 日，《广东省职业教育条例》通过，第十五条明确规定，“省人民政府教育行政部门应当建立和完善终身教育学分制度，通过学分积累、转移和互换，促进学历与非学历教育衔接连通、互通互认，推进非学历教育学习成果与职业技能等级学分转换互认，构建普通教育、职业教育以及业绩成果互认的终身教育资历框架体系”，这为广东终身教育资历框架等级标准的实施提供了法律和制度保障。

二是制定配套政策，促进落地实施。例如，《关于推进高等教育学分认定和转换工作的意见》(教改［2016］3 号),《广东省教育厅关于高等教育学分认定和转换工作实施意见》(征求意见稿),《广东省教育厅关于高等教育学分认定和转换工作实施意见（试行)》。

三是开展行业资历标准研制试点工作。广东省以广东资历框架等级标准为母标准，在汽车业（后市场)、机械制造业、物流业（冷链）和工业自动化系统等行业（领域）开展了能力标准研制工作。

四是开展粤港澳资历框架合作。2017 年，广东开始有序部署广东资历框架与香港资历架构的比较研究工作，与香港学术及职业资历评审局进行沟通、交流和合作，推动粤港协同发展和资源共享，启动共建共享大湾区质量保证机制、能力标准等项目建设。粤港资历框架当局在充分了解对方资历框架设计背景、发展基础和相关政策的基础上，对粤港资历框架的资历级别、标准维度的可比性进行了评估，遵照欧盟成员国资历架构对接的十项原则，粤港资历框架已经实现了六个方面的对接，即两地有明确的机构对接、两地资历等级对接、两地资历标准的核心指标对接、两地学分对接、过往经历的对接、行业能力标准对接①。此外，开展职业资历互认的“一试三证”人才评价培养实践，即通过一次考试即可获得国家职业资格证书、香港或澳门地区专业能力评估证书和国际专业标准联盟证书，目前广东省已经实现了美容师和美发师等相关国家资历与国际职业资历的互认。

广东学分银行已为 9.3 万人提供了学习成果认可服务。在试行的学历教育和培训证书、技能竞赛、发明专利等学习成果转换中，获得认可的有 200 多人。粤港澳资历框架对接的探索为推动三地教育事业和人力资源的共同发展、实现粤港澳地区终身教育一体化奠定了基础。

① 许玲，张伟远，李雪婵. 粤港澳终身教育资历框架的衔接和创新发展——粤港澳大湾区资历框架研讨会综述 [J]. 中国职业技术教育，2019（27）：17-22.

3. 江苏省终身教育学习成果框架

为了落实《江苏省中长期教育改革和发展规划纲要（2010—2020 年）》中关于“建设开放的学习成果认证制度”和江苏省教育厅关于建设江苏省终身教育学分银行的要求，江苏省教育行政部门牵头多家政府机构和院校，对学分银行建设进行宏观指导、管理和监督，并委托江苏开放大学构建“江苏终身教育学分银行”网络服务平台，负责其日常运行与维护。

江苏省终身教育学分银行在全面学习借鉴《澳大利亚资历框架（2013）》《欧洲终身学习资历框架（2008）》《欧洲学分转换与累积系统》《广东终身教育资历框架等级标准》等资历架构制度体系的基础上，考虑到“学习成果”概念的通用性和易于接受性，以及学习成果认证制度建设的前期探索性和试验性，采用了“学习成果框架”的提法。学习成果是学习者学习收获的具体呈现，学习成果框架是一种结果导向的评价方式，构建这一阶梯框架的目的，不仅仅是找到学历教育与非学历教育成果之间的比对与衔接桥梁，更关键的是明确承认和接纳学历教育之外的学习成果，为各类学习成果建立一个全新的评判基准体系。在成果框架体系下，设置级别是为了对不同来源的学习成果进行分级管理，通用的分级标准是为各类学习成果建立一个统一的衡量标尺，属于同一级别的成果必须达到相同的水准。这样同一级别的成果彼此之间才能互认转换，上下级之间才能衔接递进，方便人们在各类教育之间、教育和培训之间以及与劳动力市场之间的流动。

江苏省终身学习成果框架的具体构成如表 2-5 所示[①]。

表 2-5　江苏省终身教育学习成果框架

框架等级	各级别包含的学习成果类型（普通教育、职业教育是指组成学历的具体课程与教学环节）					
	普通教育（含学历继续教育）	职业教育（含学历继续教育）	职业资格证书	职业技能等级证书	培训证书 / 专项证书（含非学历继续教育）	业绩
6 级	研究生 / 学术博士					

① 张璇. 基于学习成果认证制度的学分银行建设探索 [J]. 中国职业技术教育，2020（30）：31-40.

续表

框架等级	各级别包含的学习成果类型（普通教育、职业教育是指组成学历的具体课程与教学环节）					
	普通教育（含学历继续教育）	职业教育（含学历继续教育）	职业资格证书	职业技能等级证书	培训证书 / 专项证书（含非学历继续教育）	业绩
5 级	研究生 / 学术硕士	研究生 / 专业硕士	一级		5 级	5 级
4 级	本科 / 学士学位	应用本科 / 学士学位	二级	高级	4 级	4 级
3 级	专科	高职	三级	中级	3 级	3 级
2 级	高中	中职	四级	初级	2 级	2 级
1 级	初中		五级		1 级	1 级

在资历等级设置上，江苏省终身教育学习成果框架将资历等级划分为 6 级，第 1 级初中为最低级，第 6 级博士为最高级。其中高等教育包含 4 个层级，在我国现有学位层级基础上加入了专科 / 高职。从资历类型来看，江苏省终身学习成果框架包括普通教育、职业教育、继续教育、技能培训及业绩的成果认可体系。其中，普通教育和职业教育属于正规学历教育，对应我国学位类别中的学术型与专业型分类。非学历教育包含职业资格证书、职业技能等级证书、培训证书 / 专项证书以及各类业绩，包含了非正规和非正式学习的业绩成果。同时，对各层次、各类型教育培训成果，以知识、技能和能力三个维度进行了详细说明，如表 2–6 所示。

表 2–6　江苏省学习成果框架等级通用标准

级别	概述	知识	技能	能力
与每一级别对应的学习成果	总体要求	知识指理论与事实，是与学习和工作相关的事实、原理、理论和实践的集合体	技能指认知（对逻辑、知觉和创造思维）的运用和实践（包括劳动的灵敏度和方法、材料、工具、仪器的使用）	能力指经证实的应用知识、技能的能力和个人、社会和 / 或方法的能力。能力以责任性和自治性来衡量

续表

级别	概述	知识	技能	能力
第 1 级	学习者能胜任初级工作、参与社区活动以及为未来学习做基础的知识和技能	掌握进一步学习和准备初始工作的基本事实性知识	具有应用相关信息、简单规则和简单工具，完成常规任务的基本技能，能在限定范围内对可预见的问题提出解决方案	能够在他人的监护或指导下有一定自主性地完成学习或工作任务
第 2 级	学习者具备为完成特定技能性工作和辅助性工作及进一步学习所需的专业知识和技能	掌握特定工作或学习领域所需要的事实性知识和一般理论性知识	具有在特定工作或学习领域中，选择和应用相应的信息、工具和方法，完成相应任务所需要的技能，能对一定的可预见和不可预见的问题提出解决方案	能够在变化但可预测的环境中，基于工作或学习的指引进行自我管理，能在解决问题过程中改变自己的行为以适应环境，承担评价和改进工作或学习的有限责任
第 3 级	学习者具备完成高技能工作和进一步学习所需要的支撑性知识和技能	掌握特定学习或工作领域内综合的专业性、事实性和理论性知识以及对于该种知识边界的认知	具有针对特定工作或学习领域的复杂问题提出解决方案所需要的系列认知和实践技能，能将信息和技能传递给他人	能够在不可预测的工作或学习环境中，进行自我管理和监督，评估并改进自己和他人工作或学习的业绩
第 4 级	学习者具备从事专业性工作和进一步学习的知识和技能	掌握特定工作或学习领域的广博而连贯的知识，包括对理论和原则的严格理解	具有在特定工作或学习的专业领域解决复杂和不可预知问题所需要的综合技能、示范能力和创新能力，能将信息和技能和思想传递给他人	能够在不可预测的工作或学习环境中，管理复杂的技术或专业项目，承担管理个人和团队专业发展及做出决策的职责

续表

级别	概述	知识	技能	能力
第 5 级	学习者具备为了研究性学习、高精专业实践或进一步学习所需的知识和技能	掌握特定工作或学习领域内的高度专业性知识，其中部分为前沿性知识，包括某些可作为原创思维和 / 或研究基础的前沿知识；清楚地知道某一领域内的知识问题和交叉领域的知识问题	具有在研究和 / 或创新中，为发展新知识、新工艺以及整合不同领域知识解决专业化问题的技能，能为专业和非专业人士解释、传递知识技能和思想	能够应对和改变复杂、不可预测、需要新策略方法的工作或学习环境，承担促进专业知识和实践发展和 / 或评估团队战略绩效的职责
第 6 级	学习者掌握在某个复杂领域中从事专业研究所需的系统性关键性知识和技能	掌握特定工作或学习领域以及交叉领域最先进的前沿知识，形成系统的批判性理解	具有在研究和 / 或创新中解决关键问题所需要的最先进的技能和方法，包括综合和评价，能够开发应用研究方法扩展和重新定义现有的专业实践知识技能，能向同行、公众传递新见解，产生独创性见解	能够站在特定工作或学习（包括研究）领域的前沿，表现出高度的权威性、创新性、自主性、学术性和职业操守，能持续不断地形成新的理念和方法，承担作为专家或实践领导者、学者的责任

江苏省终身教育学分银行的建设与实践是聚焦学习成果认证标准的探索，自 2014 年 1 月 9 日开始试运行，采用“统筹兼顾，突出重点；先易后难，逐步推开”的建设发展思路和分阶段进行的建设路线[①]，分为起步阶段、推进阶段和后续阶段。

其中，起步阶段是基于校本的同质认证试点。采用同质比对的方式，以学历教育本、专科课程应具备的水平标准为依据，以目标定位、教学内容、教学要求、考核评价和学习时长为比对维度，组建专家工作小组，分别开展了如下认证实践：第一，江苏开放大学（江苏城市职业学院）与其他高校主要教学

① 尤佳春. 省域学分银行的构建实践与策略探究——以“江苏省终身教育学分银行”试行为例 [J]. 江苏开放大学学报，2014（2）：10-14.

内容相同的课程的对应关系认证；第二，职业资格证书所包含的内容、技能竞赛获奖证书所代表的水平、社会考试的水平测试证书等与江苏开放大学（江苏城市职业学院）学历教育相关课程的对应关系认证；第三，社会培训项目成果与江苏开放大学（江苏城市职业学院）学历教育相关课程的对应关系认证。

推进阶段是基于成果框架的标准建设与认证探索，首先开展学习成果框架的研究和设计，以建立一个横跨普通教育、职业教育、继续教育、社会培训及业绩的成果认证体系；其次开展基于成果框架的专项学习成果等级标准梳理，将各类教育培训连为一体，为各行各业的人才培养和个人发展提供了一个晋级的“元标准”，以规定每一层级成果应达到的最低能力水平。但框架中所囊括的成果跨越普通教育、职业教育、继续教育和社会教育多个领域，除了与学术课程相关的成果，更多成果来自行业领域。要保证这些成果认证结论为社会所承认，就需要有更具体的针对某一类型成果的评价标准[①]。最后是基于成果框架的社会教育课程认证试点[②]。

在学习成果认可方面，江苏省终身教育学分银行将非学历教育成果区分为与行业职业能力相关的成果和人文社科类成果两类。与行业职业能力相关的成果根据职业类别，按照元标准的分级要求，制定了能力为本的具体职业能力等级标准；人文社科类成果由学术专家依据“元标准”按学科类别制定具体的知识、技能和能力分级标准，即学科分级标准，国家制定的高中（中职）学生学业水平测试标准、教育部发布的《高等职业学校专业教学标准》和《普通高等学校本科专业类教学质量国家标准》是主要参考依据。在框架中的社会培训成果认可部分，学分银行对社会教育课程进行梳理分类，将人文培训课程按学科属性与人文社科类课程对接，对职业教育类课程通过职业能力等级标准对接。学习成果框架加上学科分级标准和职业能力等级标准，共同构成学习成果认证标准体系，既可以为具体的学习成果认证申请提供认证依据，也可以为各个培训机构提供具体的教学标准。

以终身学习成果框架为参照，江苏省终身教育学分银行与江苏省美发美容协会合作，设计并开发了《美甲及手足护理能力标准》，以“技能单元”

① 张伟远，傅卿璇. 建立教育公平的终身学习体系：南非的经验和教训 [J]. 中国远程教育，2014（2）：16-22.

② 张璇. 基于学习成果认证制度的学分银行建设探索 [J]. 中国职业技术教育，2020（30）：31-40.

说明美甲从业人员在沟通与服务、基础知识与护理、美甲设计与制作、教育与培训、推广与销售、营运与规划方面应当具备的知识、技能和能力水平，形成了对每个“技能单元”明确规定学习时长和具体学习指标的美甲与手足护理职业能力等级标准（见表 2–7)。2019 年该项目获得江苏省市场监督局 2019 年度地方标准建设立项，2020 年正式发布为江苏省地方标准。根据成果框架和能力等级标准，建立的以技能单元为轴心的美业培训机构课程与学历教育课程的对应关系列表，直接为美业从业人员学习路径的选择提供了参考与指导。

基于成果框架的社会教育课程认证试点。学习成果框架中的“培训”成果（培训证书 / 专项证书）部分，包含广泛的社会教育成果。社会教育是与学校教育、家庭教育并列存在的教育领域，是指学校外的所有社会文化教育机构对儿童、青少年和成人开展的各种教育活动，承担着广育人才、激浊扬清、生产新知识和推动社会建设进程的功能，在服务建设全民终身学习的教育体系中，占有重要一席。因此，承认社会教育的成果，并给予恰当的学分认定，可以有效地激发广大民众的终身学习热情。学分银行对社会教育课程进行梳理分类，将公民教育（思想政治教育)、文化教育、艺术教育、健康教育类课程按学科属性与人文社科类课程对接，采用人文社科类成果的学科分级标准；对职业教育类课程，则采用职业能力等级标准。

为了证明社会教育课程已经达到学科分级标准的某一级水平，需要结合具体成果的证明材料加以判断与评估。学分银行选择从成果的目标定位、考核评价和学习内容三个维度来证明该成果是否符合职业能力等级标准或学科分级标准规定的某一等级要求；按照成果来源特征，选择持续改进、支持服务和师资队伍的维度，来作为该成果的质量保证机制。为了验证这一设想的可行性，学分银行选择省内有一定影响力的“吴文化”游学系列课程，组织江苏地域文化和城市文化研究领域的全国知名专家，组成专家团队进行调研认证，最终除了得出成果所属级别的结论，还形成了一套完整的工作规程。这一认证活动也被“学习强国”刊登报道。

江苏省终身教育学分银行已经为 9.7 万人进行了学习成果认可，6 千多名学生实现了学分转换，其中职业资格证书转换对应课程学分的占 63.1%，社会考试证书占 13.3%，专项证书占 0.9%，其他在线开放式课程、培训课程

表 2-7 《美甲及手足护理能力标准》能力单元分级列表样例

级别	沟通与服务（技能单元）（MJGF）	基础知识与护理（技能单元）（MJJH）	美甲设计与制作（技能单元）（MJMZ）	教育与培训（能力单元）（MJJP）	推广与销售（能力单元）（MJTX）	营运与规划（能力单元）（MJYG）
1级	认识职业道德及员工守则 MJGF 201 P13 建议课时 6	了解美甲文化起源与发展 MJJH 201 P12 建议课时 6		认识公众卫生 MJJP 201 P14 建议课时 6		
	了解顾客服务基本知识 MJGF 202 P16 建议课时 6	了解美甲相关电器安全守则 MJJH 202 P17 建议课时 6		认识美甲场所一般安全守则 MJJP 202 P15 建议课时 12		
		认识基本人体结构和生理系统 MJJH 203 P18 建议课时 6				
		应用不同消毒方法及程序 MJJH 204 P19 建议课时 6				
	与顾客进行简单沟通 MJGF 203 P21 建议课时 12	识别美甲及手足护理产品标识及工具 MJJH 205 P20 建议课时 6		认识皮肤构造及常见问题 MJJP 203 P23 建议课时 12	了解一般美甲业市场环境 MJTX 201 P22 建议课时 6	

续表

级别	沟通与服务（技能单元）（MJGF）	基础知识与护理（技能单元）（MJJH）	美甲设计与制作（技能单元）（MJMZ）	教育与培训（能力单元）（MJJP）	推广与销售（能力单元）（MJTX）	营运与规划（能力单元）（MJYG）
1级		认识美甲及手足的基本护理技巧及常见问题 MJJH 206 P24 建议课时 12		了解《中华人民共和国劳动法》知识 MJJP 204 P26 建议课时 6		
		认识手足部及骨骼肌肉系统的基本结构 MJJH 207 P25 建议课时 6		了解相关法律法规 MJJP 205 P27 建议课时 6		

以及同层次学历课程等占 22.7%[①]。

江苏省终身教育学分银行构建的学习成果框架以及分级标准，为普通教育、职业教育、继续教育和技能培训及业绩的成果互认提供了依据。

4. 重庆职业教育与培训资历框架

我国现代职业教育体系构建过程中，存在职业教育人才培养培训缺乏统一的标准和质量保证机制、职业院校专业培养方案与社会要求脱节、职教毕业生和行业企业岗位要求脱节等问题。重庆市职业教育大数据应用研究机构以大数据、人工智能等新兴信息技术为支撑，开展基于职业教育和培训资历框架的人才培养模式改革，重点通过建立资历框架标准撬动人才培养模式的创新，并在此基础上开展重庆市终身学习学分银行的孵化、建设和实践。

紧紧围绕职业教育的特点，重庆市终身学习学分银行参照国内外相关资历框架标准，建立了重庆职业教育与培训资历框架，为职业教育与培训等各类成果业绩，提供了统一、可比较的资历等级和标准，如图 2–5 所示[②]。

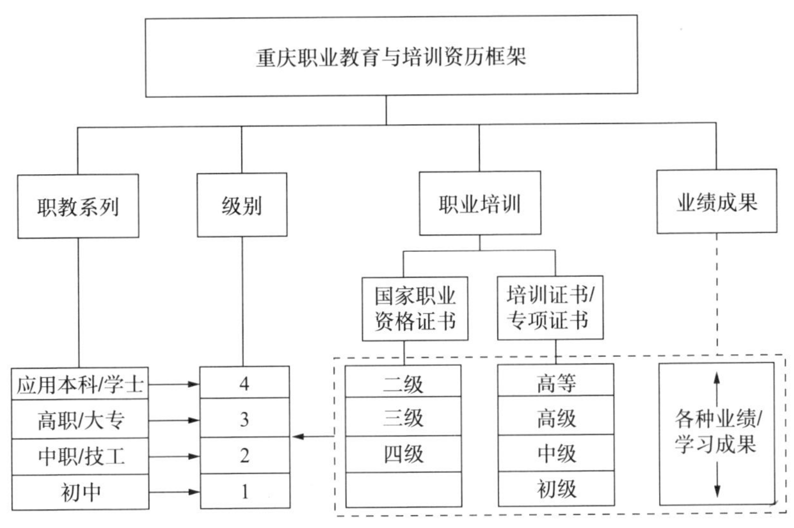

图 2–5　重庆职业教育与培训资历框架

① 张璇. 基于学习成果认证制度的学分银行建设探索 [J]. 中国职业技术教育，2020（30）：31-40.

② 张岩，吴南中，周世凯. 职教资历框架下大数据驱动的学分银行建设 [J]. 中国职业技术教育，2020（24）：21-27.

在资历等级设置上，重庆职业教育与培训资历框架将资历等级划分为 4 级，第 1 级初中为最低级，第 4 级应用本科 / 学士为最高级。其中高等教育包含 2 个层级，即高职 / 大专和应用本科 / 学士。从资历类型来看，重庆职业教育与培训资历框架包括职业教育、职业培训和业绩成果三大类。其中，职业教育属于正规学历教育，对应我国学位类别中的专业型。非学历教育包含职业培训和业绩成果，职业培训包含国家职业资格证书和培训证书 / 专项证书，涵盖了非正规和非正式的学习成果类型。同时，为建立符合中国特色的资历框架，重庆职业教育与培训资历框架在国际通常采用的知识、技能、能力三个维度的基础上，增加了第四个各等级通用的维度，即以立德树人为核心的态度和价值观。

在职业教育和培训资历框架通用标准体系的基础上，重庆市终身学习学分银行已开发软件、轨道交通工程技术两套行业能力标准。同时，基于资历框架和行业能力标准，以重庆工商职业学院软件工程专业人才培养为试点，将学分认可标准融入了课程标准建设、课程内容建设和评价体系建设。

重庆市终身学习学分银行采用大数据等新一代信息技术，设计开发了专业建设方案和社会需求匹配大数据分析平台，为职业教育院校专业人才培养和课程建设提供参照①。平台的系统架构由低到高分为 4 个层级，如图 2–6 所示。

大数据分析平台应对各类职业岗位的知识、技能、能力、态度与价值观维度要求，通过收集、分类、筛选、存储各类招聘信息，对照职业教育院校专业人才或课程建设培养方案，形成差异性、专业化的大数据分析报告。一方面，分析报告为学校专业课程调整提供了基于大数据分析的科学依据，并提供淘汰课程和增设课程的咨询建议；另一方面，为学生提供就业岗位信息的推送和查询，通过就业岗位推送功能设定，推送职位发布趋势、职位地域分布、就业薪资、职位链接等信息，并提供手机端 App 功能，如消息推送、职位查询，同时应用于微信公众平台。

在研发实践中，采用成效为本的教育理念推动学校课程建设和体系改革，来保证课程建设遵循资历框架相关要求。例如，在重庆工商职业学院软件工程专业人才培养方案中试点，通过对课程教学内容进行重组，形成了基于知识、

① 张岩，吴南中，周世凯. 职教资历框架下大数据驱动的学分银行建设 [J]. 中国职业技术教育，2020（24）：21-27.

图 2-6　平台流程和数据分析架构

技能、能力、态度的典型工作任务和由能力单元组建的软件专业核心课程，将学分认证标准融入课程标准建设、课程内容建设和评价体系建设，助力实现能力需求与课程学习的真正融合。

学分银行管理中心团队结合学分银行建设实践探索，从构建终身学习体系何以需要学分银行出发，对学分银行原理、要素、机制等进行了全方位的梳理、总结、分析。其研究发现，认证服务是学分银行业务的核心，构建学分银行服务体系是实现学分银行顺利推进的关键。构建学分银行服务体系主要包括纵横两方面内容，一是形成学分银行服务体系的主干脉络，建立体系性的服务结构；二是确定学分银行服务内容谱系，明确学分银行服务体系的服务内容和标准。

学分银行管理中心依托学分银行内部服务体系、重庆广播电视大学（重庆工商职业学院）办学体系，在重庆市各区县建立了学分银行分中心，构建了“学分银行 + 分中心”的两级一体化服务实体组织体系和“线下 + 线上”全覆盖的一体化联动服务体系，切实推动基于终身学习账号的学习成果认证、积累与转换，实现成果的可回溯、可查询、可应用。同时，按照“分步建设，开放升级”的原则，重庆市终身学习学分银行运用大数据、区块链等新一代信息技术，开展包括门户网站、管理平台、工作平台、服务平台等集信息发布、业务办理、工作管理于一体的学分银行信息管理基础设施建设，以新一代信息技术提高学分银行公信力，服务、支撑学分银行制度体系的运行与改革。

以学习成果的生成逻辑为核心，学分银行管理中心开展了行业能力标准、“书证融通”认证标准、非学历认证标准和资源等方面的建设，通过标准链建设认证标准体系，如表 2–8 所示。

表 2–8　重庆学分银行认证标准体系

认证标准体系组成	具体说明	已有成效
行业能力标准	划分行业职能范畴，梳理行业工作任务和岗位，形成以认证单元为基本单位的能力矩阵； 参照职业教育与培训资历框架，开发行业能力标准； 以行业能力标准为指导，促进专业和课程建设改革	已开发软件、轨道交通工程技术 2 套行业能力标准，已开展相关 6 门高职课程建设
“书证融通”认证标准	将专业教学要求与职业技能标准、教学评价方式与职业鉴定方式相融通，通过行业能力标准调整学校专业能力结构	开展“书证融合”建设项目 15 项，涉及 12 个专业，15 个职业资格证书，认证、转换成果 300 余个
非学历认证标准和资源建设	以资历与学习成果框架为指导开发非学历能力标准和相关配套资源	开发了三级“重庆市母婴护理师”能力标准和相关配套资源
其他试点工作	在线课程与高职学历教育课程学分融通试点；中等职业教育与成人专科纵向衔接试点；“学习强国”学习积分认证转换；事业单位人员专业技术继续教育学时、事业单位人员培训学时的试点服务；学习成果登记与转换	选出 291 门在线课程，完成在线课程认证与转换 289 次；建立终身学习档案 52 万余个，登记各类学习成果近 170 万个，转换各类学习成果 1,000 余个

重庆市终身学习学分银行基于职教资历框架，以大数据、人工智能等新一代信息技术为驱动，建立了职业岗位要求和课程体系相匹配的大数据分析模型，形成了职业教育人才培养之间的纵向衔接和学分银行中学习成果的互认机制，为建立国家资历框架提供了区域实践样本，丰富了学分银行制度建设实践。重庆市终身学习学分银行已为6.08万人进行了学习成果认可，建立了专业建设方案和社会需求匹配的大数据分析平台，数据分析总量达7.3亿次，在西部10多所高职和应用本科院校推广应用，为50多个专业人才培养方案提供诊断和咨询，为职校培养社会所需要的人才、及时修订院校人才培养方案提供了科学依据。

5. **香港的资历框架**

（1）香港资历框架的发展进程

香港特区政府从2002年开始，经过六年的研究、尝试和评估，于2008年正式推出资历框架。2002年，香港特区教育统筹局（后改名为香港特区教育局）外聘第三方教育咨询公司，邀请国际专家，研究和制定各级各类教育衔接和沟通的资历框架和质量保证机制，设立香港资历框架督导委员会，向立法会人力事务委员会咨询资历框架和质量保证机制事宜，推出“建议香港设立资历框架及相关质量保证机制”公众咨询文件。2003年，向人力发展委员会汇报公众咨询的结果，在会计业、中式饮食业、机电业、钟表业、零售业及资讯科技业六个行业中进行资历框架试验计划，举办资历框架研讨会，邀请香港学术评审局、各级各类教育机构、企业、雇主联会、职工会、专业团体等代表参加；向人力发展委员会汇报试验的结果，并提交了制定资历框架的建议。2004年，行政会议通过制定资历框架和相关质量保证机制的议案，教育局向立法会人力事务委员会汇报推行资历框架的路径，“钟表业行业培训咨询委员会”和“印刷及出版业行业培训咨询委员会”成立。2005年，香港学术评审局（2007年，为配合资历框架的实施，改名为“香港学术及职业资历评审局”），协同香港的普通教育、继续教育、职业教育和培训机构，探索制定了一套资历框架下的专业和课程建设的质量保证机制，向人力发展委员会咨询质量保证机制方案意见，向立法会人力事务委员会咨询有关修订《香港学术评审局条例》的意见，向教育和培训机构、高等院校、继续教育机构和社区学院介绍资历名册的运作安排。2006年，成立“物流业培训咨询委员会”“美容行业培训咨询委员会”“银行业培训咨询委员会”。2007年，香港立法会通过《学术及职业资历评审条例草案》，《香港学术及职业资历评审局条例》(第1150章）生效。2008年，《学术及职业资历评审条例》(第592章）全面生效，资历框架正式推出，“过往资历认可”机制正式推行，资历名册正式启用，所有载于资历名册的专业和课程，都有质量保证且获得政府资历框架的认可。2009年，为了配合资历框架的长远发展，教育局成立资历框架秘书处。

从香港资历框架发展过程中的重要事件可以看出，建立资历框架需要政府统筹和相应机构的参与。首先是政府机构内部的合作。香港建立资历框架由香港特区教育局负责、香港特区教育局下属的资历架构秘书处统筹。然而，由于资历框架中的职业教育和培训有相当一部分属于人力事务委员会分管，所以教育局需要和人力事务委员会进行紧密合作。其次是政府和教育及职业培训机构的合作。资历框架的建立需要继续教育、普通教育、职业培训这三方机构的参与和合作，才能在专业和课程设置与建设中遵循资历框架的标准和要求，保障资历框架的实施。最后是政府和企业的合作。在香港特区教育局的统筹和支持下，成立各行业培训咨询委员会，既能鼓励将企业培训纳入资历框架，又有助于获得雇主对资历框架的认可，有利于雇员的持续进修和终身学习[①]。

(2）资历框架的相关法规政策

资历框架需通过立法才能保证其在教育和培训机构的推广。上述《香港学术及职业资历评审局条例》(第1150章）和《学术及职业资历评审条例》(第592章）为资历框架的实施提供了立法保证。

(3）资历框架的管理机构设置

香港资历框架由香港特区教育局统筹，主要职能为：制定资历框架政策，委任各行业培训委员会委员，委任过往学习成果认定评估机构，并在政策上指引评审及资历名册机构（香港学术及职业资历评审局）的工作。具体工作由香

① 张伟远，傅璇卿.搭建终身学习立交桥的七大任务：基于香港的实践[J].中国远程教育，2013(10)：5-10，95.

港特区教育局下属的资历框架秘书处统筹，秘书处主要职能为：执行香港特区教育局资历框架政策，需要时协调教育局委任的相关机构的实际运作，支持所有行业培训咨询委员会的运作，制定相关行业标准（能力标准说明），联系各界利益相关者，推行及优化资历框架。

人力事务委员会主要分管香港地区的职业与培训事务，是教育局在推行资历框架时的紧密合作单位。为推行资历框架，教育局资历框架秘书处与包括香港学术及职业资历评审局、职业训练局、行业咨询培训委员会、大学、企业、工会等在内的众多机构开展合作。其中，香港学术及职业资历评审局作为法定评审机构，负责资历框架的质量评审与资历评测管理工作。职业训练局作为职业教育与培训机构，受委托作为个别行业的先前学习认定机制评估机构。

行业咨询培训委员会在教育局统筹下成立，接受资历框架秘书处的管理，是行业与政府之间合作的主要连接渠道。其成员一般由行业专家、雇主代表、企业员工、专业团体及相关政府部门代表组成，其工作职责为制定行业能力标准与先前学习成果认证机制，统筹撰写能力标准说明，并根据行业的能力要求设计相应的“能力为本”培训课程，负责资历框架的咨询与推广。在行业能力标准和先前学习认定机制出台后，行业咨询培训委员会还要与职业训练局协作，进行学习者的先前学习成果认证与考核工作等①。

（4）资历框架的类别、等级与标准

2002 年，香港教育统筹局委托第三方教育咨询公司，组成了国际专家团队和本地资历框架督导委员会，共同撰写香港资历框架和相应质量保证机制的计划书。此计划书由国际资历框架的专家撰写，本地督导委员会提出需求和建议。计划书中提出了香港资历框架的七个级别和能力标准，七个互相衔接的资历级别包括基础证书、证书、文凭、副学士、学士、硕士以及博士（见图 2-7）。

① 黄健，刘雅婷，江丽，郑慧仪. 资历框架的设计与运行：香港的经验启示及建议 [J]. 开放教育研究，2017，23（6）：111-120. DOI:10.13966/j.cnki.kfjyyj.2017.06.013.

<table>
<tr><th>级别</th><th colspan="7">资历</th></tr>
<tr><td>7</td><td colspan="7">博士</td></tr>
<tr><td>6</td><td>硕士</td><td>深造文凭
深造证书</td><td rowspan="3">专业文凭
专业证书</td><td rowspan="3">高等文凭
高等证书</td><td rowspan="4">文凭</td><td colspan="2" rowspan="4">证书</td></tr>
<tr><td>5</td><td colspan="2">学士</td></tr>
<tr><td>4</td><td>副学士</td><td>高级文凭
高级证书</td></tr>
<tr><td>3</td><td colspan="4" rowspan="3"></td></tr>
<tr><td>2</td><td rowspan="2"></td><td rowspan="2"></td><td rowspan="2">基础证书</td></tr>
<tr><td>1</td></tr>
</table>

图 2–7　香港资历框架的七个级别

为了保证资历框架中每一级别的水平标准相同，香港制定了统一的“资历级别通用指标”，用于普通教育、继续教育以及职业教育和培训之间的衔接和沟通。通用指标详细阐述了每一级别的统一能力要求，包括四个范畴：知识及智能，过程，自主性及问责性，沟通、资讯及通信科技及运算①。以下以“知识及智能”范畴为例，说明资历框架各级别的不同要求（见表 2–9）。

表 2–9　香港资历级别通用指标：知识及智能范畴（1—7 级）

级别	知识及智能范畴
第 1 级	展现并／或应用一般和基础知识于有限度范围之内的学习或工作领域中；在熟悉、个人及／或日常环境下，运用基本智能；凭借他人的构思，牢记并展现对事实的理解；接收并传递信息
第 2 级	展现并／或应用基础事实知识或实务知识于所选范围之学习或工作领域中；在熟悉、个人及／或日常环境下，运用各种智能；经初步考虑后做比较，并诠释现有信息
第 3 级	展现并／或应用广泛的实务及理论知识于某学习或工作领域中；在熟悉但偶然陌生的环境下，运用各类智能；独立地取得、组织及评估信息，并作出合理的结论

① 香港特区教育局. 资历级别 [EB/OL]. (2018-10-10) [2022-05-18]. https://www.hkqf.gov.hk/sc/KeyFeatures/levels/index.html.

续表

级别	知识及智能范畴
第 4 级	展现并 / 或应用广泛的知识及若干专门知识于某学习或工作领域中；运用与某科目 / 学科 / 界别有关的多类智能，包括常用及若干专门能力；呈报及评估信息，以作今后开展行动的有用依据
第 5 级	展现并 / 或应用深层专门技术或理论知识于某学习或工作领域中；运用多类专门智能，辅助某科目 / 学科 / 界别的既定工作；根据广泛的信息来源，批判分析、评估及 / 或整合构思、概念、信息及议题
第 6 级	展现对系统化及连贯的知识体系的驾驭能力，部分涉及某学习或专业实践领域之前沿；在某研究领域，善用高度专门技术、研究或学术能力；以批判角度，检讨、整合及扩展某科目 / 学科 / 界别的知识、技能、实践及思考方式
第 7 级	以批判角度，展现对某学科或专业实践领域之前沿知识体系及其相关理论和概念的整体理解，并明了及判断该体系与其他学科之间的广泛关系；对某专门研究领域或跨学科的更广泛关系，作出重大而具原创性的贡献；识别并提出具原创性和创意的见解，将之概念化，并转化为崭新、复杂和抽象的构思及信息

从表 2–9 可以看到，在资历框架中，不同级别对学习者的知识、技能和能力的标准和要求亦不同，随着资历级别的提高，对学习者的要求也随之提高。资历框架级别和通用能力指标体系的建立为各级各类教育之间的衔接和沟通提供了一个基准和工具，保证了同一级别的资历具有同样的质量要求和统一标准。

（5）行业资历的等级标准和能力单元标准

在香港的资历框架体系中，行业能力标准也称为《能力标准说明》（Specifications of Competency Standards，简称 SCS），它一方面以资历框架基准体系中各层级的能力水平为参照，另一方面又着力体现行业特色，立足于产业和行业的长远发展，兼顾当前需要。依此形成行业内普遍接受的岗位能力标准，不仅可以依照资历框架基准体系中的能力标准进行行业内能力水平认定，还可用于教育及培训、人力资源发展及管理等。香港在推行资历框架过程中，制定能力标准说明是极为重要的一环，是调动行业积极性、增强行业和企业对资历框架制度的参与和认定的重要环节，是实现学校教育与工作场所用人标准统一的基础工程。在香港，该任务在香港资历框架秘书处的统筹和帮助下，由各行业资深人士组成的行业培训咨询委员会承担，各行业咨询委员会负责制定行业能力标准，设计相应的“能力为本”的培训课程与业内咨询及推广等工作，以服务培训机构、用人单位、企业员工和专业团体等。截至 2016 年 10 月，香港已成立银行业、美容业、保险业、珠宝业等 22 个行业培训咨询委员会，其作用在于依据通用能力标准制定各行业能力标准说明。截至 2017 年 4 月，共有 18 个行业培训咨询委员会制定了 41 个行业能力标准说明，出台了不同行业在资历框架下的不同能力水平的要求，即从业者应具备的技能、知识及条件。能力标准说明以“能力单元”的形式规定从业者所要达到的能力水平，包括 8 个基本项目：名称、编号、级别、学分、能力、应用范围、评核指引、备注。也就是说，在新增一个能力单元时，应对该项能力要素进行简要描述，给出其在能力标准说明系统中的编码，并对其所处层级、资历学分、表现要求以及考评手段等给出明确规定。

以钟表业为例，该行业的能力标准已更新至第二版，包含制造、设计、品质管理、产品开发、营运管理、推广销售、售后维修、品牌管理八个职能范畴。每个职能范畴按照能力等级分成不同的能力单元，总计 137 个。其中营运管理这一职能范畴，第 1 级能力单元有 3 个：应用一般职业安全及环保条例（6 个资历学分）、认识计时机构运作架构（3 个资历学分）、应用一般劳工法例（3 个资历学分）；1 至 7 级共计 30 个能力单元，总计 222 个资历学分。以“应用一般职业安全及环保条例（编号 104876L1）”能力单元为例，应用范围为在日常工作中遵守相关职业安全及环保法，能力要求中明确列出了学习者所要了解的具体条例，评审要求为能够在日常工作中应用及参考相关条例，并按照法律要求安全地进行钟表生产及销售工作。

（6）内部质量保证和外部质量评审机制

2008 年香港立法会通过的《学术及职业资历评审条例》（第 592 章）规定，由香港学术及职业资历评审局负责资历框架下资历的质量保证和评审。

香港学术及职业资历评审局的前身是香港学术评审局，成立于 1990 年，是一个独立的、法定的、自负盈亏的公共机构。随着香港资历框架的发展，评审局的职责从大学学位课程的评审扩展到继续教育、职业教育和培训领域的资历质量保证和评审。香港有 3 个学术和职业教育及培训的质量保证机构，分别负责不同类型教育和培训的质量保证（见表 2-10）。

表 2–10　香港质量保证机构及其职责

机构	职责
大学教育资助委员会质量保证局	负责香港特区政府资助的、具有自行学术评审资历的大学所提供的学位课程的质量保证。
学术及职业资历评审局	负责不具备自行学术评审资历的教育和培训机构开办的学位与继续教育、职业教育和培训的课程的质量评审，也包括与本地教育机构合作办学的课程以及境外在香港独立开设的课程的质量评审。
联校质量检讨委员会	负责香港特区政府资助大学下属的继续教育机构开办的自负盈亏的副学位（相当于内地的大专）课程的质量评审。

从表 2–10 可以看到，在香港资历框架实施后，中学后的各级各类教育都有质量保证和评审机构，质量评审从普通高校的学位课程，扩展到了继续教育、职业教育和培训。《学术及职业资历评审条例》（第 592 章）提出，在资历框架下要设立资历名册，列出所有经质量保证机构评审通过的资历课程。即只有通过质量评审的课程方可进入资历名册。香港学术及职业资历评审局被指定为资历名册的管理机构。资历名册中的课程信息包括：登记号码、资历名称、资历级别、资历授权机构、学分等。资历名册免费供市民在网上查阅，向全社会提供了公开和透明的信息。资历名册的设立有助于人们制定个人的进修路径，选择有质量保证的专业和课程。

（7）成效为本的学习成果认证标准

成效为本是国际上各级各类教育广泛采用的课程建设原理。成效为本强调学习目标的确定，这些学习目标应是清晰、具体、可测评的，学习评估是测评学生学到了什么，而不是教师教了什么。成效为本的原理应用于课程建设、教学过程以及学习评估，也是“资历级别通用指标”设计与划分的基础。教育和培训机构在课程建设中必须对学习成效进行预期，明确具体的学习成效指标，使学习目标清晰与可测评。

为此，教育和培训机构在课程建设中采用一系列“目标行为动词”来说明每个“能力单元”所要达到的要求，其中布鲁姆提出的教育目标分类法常常作为参考，包括知识、理解、应用、分析、综合、评价六个层次，再进一步考虑可测评的学习目标的行为动词，如比较、列出、识别、排列、编制、解释、评论等。然而，在选择目标行为动词中，要避免难以测评的行为动词，如“理解”。如何测评学生是否理解了知识，这是需要考虑的问题。在信息科技及通信业（通信与讯息服务门类）第四级资历下“一般策略管理”能力标准中的“计划与执行”能力单元。表格中的行为动词“准备”“发展”“实施”“开发”“部署”“确认”“开发”，说明了学习者在学习后需要达到的水平。

（8）先前学习成果认证的流程

在香港的资历框架中，通过先前学习成果认证机制，从业人员在工作岗位上积累的技能、知识和相关工作经验，基于行业内制定的资历框架《能力标准说明》，通过评估可以获得相应的资历。先前学习成果认证能使从业人员按照自己的实际情况，选择合适的进修起点，进行高一层资历课程的学习。

香港资历框架以“先前学习认定”制度对学习者在学校以外的场所，以非正式学习与习得经验的方式获取的知识、技能进行量化，以实现与其他学习成果的等值换算。香港资历框架以行业所制定的能力标准说明为基础，明确从业人员在行业内通过经验或以往工作所达到的能力层次。学习者可按照规定程序提出申请，认定机构接到申请后组织专家对学习者的工作经历与实际能力开展鉴定，以评定学习者的实际资历学分与资历层级。香港特区教育局于2008年设立了先前学习认定机制，目前已有印刷出版、钟表、美发和物业管理等多个行业推行先前学习认定机制，11,000多个申请获得认定。香港资历框架中对先前学习成果的认可，主要是在职业技能方面，认证水平主要对应资历框架中一至四级，评审标准依据行业能力单元中的能力要求与评审要求，并以相关的工作经验作为先决条件。获得第一至四级资历证明书分别需要1、3、5、6年的业内工作经历，并出具工作经验证明。先前学习成果的主要认定机构是香港职业训练局，也有委托行业认定，认定方式包含材料审核、笔试、面试及技能测试。场地选择在指定地点，鉴定人员包括职业训练局成员、行业专家以及相关工作人员，通过认证后即可颁发与申请人能力水平相符的资历证明书。通过先前学习认定机制取得的资历可实现学分转移，实现学习内容和学习成果的对等化和可比性[①]。

目前，香港资历框架中对过往资历的认可，主要是在职业技能的层次上，

① 张岩，刘永权. 香港地区过往资历认可机制在资历架构中的运用[J]. 现代远距离教育，2015（3）：3-10.

属于资历框架中的第一至第三级，评审的标准是参照行业能力标准说明中的能力单元和学分要求。香港特区教育局委托香港职业训练局负责过往资历认可的评审，评审程序包括：检查工作年限和相关工作经验证明文件、面试、笔试、技能测试。其中技能测试一般在测试中心或申请人的工作场所进行，通过评审的申请人可以获得资历证明书。过往资历认可的实施能帮助人们确定合适的个人进修起点，减少对已掌握知识和技能的重复学习和培训，进而选择更高资历级别的课程，激发申请人的学习热情，并能使得学习的内容更符合职业的要求。

（9）学分积累与转换的标准与规则

终身学习立交桥的建立，最终要实现学分的积累、互认和转换。也就是说，学生获得的资历学分能够得到广泛的互认和转换。要实现这一目标，就要在资历框架中建立统一的学分标准。在香港的资历框架体系下，若学习者达到指定的学习成效要求，就能取得相应的资历学分。资历学分是对课程或单元的学习量的描述，为了保证各类教育之间学分标准统一，香港建立的资历框架确定了统一学分标准，即一个学分相当于 10 个学时，学时包括不同模式的学习时间，例如课堂授课数、自修时数、评估时数。统一的学分和学时计算标准有助于标准化的学分积累和转换。在实现普通教育、继续教育、职业教育和培训之间的学分积累和转换方面，香港处于尝试阶段。目前，香港自资高等持续教育联盟下属的几所继续教育和职业教育机构与开放大学之间，实现了部分课程的学分积累和转换，取得了很好的效果。香港学术及职业资历评审局计划逐步发展继续教育、职业教育和培训与普通高校的学分积累和转换。

6. 国家资历框架的构建与应用

2016 年 10 月，全国教育科学规划领导小组办公室批准设立国家社科基金教育学重点课题“国家资历框架研究”（课题批准号：AKA160011），由教育部学位与研究生教育发展中心主持。“国家资历框架研究”总课题具体细分为“国家资历框架建设的基本理论研究”“国家资历框架国际发展与比较研究”“职业资历证书制度研究”“国家资历框架的实践探索研究——以广东省为例”“资历认证与认可研究”“资历标准与质量保障体系研究”“数据平台设计与开发研究”等子课题。课题组在研究过程中借助所在单位与世界主要国家资历实施机构和质量保障机构的合作关系，掌握了大量第一手资料和合作备忘录，注重利用联合国教科文组织、亚欧教育部长会议、APEC 教育网络组织等国际平台，积极参与国家资历框架相关的国际会议，密切跟踪世界各主要国家和地区资历框架的最新进展与变化趋势，提出了构建中国国家资历框架的宏观目标、总体战略、实施步骤以及具体推进策略①。

2019 年 3 月，教育部职业教育与成人教育司委托教育部职业技术教育中心研究所，组织学者专家以及部分地区和院校的实践工作者，开展“国家资历框架在职业教育领域的研究和实践”项目。课题组分为四个小组：理论研究组探讨国家资历框架的基本理论问题；国际比较组开展国家资历框架的国际比较；实践研究组分析我国职业教育对国家资历框架的需求，总结已有资历框架建设的探索经验，包括国家开放大学的实践、粤港澳大湾区的实践、西部地区的实践；政策建议组在以上研究的基础上，形成国家资历框架基本架构，并提出推动建立国家资历框架和职业教育实施方案的政策建议②。

2020 年，该项目二期研究在教育部职成司的规划部署和指导下继续推进，主题聚焦为“基于职业教育的国家资历框架建设实践研究”，出台了《国家资历框架等级标准》和《国家资历框架等级标准使用手册》。《国家资历框架等级标准》起草单位包括教育部职成司职业技术教育中心研究所、北京师范大学首都学习型社会研究院、国家开放大学、广东省教育研究院、广东开放大学、重庆广播电视大学 / 重庆工商职业学院、山东畜牧兽医职业学院、广东农工商职业技术学院、石家庄铁路职业技术学院、浙江经贸职业技术学院、广东交通职业技术学院、北京财贸职业学院等机构；主要起草人包括北京师范大学张伟远、谢青松等 8 位学者。《国家资历框架等级标准》参照欧洲资历框架、东盟资历参照框架、国家开放大学学习成果框架、广东终身教育资历框架、重庆职业教育与培训资历框架、江苏省终身教育学习成果框架等③，确立了我国国家资历框架的基本结构。

国家资历等级的划分以普通教育系列为参照，如图 2–8 所示，由低到高

① 王立生. 国家资历框架研究 [EB/OL]. (2021-08-31) [2022-01-13]. http://onsgep.moe.edu.cn/edoas2/website7/level3.jsp?id=1630390330380378.

② 张伟远. 中国资历框架的构建及在职业教育领域中的应用 [J]. 中国职业技术教育，2020（6）：22-23.

③ 张伟远. 国家资历框架的理论基础和模式建构 [J]. 中国职业技术教育，2019（18）：28-35，45.

划为 7 级，包括小学、初中、高中、大专、本科 / 学士、学术型硕士和学术型博士；继续教育划分为 5 级，包括高中 / 中职 / 中技、大专 / 高职、应用本科 / 学士、学术型 / 专业型硕士、学术型 / 专业型博士；职业教育划分为 5 级，包括中职 / 中技、高职、应用本科、专业型硕士、专业型博士；职业培训包括各类资格证书、技能等级证书以及培训证书；各类业绩包括但不限于创新创业、科学研究、社会服务、文化传承、竞赛奖励等。

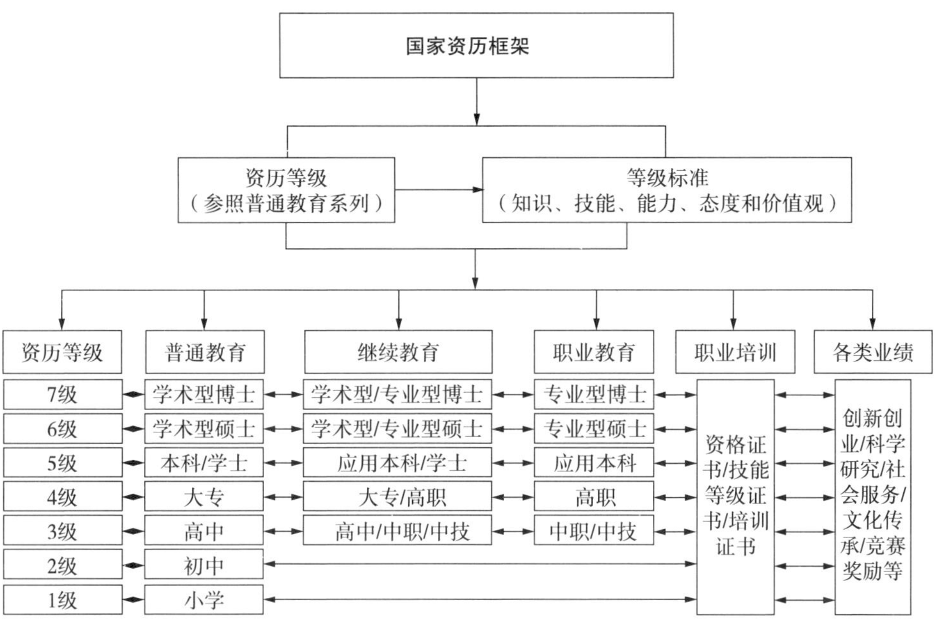

图 2–8　国家资历框架

四、讨论和小结

（一）讨论

学位是授予个人的一种学术称号或学术性荣誉称号，表示其受教育的程度或在某一学科领域里已经达到的水平，既是一种受教育程度的标志和象征，也是一种学术水平上的等位或头衔[①]。学位的产生以及学位制度的形成，是高

① 康翠萍. 学位论 [M]. 北京：人民教育出版社，2005：19-20.

等教育发展到一定阶段，高等教育内部根据教学内容、程度和要求形成的不同层次水平评价，并以学位作为水平标准形成共识，使学校、学生和用人单位及社会形成一种认同默契，满足社会不同层次人才需要。学位不是改变高等教育的教育形式，而是强化了高等教育的学校教育形式，并将教育目的由前期职业的直接目标变为学位直接目标、职业间接目标[①]。

随着改革开放的不断深化以及社会的转型升级发展，我国高等教育进入普及化阶段，建立服务全民终身学习的教育体系成为我国未来十五年的教育发展首要目标，全球化学习格局已初现端倪。人们的学习除了发生在传统的正规教育机构中，也正向能够获得知识的所有空间和所有方式扩展，职业目标的学习占据更多份额，单纯的学位评价除了自身已经暴露的制度供给滞后、结构体系落后于教育发展、专业学位发展不足、学位标准和保障体系不够完善以及国际化程度不高等问题，还面临一个更需要引起重视的现象，即学位评价已经不能全面反映公民全生命周期的学习状态及其学习结果，传统的学位认同默契正在受到贯穿于公民一生的非正规、非正式学习及其成果的挑战。

这一挑战并不意味着职业目标学习对学位目标学习的排斥，更不是对学习质量要求的降低，而是在尊重、承认每个个体的不同学习行为及其成果的前提下，将公民一生所有可能得到的知识、技能和能力提升的认同结论，置于一个更为开放、更为包容、标准更为明确的评价体系中。正是基于这一理想的期待，在包容所有学位、文凭、证书甚至经历的基础上，更具延展性的资历概念成为教育机构、用人单位、公民个体甚至整个社会的新的人才水平认同默契。其中，更具稳定性的学位体系层级对其他资历种类的层级划分，具有重要的形塑意义。因为高质量教育体系建设的要求，学位体系的标准也成为各资历层级标准制定的重要参照系之一，这使得公民个体的各类学习成果在得到认可时有清晰而又严格的质量保证。因此，资历框架制度的架构在当下的教育发展历史阶段具有强烈的现实意义。

我国香港地区资历框架发展较早，一开始就通过立法保障资历框架的落实，同时，由于政府的大量财政投人和行业企业的全面参与，已经形成了一套

① 李素琴，丁梦娜. 不该出现的概念——“学位教育”——谈对学位制度和研究生教育的影响 [J]. 高教探索，2011（3）：43-48.

资历框架和学习成果认证的制度体系和实践经验。国内的资历框架建设起步较晚，通过地方的率先实践，自下而上、自局部而全国地推动探索不断拓展与深入。一项新制度从诞生到应用，从试点到成熟，除了实践的检验，也需要具有更广阔的视野，学习比较和借鉴他国的经验教训。唯有在借鉴、实践的过程中，立足本国国情，不断提升完善，才能构建一套具有中国特色的更体现教育规律、保证高质量发展、有效服务全民终身学习型社会的资历框架制度。

（二）小结

纵观学位制度的百年中国化发展历程，可以清晰地看到学位制度在高等教育的变革和发展中，作为一种衡量学术水平的“标尺”，发挥着规范高等院校和科研机构不同层级人才培养质量与规格的作用。随着高等教育的普及和终身学习理念在全球的推广，我国开始探索涵盖代表高等教育的学位及其他正规教育之外各类学习成果的资历框架。学位制度在高等教育发展过程中出现的问题，也可以借助国家资历框架建设契机来进一步改革完善。学位体系具有广泛社会认同和权威稳定的特性，可将其作为资历框架中部分学程、先前学习和非传统学习模式获得资历归类、分级的参照体系。在学习借鉴境外学位与资历制度经验的基础上，完善我国学位制度，提出中国资历框架方案，应对《承认高等教育相关资历全球公约》，助推高等教育的国际互认。

第三章　国外学位制度和资历框架发展现状

一、国外学位制度和资历框架的发展现状

学位制度是国际上广泛采用的一种高层次人才培养制度，是关于各种学位的构成，各级学位代表的学历以及学位授予资格的系统规定[①]。学位制度始于西方，公元前 387 年左右，古希腊柏拉图的学园就出现了授予学位的最初形式，比较正规的学位授予制度则起源于中世纪的欧洲，而具有现代意义的学位授予制度始于 19 世纪的德国。经过几百年的发展，发达国家已经建立了完善的学位制度和成熟的培养体系。各国学位制度相互交流借鉴而发展，形成了一些惯例和共同的特点，但基于各国特有的高等教育传统、历史与环境，各国的学位制度也保留了本国的特色，呈现出明显的差异[②]。

目前，我国的学位制度存在着法律制度供给滞后、学位层级与结构的设置落后于高等教育发展、专业学位发展还不成熟、非全日制研究生学历和同等学力的社会认可度较低、学位授予标准和质量保障体系不够完善、学位国际化程度较低等问题。针对我国实际情况，可以在学位制度改革的过程中借鉴其他国家的经验。

资历框架建设已经成为全球教育发展的共识。联合国教科文组织等机构 2019 年 11 月联合发布的《全球区域和国家资历框架目录》以及其他文献的综合数据表明，全球资历框架的发展规模达到了前所未有的水平，建立和实施资历框架的国家总数达 161 个，覆盖联合国缔约国 193 个主权国家的 83.4%[③]。对照截至 2020 年 4 月与我国签署共建“一带一路”合作协议的 144 个国家，115

① 杨汉清，韩骅. 比较高等教育概论 [M]. 北京：人民教育出版社，1997：225.

② 王璞. 国外学位制度的发展历史、现状及启示 [J]. 煤炭高等教育，2002（3）：25-27.

③ 张伟远，谢青松，胡雨森. 终身教育资历框架全球化发展的关键议题 [J]. 现代远程教育研究，2020，32（3）：44-50.

个国家建立或者采用了资历框架，占总数的79.9%[①]。

资历框架已经发展到跨国区域资历和学分互认阶段，全球建立了7个区域资历框架，具体包括欧洲资历框架、东盟资历参照框架、南部非洲发展共同体区域资历框架、太平洋资历框架、加勒比共同体资历框架、海湾资历框架、跨国界资历框架——英联邦小国虚拟大学。7个区域资历框架为126个国家和地区提供了区域内的跨国资历和学分对接的互认标准[②]。

联合国教科文组织经过8年的努力，于2019年11月27日通过了《全球公约》。这是联合国第一个具有法律约束力的全球范围的高等教育条约，旨在实现资历框架全球化和教育质量保障，促进跨地区乃至全球层面的资历互认。高等职业教育是资历框架的重要组成部分，开展基于资历框架的职业教育发展和改革，对于保障我国高职的教育质量、提高其国际地位和影响力、加快我国加入《全球公约》的发展进程，起着重要的作用。

我国资历框架建设已经被写入了国家发展规划和相关重要政策文件，在实践层面，国家开放大学发布了终身学习成果框架，广东发布了首个地方资历框架，此外重庆、江苏、成都等地也开展了相关资历框架建设的实践，但由于国家层面的相关体制机制仍然存在不足，因此还处于初步探索阶段。下面将选取相关国家作为案例，对其学位制度和资历框架的发展现状进行介绍，以为我国资历框架建设与实施提供参考。

（一）英国学位制度和资历框架

1. 英国学位制度

“英国高等教育机构共有350余所，根据办学类型，可分为大学、高等学院和高等教育学校”[③]。根据颁授学位的情况，英国高等教育机构又可分为两大类：拥有学位授予权的认可院校（Recognized Bodies）和尚未拥有学位授予权但可以提供学位课程的高等院校（Listed Bodies）[④]。第一类院校有170所左右，

① 张伟远，谢青松.“一带一路”沿线国家资历框架的发展现状和管理模式研究[J].现代远程教育研究，2019（1）：11-17，39.

② 谢青松.区域资历框架的构建和对接的比较研究[J].中国职业技术教育，2019（18）：36-45.

③ 姚云，章建石.当代世界高等教育评估历史与制度概览[M].北京：北京师范大学出版社，2013：1.

④ GOV.UK. Check if your university or college can award a degree [EB/OL]. [2021-05-10]. https://www.gov.uk/guidance/recognised-uk-degrees.

包括公立大学、私立大学和私立机构，此类院校大多拥有自治权，具有独立授予学位的权力，且受英国政府认可；第二类高等院校不具备学位授予权，但可以提供学位课程，学生完成此类院校与认可院校合作的课程后，可获得认可院校颁发的学位。

（1）英国现代学位结构

英国现代学位结构大体分为三级，即学士、硕士和博士，每一级又分若干等级。

英国学士学位是英国高等教育的第一学位（又称初级学位），目前分为三种：普通学士学位（General Bachelor Degree）、荣誉学士学位（Honor Bachelor Degree）和基础学位（Foundation Degree）。英国的学士学位具有明确的标准，对这三种学位都作了清晰和层次分明的界定①。学士学位修业年限一般为3—4年（医学为5—6年）。荣誉学位又分一级学位、二级甲等学位、二级乙等学位和三级学位。一般情况下，本科毕业生如若希望继续攻读研究生学位，则需要获得本科一级荣誉学位或二级甲等荣誉学位。硕士学位是指在研究生院中经1—2年学习和研究而获得的学位，分为专业硕士学位和研究硕士学位（又称哲学硕士学位）两种。获得专业硕士学位后，需要继续在研究生院进行1—2年的学习和研究，才能申请获得哲学硕士学位。哲学硕士学位可直接注册攻读哲学博士学位，作为其预备阶段，也可作为终结性学位。"博士学位分为哲学博士学位、名誉博士学位、高级博士学位"②。

在英国的学士学位中，基础学位是介于高等教育证书和荣誉学位之间的中间层次的高等教育资历，是为了满足英国国内对高级技能人才的需求，同时满足学习者技能学习和提高的愿望而在21世纪增设的，相当于英国国家职业资历（NVQ）的5级。2000年7月，英国教育和就业部发布《基础学位简章》，公布基础学位的主要目标和实施策略。2001年，英国部分高等教育机构和继续教育学院正式实施基础学位③。基础学位全日制学生的学制一般为两年，部分学制为3—4年。基础学位是英国高等教育中一种全新的培养模式，强调

① 高桂娟，陈嵩. 英国学士学位制度的特点及启示 [J]. 辽宁教育研究，2007（3）：71-73.

② 王璞. 国外学位制度的发展历史、现状及启示 [J]. 煤炭高等教育，2002（3）：25-27.

③ 黄学军. 基础学位制度：英国政府发展高职教育的新举措 [J]. 职业技术教育，2007，28（12）：73-75.

合作式培养机制，突出技能训练，注重中间层次的实用型人才培养，具有明显的职业教育的特点。英国基础学位制度的建立，不仅有利于扩充英国高等教育规模，而且有利于优化高等教育结构、规范学位和资历制度，构建终身学习体系①。

（2）英国学位授予与质量保障

英国高等教育以其高质量享誉世界，以自控为主、内外结合的高等教育质量保障体系是英国的一大特色。该体系分三个层次，即外部系统、内部系统以及新闻媒介的监督与评估。外部系统包括大学基金委员会，国家学位委员会（Council for National Academic Awards, CNAA），协助政府实施质量监督的女王巡视团，高等教育质量协会（Higher Education Quality Council, HEQC），高等教育质量保证署（Quality Assurance Agency for Higher Education, QAA），国家职业资格委员会（National Council for Vocational Qualifications, NCVQ）和英国工业联盟（Confederation of British Industry, CBI）。内部系统包括大学校长委员会（Committee of Vice-Chancellors and Principals, CVCP），学术审计处（Academic Audit Unit, AAU），商业与技术教育协会（Business & Technology Education Council, BTEC）以及各高等学校的内部监督与评估机构。新闻媒介的监督与评估对于高等教育质量的持续提高也发挥了重要作用，比如《泰晤士报》一年一度发布的英国大学排名榜等②③。

学位授予审核制度是英国高等教育质量保证体系的重要组成部分。英国现行的高等教育学位授予审核制度主要由两个法律性文件组成，一是1999年颁布的《审核学位授予权和大学名称的执行标准》，另一个是2004年颁布的《学位授予权和大学名称标准》。"由英格兰高等教育基金委员会（Higher Education Funding Council for England, HEFCE）和威尔士高等教育基金委员会（Higher Education Funding Council for Wales, HEFCW）拨款的高教机构被授予永久性的讲授学位授予权和研究学位授予权，其他机构获得的学位授予权期限为六年，期满时，申请机构须通过高等教育质量保证局的审计，达标后方可延

① 许明. 从基础学位制度的建立看英国职业教育的发展 [J]. 教育评论，2000（6）：57-60.

② 刘晖. 从《罗宾斯报告》到《迪尔英报告》——英国高等教育的发展路径、战略及其启示 [J]. 比较教育研究，2001（2）：24-28.

③ 高桂娟，陈嵩. 英国学士学位制度的特点及启示 [J]. 辽宁教育研究，2007（3）：71-73.

长其学位授予权”[①]。

英国的高教机构学位（包括讲授学位和研究学位）授予权和大学名称均由枢密院授予。虽然学术自由与自治被视为高等教育哲学的核心价值代代传承，但研究生教育及学位颁发的权力均须由政府授权。没有政府的许可或批准，院校不能擅自开展研究生教育及授予硕士或博士学位。这在英国这个传统上以大学自治为荣的国家，是一个很大的特点。另一方面，英国制定审核标准虽然由政府负责，但审核或审查一般都是经政府认可或委托的中介机构开展，如英国的高等教育质量保证署和学位授予权顾问委员会（ACDAP），学位授予权的审定是由这些中介机构执行的。政府是否授权的依据就是这些机构所提出的审核或审查报告。这种体制安排的好处是，既有效提升了政府审查的专业水平，又在一定程度上兼顾了学术自主权和专业同行的评价机会，使得院校避免官僚专政或外行决策。20 世纪 60 年代《罗宾斯报告》发表后，英国的高等教育进入大发展时期，1992 年《继续教育和高等教育法》的颁布，标志着英国高等教育大众化框架的形成。“为了在维护传统和顺应时代之间寻找平衡，英国的学位审批标准采用了灵活务实的态度，以推动高等教育多样化为目标来消解精英与大众双重发展的矛盾冲突”[②]。

2. 英国的资历框架

（1）英国资历框架的发展进程

从 20 世纪 80 年代起，受终身教育与新职业主义运动的影响，英国政府开始逐步建立资历框架体系，后来的数十年，英国制定并使用了多个资历框架，原因主要有两个，一方面是英国四个地区（英格兰、威尔士、苏格兰和北爱尔兰）分别制定其教育与资历政策，另一方面是各个领域教育培训的需求与利益各有不同。

英国初代资历框架是 2000 年推出的国家资历框架（National Qualification Framework, NQF），共 6 级。2001 年，苏格兰推出了苏格兰学分与资历框架（Scottish Credit and Qualifications Framework, SCQF），共 12 级。同年，英国高等教育质量保证署开发了适用于英格兰、威尔士和北爱尔兰的高等教育资

① 马静萍. 英国的学位授予权审核制度及启示 [J]. 高等农业教育，2014（7）：125-127.

② 马静萍. 英国的学位授予权审核制度及启示 [J]. 高等农业教育，2014（7）：125-127.

历框架（Framework for Higher Education Qualifications, FHEQ）和适用于苏格兰的苏格兰高等教育机构资历框架（Framework for Qualifications of Higher Education Institutions in Scotland, FQHEIS），分别为 8 级和 12 级，于 2003 年正式开始实施。2002 年，威尔士政府推出了威尔士学分与资历框架（Credit and Qualifications Framework of Wales, CQFW），并于 2003 年正式实施。2004 年，经过审核评估，NQF 由原本的 6 级增加至 8 级，以便更好地与 FHEQ 进行对应。2008 年，英格兰、威尔士与北爱尔兰引入了资历与学分框架（Qualifications and Credit Framework, QCF），共 8 级，由学分和等级两大元素组成。

2008—2015 年，在英国有 5 个框架并行，分别是 NQF、QCF、FHEQ、SCQF 和 CQFW。其中，SCQF 和 CQFW 是包含所有等级和资历的综合框架，FQHEIS 和 FHEQ 为高等教育部分等级和资历框架。

2015 年，英格兰和北爱尔兰推出了全新的规范资历框架（Regulated Qualifications Framework, RQF），取代了原本的 QCF 和 NQF，规范资历框架为描述性框架，由 8 个等级组成，包含所有受到资历与考试规范办公室（Office of Qualifications and Examinations Regulation, Ofqual）和课程考试评估委员会（Council for Curriculum, Examinations and Assessment Regulation, CCEA）监管规范的普通与职业类资历文凭，提高了设计资历文凭的标准要求。

（2）资历框架的相关法规政策

Ofqual 依据《2009 学徒、技能、儿童与学习法案》对一般和职业资历文凭进行规范监管并制定框架 RQF。学生办公室（Office for Students, OFS）依据《2017 高等教育与研究法案》制定了规范制度框架，其中规定，学位授予应满足高等教育领域认可标准（sector recognised standards），包括 FHEQ 设定的层次、每一层级的学分要求等。

（3）资历框架的管理机构设置

FHEQ 和 FQHEIS 是大量咨询相关利益者并建立共识之后的产物，由 QAA 根据 1997 年国家调查委员会对高等教育领域的建议开发制定，2001 年由高等教育质量保证署开发和推出，2003 年开始实施，并分别于 2008 年和 2014 年进行修订。这两个框架是专业、法律和监管机构等用来认可和使用文凭的重要工具，同时也为国际资历的比较提供学术依据，适用于学位、文凭、证书和其他学术资历。主要用来为高等教育领域工作提供以下支持：建立学位授予机构自己的学术框架及规范以管理文凭授予；在机构内部及作为外部审查者时，建立并维护学术标准；与欧洲或其他国际资历进行比对。

在英国，学位授予机构自行授予文凭，并承担制定并维护其质量与学术标准的责任，接受 QAA 审查和质量保障的学位授予机构有权力决定其课程和文凭在高等教育框架中的等级。

SCQF 并非一个监管规范框架（苏格兰很少在教育相关的事项上使用法律规范），但支持苏格兰的所有政策，并已完全融入苏格兰教育、培训与资历当中，由苏格兰学分与资历框架合作公司负责维护（Scottish Credit and Qualifications Framework Partnership, SCQFP）。RQF 受到资历与考试规范办公室和课程考试评估委员会监管。

（4）资历框架的类别、等级与标准

英国的资历框架基本为描述型，使用资历描述来说明不同层级主要文凭的本质与成果，每个层次的主要文凭都有相应的描述。英国各资历框架的等级和基本情况见表 3–1。

表 3–1　英国各资历框架的等级

	地区	范围	管理机构	等级	实施年份
RQF	英格兰、北爱尔兰	一般与职业	Ofqual CCEA	8	2015
FHEQ	英格兰、北爱尔兰、威尔士	高等教育	QAA	8 （4—8）	2003
FQHEIS	苏格兰	高等教育	QAA	12 （7—12）	2003
SCQF	苏格兰	所有	SCQFP	12	2001
CQFW	威尔士	所有	威尔士政府	8	2003

（5）行业资历的等级标准和能力单元开发情况

RQF 覆盖受 Ofqual 和 CCEA 监管的所有资历（一般与职业文凭），共设有 8 级，FHEQ 共 8 级，FQHEIS 共 12 级。每级都有层次描述，包括知识和技能描述，授予的衡量标尺为总共资历时间（Total Qualification Time, TQT），包括授课及自学。对于每个资历文凭，授予机构都需要设定 TQT，包括授予机构设定的指导学习时间及估计学习者需花费的准备、学习、培训和考试等时间，授予机构需按照 TQT 和指导学习标准（共 22 条）进行设置。

（6）内部和外部质量保障机制

英国文化传统中有精英教育和大学自治的传统理念，政府对高校的管理是灵活的、政策性的，高校自主授予学位而非通过政府。在这样的背景下，高校的教育质量主要依靠自我约束和自我管理，从而形成了以内部质量保障为主、外部质量评审为辅的高等教育质量保障体系。

英国高等教育内部质量保障体系的主体是大学。在众多大学中，几乎每一所高校都有比较完善的内部质量保障体系。高校的内部质量保障体系在英国高等教育保障体系中占据主导地位，即使是相关监管机构，对于院校的评估重点也不是直接评估高校的教育质量，而是监督和评估高等院校教育质量内部保障的评估标准和程序。由于每所学校的内部质量保障由本校负责，各个学校在具体实施过程中会有一定的特性，但是也有一定的共性。高校的内部质量保障机构一般会制定统一的质量保障手册，注重学生对于质保课程的参与、实施校外督察员制度并把具体的质量保障实施过程交由学院、学术分部以及系直接完成。

在英国，OFS、苏格兰基金委员会（Scotland Funding Council）、北爱尔兰和威尔士政府相关部门分别负责英格兰、苏格兰、北爱尔兰和威尔士的高等教育监管，并委托 QAA 进行质量评估和保障。QAA 于 1997 年成立，对高等教育机构的质量管理和标准进行评估，负责高等教育机构的质量保障。QAA 是在高等教育研究所和高等教育质量协会的基础上成立的一个第三方机构，其保障范围包括英国的 168 所大学和学院、公共资助的高等教育机构、200 多所继续教育学院以及海外合作办学机构，是欧洲高等教育质量保障注册成员（EQAR）。OFS 成立后，QAA 的工作和职责发生了一些调整，主要负责检测英国高等教育质量并提供咨询意见。

OFS 是一家独立公共机构，不属于政府部门，根据英国 2017 年《高等教育与研究法》成立，主要对英格兰的高等教育进行监管，通过英国教育部向议会报告，旨在通过建立高质量标准保障学生的高等教育体验，同时确保学生都能获得充足的信息和指导。英国的高等教育机构需在 OFS 上进行注册，目前已有 394 个教育机构在 OFS 完成了注册。

除此之外，英国还有一些其他承担质量保障职责的机构组织，包括高等教育基金委员会（HEFC）、专业协会和民间机构等。相关专业协会结合 QAA 的学科基准说明（Subject Benchmarks），负责高校对口专业的审查和专业认证。以工程学、医学等学科为例，电子工程师学会、机械工程学会对高校的机械工程、电子工程等专业的资历认证和教学质量进行审查。皇家医学协会、全国职业资历协会等通过审批课程、建立会员制度和注册制度等方式提升特定学科和专门职业的高等教育水平。英国新闻媒体、工商业界也在质量保障中发挥重要作用。例如《泰晤士报》每年发布大学排行榜，对英国境内的高等教育机构进行排名，发挥了社会对高等教育的监督功能。

（7）成效为本的评价标准

QAA 制定了《英国高等教育质量标准》，采取成效为本的方式，对高等教育质量进行评估，以此对标准和质量进行保障。2018 年 3 月，QAA 修订并发布了最新《质量标准》，替代了 2013—2018 年使用的版本，并在 2018 年发布了辅助说明文件《建议与指导》。2018 版《质量标准》评估只包含三个部分。第一，成效（Expectations），明确阐述了高等教育提供者需要在设定和维护文凭授予标准以及管理教学质量方面取得的成效，主要可分为对标准和质量的期待两大类：课程学术标准满足相关资历框架的要求，授予学生的文凭价值符合当下及一直以来的行业认可标准；课程经过精心设计，为所有学生提供高质量的学术体验，且学生取得的成果需要经过严格考核，从录取到学习完成，给所有学生提供他们所需的支持。第二，实操（Practices），即达成期待和达成积极成效的有效工作方法，包括核实实操（高等教育提供者保障标准和质量的必需部分）及普通实操（取决于高等教育提供者的目标、管理与学生需求）。第三，建议与指导（Advice and Guidance）：帮助高等教育提供者开发并维持有效的质量保障实操。学位授予机构作为颁发文凭的自治机构，有责任证明其资历文凭在相关资历框架中有合适的对应等级，包括课程成效主体所对应等级等，同样还需负责确保每一个课程的学习成果与框架中相应的文凭描述相符。学位授予机构在设计、审批、监督和评估学习课程时，需考虑：课程目标成果与相关资历框架的对应；是否有足够的学习考核以说明达到了学习成果要求；课程与考核设置是否能使学生有机会取得目标成效；研究学位是否符合相应的期待标准。

有效且适合的考核是成效为本的资历框架运行的核心部分，重点是对于学习成果的设置与考核，通过考核给予学生机会来展示课程学习成果与成就，结合相关质量标准来判断学生的表现。学位授予机构应确保各个课程和文凭的学习成果要求明确，能充分证明在文凭授予前已达到学习成果，考核程序及允许授予学位的最低标准需要保证满足学习成果的全部要求。

（8）先前学习成果认证的流程

QAA 的高等教育质量标准中包含关于先前学习认可的内容，并发布了《先前学习成果认可指导手册》，供大学录取、豁免和颁发文凭参考使用，通常与学分获得相关，各个高等教育机构之间和内部都会有所不同。根据 QAA 的定义，先前学习认可（APL）是指对先前学习成果的识别、评估与正式认可，既可以是被认证的学位也可以是先前经历（指在教育培训系统外的学习成果），高等教育提供者一般会使用各种不同的名称。先前学习认可需遵守政策与流程、信息、角色与责任、支持、监管与评估等 16 个原则。

根据Ofqual手册（Ofqual Handbook: General Conditions of Recognition）①，授予机构必须制定、公布并遵守关于先前学习的认可政策，如可以认可，授予机构需保证其文凭授予能够符合总体要求。先前学习的认可政策一般应是公开透明的，另外需要：设定授予机构要求的先前学习相关凭证；设定先前学习认可的各个阶段及时间线；设定关于先前学习认可的决策标准；规定先前学习成果的范围；设立申诉流程；规定先前学习认可的限度 / 额度。授予机构需确保做出关于先前学习认可决定的工作人员具备相应能力和资历，定期复核和修订先前学习的政策，涉及先前学习认可的资历文凭符合知识、技能与理解方面的相关要求。

（二）美国学位制度和资历框架

1. 美国的学位制度

美国没有统一的国家资历框架。美国的学位制度是在 19 世纪借鉴德国研

① Ofqual. Ofqual handbook: general conditions of recognition [EB/OL]. (2017-10-12) [2022-01-12]. https://www.gov.uk/guidance/ofqual-handbook.

究生教育模式和英国学士培养模式的基础上创新发展建立起来的，历经“仿效欧洲学位制度、自主发展和深化完善”三个阶段[①]。现行的学位由低到高包括副学士、学士、硕士和博士四级学位。副学士学位是美国独具特色的一类学位，是学士学位向下的延伸，连接中等教育与高等教育，使得美国学位制度层次分明[②]。

（1）仿效欧洲学位制度阶段

1642 年，哈佛学院借鉴英国教育模式，首次对完成四年传统古典课程的第一届 9 名毕业生授予文科学士学位，此后其他学院也仿照哈佛，提供学士教育。但一直到 18 世纪，美国高等教育机构只授予文学、医学和法学三种学士学位[③]。因为只专注于本科生培养，职能单一，所以当时以“教学与科研相结合”“学术自由”为原则、对古典传统教育大胆改造的德国新型大学，对美国有着特别的吸引力。当时德国大学顺应时代需求，不仅注重知识的传播，更重视知识的生产，产生了世界上最早的现代研究生教育形式和机构，成为培养高级研究人才的摇篮。在德国留学的美国人深感美国高等教育落后，于是归国后开始按德国大学的模式进行改革，以求设立美国的学位制度。

1831 年，弗吉尼亚大学开始尝试授予完成规定数量选修课的学士以文科硕士学位。1835 年，纽约市立大学也尝试过提供这种正规的学士后教育。1851 年，早年留德的亨利·塔潘（Henry Philip Tappan）在就职密歇根大学校长的演说中明确提出学位分层的思想，并于 1853 年开设正式的研究生课程，创立了正式的攻读文科硕士学位计划。1858 年，密歇根大学理事会制定了硕士学位授予标准，并于 1859 年首次授予两位毕业生文、理硕士学位，改变了美国大学长期以来仅有学士一个层级的制度体系[④]。1861 年，耶鲁学院首次授予 3 名学生博士学位，标志着在美国历史上博士生教育和学位制

① 程萱. 美国学位制度研究 [D]. 武汉：武汉理工大学，2008：13-15.

② 梁博雅. 美国学位制度变迁及启示——以高等教育机构分层为视角 [J]. 当代教育科学，2016（9）：43-47.

③ CROSBY E W. Academic degrees: earned and honorary degrees conferred by institutions of higher education in the United States [M]. Washington, D.C.: United States Government Printing Office, 1960: 20-21.

④ 胡钦晓. 文化视野中的美国学位制度变迁 [J]. 高等教育研究，2010（2）：105-109.

度的产生[①]。

（2）自主发展阶段

在实用主义的影响下，美国不是照搬德国培养哲学博士的经验，而是与本国政治、经济、文化相结合，形成了自己的特色。

早在美国独立战争结束后，为了开发西部疆土和资源，迫切需要具有实际本领的建设开发人才，一批政府主办的州立学院（专门技术学院）陆续成立，传授现代知识和技能，培养实用性人才。1824 年，在纽约创建的伦塞勒多科技术学院于 1835 年授予 8 位毕业生工程师学位证书，这是美国历史上第一次授予应用学科学位。但当时这些实用技术学科在学术上没有得到承认。1862 年，美国国会通过《赠地法案》，即《莫雷尔法案》，资助各州开办农工学院，为"重术轻学"的教育思想发展开辟了广阔的前景。1890 年，国会通过第二个《莫雷尔法案》，继续向各州的赠地学院提供联邦资助。这种赠地学院同专门技术学院一样，注意培养实用性人才，因此发展迅速，成为美国高等教育领域的重要新生力量，在美国从农业国转化为工业国的过程中起到了重要作用。赠地学院在发展过程中，同样也承担了发展科技、培养高级科技人才的任务，对各种实用技术学科给予学术上的承认。开展科学研究，发展研究生教育，制定硕士、博士学位和修业计划，成为美国研究生教育和科学研究的主要发展方向之一，学位结构相应地以传统研究型和应用研究型两大类为主[②]，体现出专业性（或职业性）与学术性的明显分化和交相辉映[③]。

美国研究型大学是通过改造传统大学和创立新型大学两条途径来实现的。1869 年，哈佛大学开始正式授予硕士学位，1872 年率先成立研究部，1873 年开始授予博士学位。耶鲁、康奈尔、普林斯顿大学也相继开始改造。1876 年，美国历史上第一个以研究生院为主的大学——约翰·霍普金斯大学正式成立，设立硕士和博士学位，标志着研究型大学的正式形成。深受约翰·霍普金斯大学影响的芝加哥大学和克拉克大学同样把研究生教育摆在大学的首位，突出科研精神和学术地位。

① 陈庆华，沈跃进. 美国研究生教育的历史研究：上 [J]. 学位与研究生教育，1993（1）：36-41.
② 刘念才，刘少雪. 美国研究生教育结构分析 [J]. 世界教育信息，2003（6）：25-31.
③ 雷彦兴，王德林. 美国当代学位制度的特征 [J]. 学位与研究生教育，2002（9）：38-41.

这种高等教育新体制，继承了德国大学的各种功能，改变了德国学徒式的培养方式，完善了人才培养的结构体系，找到培养高科技人才的合适模式，为 20 世纪美国成为世界强国发挥了巨大作用。

（3）深化完善阶段

进入 20 世纪后，美国的生产科学化程度进一步提高，教育与经济、管理、文化等各个领域的联系更加紧密，对拥有各级学位的人才需求量大大增加。为了满足社会多方面需要，美国学位制度形成四级学位和博士后资历的结构，呈现多样化的发展态势。

为了让大学集中力量进行科学研究，一些教育实践家希望可以减轻大学一、二年级的课程教学负担，将培养新生的任务交给一种新的教育机构——初级学院①，一开始有大学按教学年制分为基础学院和大学学院，后更名为初级学院和高级学院②。初级学院的产生为美国高等教育大众化做出了巨大贡献，为那些渴望进入大学学习而自身水平较低的学生打开了求学的大门。为了帮助学生更好地求学或就业，1900 年芝加哥大学首次将副学士学位引入美国，取得副学士学位的学生已经完成通识或博雅教育的第一个重要阶段，或已经完成专业化、职业化或半职业化课程学习③。副学士学位使初级学院或大学二年级结束教育的学生获得声誉和认可，证明其有能力工作或进入大学三年级读书。次年，美国又将副学士学位细分为文科和理科副学士学位。经不断改善，最终于 20 世纪末形成了具有美国特色的副学士学位制度④。

1947 年，杜鲁门总统在高等教育委员会报告中建议将"初级学院"改为"社区学院"(Community College)，为全社区提供教育服务，为社区的年轻人提供大学教育和作为成人教育的活动中心⑤。社区学院兼有升学与就业的教育职能，学生修完全部学术课程可获得文科副学士或理科副学士学位，修完职业学位课程则可获得相应的技术学科副学士或应用理科副学士学位，前者可用于

① COHEN A M, BRAWER F B. The American community college [M]. San Francisco: Jossey-Bass Publishers, 2008: 7.

② MONROE C R. Profile of the community college [M]. San Francisco: Jossey-Bass, Inc., 1972: 9.

③ 梁博雅. 美国副学士学位：产生、发展及意义 [D]. 曲阜：曲阜师范大学，2016：15-16.

④ 阳益君. 美日英高等职业教育学位制度比较 [J]. 职业教育研究，2017（4）：86-91.

⑤ HARPER B. Establishing the goals, higher education for American democracy [R]. New York: President's Commission on Higher Education, 1947(1): 67-68.

升学以获取高一级的学士学位，后者可为就业做准备。

受社会需求的影响，美国研究生教育也不断增强其多元性和实用性。20世纪50年代以来，科技革命浪潮汹涌，随着新的学科不断涌现，学位的学科门类不断丰富，达到2,000种左右①；学位类型也日趋多样，各种非研究型的专业学位不断涌现②；博士学位以授予研究型博士学位为主，以职业博士学位和名誉博士学位为辅，成了世界各国学子追求的目标。传统研究型博士以高深学术研究为主要目标，适用于绝大部分学科，分为哲学博士和科学博士，哲学博士是最高的学术学位③，无论博士生攻读的是自然学科还是人文社会学科，最后获得的学位都被称为哲学博士学位④。而职业博士不是真正的博士学位层次，反映的是具有高水平的职业能力而不是学术水准，是取得某一种职业资历的证明，如法律博士（JD）、医学博士（MD）⑤。此学位的获得无须进行独立的博士研究和论文撰写，与哲学博士在入学条件、学制、毕业要求、研究领域都存在很大差距。名誉博士并不是正式的学位，是对那些为社会做出杰出贡献的人的承认，不反映学术成就。1933年，普林斯顿大学设立高级研究院，为博士后科研人员提供研究机会，博士后教育也得到正式认可。图3–1体现了美国当今的学位结构。

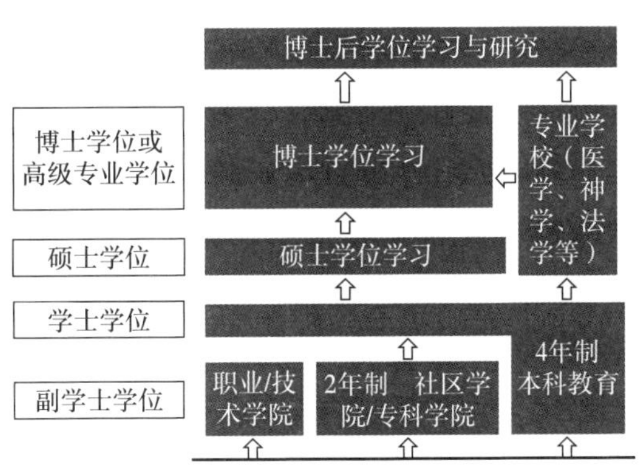

图3–1　美国的学位层次结构⑥

2. 美国的资历框架

美国目前没有国家层面的资历框架。2015年，美国采用“自下而上”的教育政策议程设置模式，由民间私立教育基金会牵头，推出了美国资历框架

① 程萱. 美国学位制度研究 [D]. 武汉：武汉理工大学，2008：22.

② 陈庆华，沈跃进. 美国研究生教育的历史研究（中）[J]. 学位与研究生教育，1993（2）：47-51.

③ SPURR S H. Academic degree structure: innovative approaches [M]. New York: McGraw-Hill Book Company, 1970: 18.

④ 冯钰平. 学位制度及其发展研究 [D]. 南昌：江西财经大学，2015：32.

⑤ 刘念才，刘少雪. 美国研究生教育结构分析 [J]. 世界教育信息，2003（6）：25-31.

⑥ 张婷. 美国大学学士学位学术标准个案研究 [D]. 金华：浙江师范大学，2010.

（American Credentials Framework）。美国资历框架虽然并非源自国家政府颁布的政策文件，但仍然获得了许多州政府和教育机构的广泛认可，并被认为是应对美国经济社会发展挑战、提高美国教育质量的重要举措。美国资历框架的建立是国际成效为本教育理念盛行和终身教育资历框架发展趋势助推的结果，其功能价值和组织架构与欧洲、亚洲等其他区域内国家的终身教育资历框架类似，核心目标导向是提升美国各级各类教育学习成果的透明度、可比性和可移植性，促进学校教育和劳动力市场之间的无缝链接，提高各种教育类型的质量。

（1）美国资历框架的建设背景和发展历程

资历框架在英国名为 Qualifications Framework，通常简写成 QF，但在美国，“资历”的对应用词是 Credential，因此美国资历框架是 Credentials Framework，简称为 CF①。

美国资历框架建设的动因主要源自美国高等教育资历类型的多样化和复杂化，从课程徽章、技能证书到 2—4 年的文凭和学位构成的庞杂而又多层次的教育资历体系给学生、雇主、教育提供者和政策制定者带来了巨大挑战，造成学习者在获取职业发展所需的技能证书过程中遇到诸多障碍，企业雇主在寻求具有全球竞争力的技能人才时也逐渐对某些资历的实际价值失去了信任，政策制定者也对在多元学习环境中获得高质量的教育资历表示担忧。据统计，在过去 30 年，由美国高等教育机构和社会教育培训提供者发放的各类资历在数量上增长了 800%，与此同时，由行业组织颁发的各类资历在数量上也大幅增加，而在线教育的迅速增长和新兴资历如徽章、MOOC 课程证书等的出现进一步加重了这一现实问题。此外，各类资历的认证过程不够规范，并缺乏监督，据统计，美国有 4,000 所资历认证颁发机构，但接受过第三方机构评估和监督的不到 10%②。为了提高资历的实用价值和减少个人与雇主的资源成本，需要一个“共同语言”，即统一的资历框架，以便于利益相关方对不同类型的

① Lumina Foundation. Developing an American credentials framework: learning from international experiences and re-examining the U.S. credentialing system [EB/OL]. (2014-09) [2021-05-17]. http://www.connectingcredentials.org/wp-content/uploads/2015/04/Developing-an-American-Credentials-Framework-Learning-from-International-Experiences-and-Re-Examining-the-U.S-Credentialing-System.pdf.

② Lumina Foundation. Connecting credentials [EB/OL]. (2015-05) [2021-05-17]. https://www.luminafoundation.org/files/resources/connecting-credentials.pdf.

资历进行学分值和适用性的比较。

美国是联邦制国家，各州都拥有自己的教育话语权，颁发的教育政策和编制的具体教学内容与评价标准彼此差异很大，要从国家政府层面统一发布资历框架困难重重。因此，借助民间组织力量，采取“自下而上”的教育政策议程设置模式建立资历框架成为符合美国国情的合理路径选择，而承担这一历史使命的是美国的卢米纳基金会（Lumina Foundation）。卢米纳基金会是美国最大的教育基金会，多年来致力于实现国家进步和经济发展所需的关键教育目标。2010 年，卢米纳基金会为美国制定了针对高等教育的学历资历框架，基于成效为本的理念帮助重构公平、易入、灵活和负责的高等教育体系，以保证学生在学习生涯过程中可以接受高质量的教育，但美国学历资历框架只是一个单一类型的资历框架，无法满足多种教育类型之间互联互通的需要。

2014 年，卢米纳基金会基于终身学习理念开始筹备开发针对美国整个教育体系的综合资历框架。卢米纳基金会组织了来自美国技术工人协会（the Corporation for a Skilled Workforce, CSW）、法律与社会政策研究中心（the Center for Law and Social Policy, CLASP）以及众多教育机构和行业的专家，根据行业既定资历认证情况确定了跨行业资历认证模式，联合开发了美国资历框架。美国资历框架综合了来自大学、企业、认证部门和政策机构的意见，开发人员在资历框架开发过程中仔细研究了美国国内以及国际上已经建立和实施的各种类型的学习成果认证框架，并强调美国资历框架的开发要与美国现有的教育计划和认证措施保持一致，包括卢米纳基金会在 2010 年开发的学历资历框架，美国的图灵计划（Tuning Initiative），美国国家工商业网络协会（National Network of Business and Industry Associations）开发的就业技能框架（Employability Skills Framework）。美国资历框架充分吸纳了现有教育政策举措中的概念和术语，尝试使用可被行业企业、学习者和教育者理解和接纳的语言，并根据资历框架预先制定的数 10 种专门教育学历证书、学位证书和行业认证标准，测试了资历框架的可行性。2015 年，美国资历框架正式推出，被认为在促进教育的透明度、可比性和连通性，以及保证在正式和非正式学习中获得高质量的学习成果证书方面具有重要意义。

（2）美国资历框架的能力标准和资历等级

美国资历框架有两个能力标准维度，分别是知识和技能，而技能又分为专业技能、个人技能和社会技能。其中，能力是知识和技能的共同参照基准，表示学习者知道什么和能够做什么，被定义为美国资历框架的关键术语，在资历框架实际运行过程中，反映了一个人习得和应用知识与技能的能力，可以帮助理解以及比较学位、资历证书、行业证书、许可证、学徒资历和其他各种类型证书的知识和技能的等级和水平。能力在行业和学术领域可以被广泛理解，并在多种情况下付诸应用，使其成为检验资历的有效方式。美国资历框架侧重于应用能力补充阐释知识和技能，其中，学习领域的“知识”根据深度、广度和程度描述，而学习领域的“技能”根据类型和复杂性进行界定，包括认知、沟通、人际和实践技能（见表 3–2）。

表 3–2　美国资历框架的能力标准维度

<table>
<tr><td>知识</td><td colspan="2">描述学习者知道、理解和展示的内容，按照深度、广度和程度进行描述</td></tr>
<tr><td rowspan="4">技能</td><td colspan="2">描述个人应用知识、完成任务和解决问题的能力，涉及使用逻辑和创造性等思维</td></tr>
<tr><td>专业技能</td><td>批判性思维和判断；综合应用；系统思考</td></tr>
<tr><td>个人技能</td><td>自主性；责任；自我意识和反思</td></tr>
<tr><td>社会技能</td><td>沟通；参与；团队合作和领导力</td></tr>
</table>

资料来源：Lumina Foundation，2015[①]

基于能力标准维度，美国资历框架的组织架构包含 8 个等级，而每个等级的具体指标描述主要针对学习和工作中四个维度的等级和能力要求，分别是适应性、范围、复杂性和选择性，见表 3–3。美国资历框架各个等级都强调了知识和技能的互补性，并为资历对接提供了总体指南，8 个等级在实践中与美国教育和培训体系中现有的主要学历体系层级是彼此相关的。

① Lumina Foundation. Connecting credentials [EB/OL]. (2015-05) [2021-05-17]. https://www.luminafoundation.org/files/resources/connecting-credentials.pdf.

表 3-3　美国资历框架的等级指标描述

等级	等级指标描述
1	展示基于直接监督或指导，在高度结构化的研究或工作领域完成有限的工作或任务的基本能力
2	展示在总体引导或指引下，在结构化的研究或工作领域完成技术、常规任务的基本能力
3	展示处理定义明确的技术任务的能力，这些任务低结构化，包括非常规任务，但具有一定程度的复杂性，分散于综合的研究领域或职业活动中，具有一定的动态变化性，主要服从于整体监督或指导
4	展示在综合研究领域或可能发生变化的职业环境中处理专业和复杂任务的能力，需要基于理论知识和实践技能选择适当的规则和程序，并可能涉及全面监督
5	展示在复杂而又专业的研究领域或易变的职业活动中完成综合任务的高级能力，需要选择和应用适当的理论知识和实践技能，以在更广阔的背景下执行技术任务
6	展示在研究领域的子领域或在高度复杂和频繁变化的职业活动中处理综合任务和解决突出问题的熟练能力，需要高度的理论知识和实践技能
7	展示在科学领域或以频繁和不可预测变化为特征的职业活动中处理新的和复杂的专业任务和进行问题设置的能力，需要在各种背景下阐明主要理论和先进专业知识、研究方法的应用
8	展示在科学领域获得研究成果的能力，或在职业活动领域内、高度复杂和新颖的问题情境中开发创新解决方案和程序的能力，需要具备战略科学思想和采取创造性行动的能力

资料来源：Lumina Foundation，2015①

不得不指出的是，尽管美国资历框架和美国学历资历框架具有类似的目标定位，都强调从学习成果认证的视角提高资历的透明度、可比性、可移植性和质量，但它们的总体功能价值导向是不同的。美国学历资历框架主要基于高等学历教育背景，提供学生在学习领域应该知道什么和能够做什么的参照基准，以满足高等教育领域中副学士、学士和硕士学位的认证要求。美国资历框架的设计初衷和实践导向是建立综合资历框架，旨在为学习者、雇主、测验与

① Lumina Foundation. Connecting credentials [EB/OL]. (2015-05) [2021-05-17]. https://www.luminafoundation.org/files/resources/connecting-credentials.pdf.

评估人员提供一套完整的综合解决方案，以阐释不同类型的资历，包括学位、行业资历和证书所代表的能力和学习成果的水平和等级。

（3）美国资历框架的国际对接

美国资历框架的发展源自全球建立和实施终身教育资历框架的总体趋势。在开发和实施过程中，研究人员采用了教育提供者、雇主和学习者都可以理解和接受的国际通用语言。通过对欧洲区域内正在实施的资历框架的开发理念和组织架构进行比较，发现美国资历框架与欧洲资历框架有很高的相关度，而欧洲资历框架是为欧洲成员国提供资历对比的区域资历框架，是各国资历框架对接的参照基准。联合国教科文组织相关报告中将美国资历框架划归第四代资历框架，其学习领域指标的描述界定清晰，资历框架覆盖了非学分和非学位证书，兼具质量保证和学习成果认证的双重功能[①]。

（三）法国学位制度和资历框架

1. 法国的学位制度

法国的高等教育体系基于自由、平等、博爱的理念而建立，秉承学历教育与职业教育同步，全民教育与精英教育并荣的宗旨，在全世界独树一帜。法国综合性大学的普及性、“大学校”的特殊性、职业教育的多样性以及中央集权和地方政府分权相结合的管理制度等，都彰显了法兰西民族独有的文化特色和强烈的民族精神。

同英国、美国等其他发达国家的高等教育体系相比，法国的高等教育体系是一种比较独特的多元化体系。从学制年限上来看，可以分为短期和长期高等教育；从特色上来说，可以分为综合性高等教育、精英化高等教育和职业性高等教育。

在法国，高等教育是以高中毕业会考（Bac）后为起点的。法国中学毕业会考文凭被列为一级高等教育国家文凭，也就是通常所说的业士文凭。法国高等教育机构大致可分为两类：综合性大学（Université）和专业学校（Ecole spécialisée）。综合性大学均为公立大学，接收持有高中会考毕业证

① KEEVY J, CHAKROUN B. Level-setting and recognition of learning outcomes: the use of level descriptors in the twenty-first century [EB/OL]. [2021-06-15]. https://unesdoc.unesco.org/ark:/48223/pf0000242887.

（Baccalauréat）的法国学生和持有准许进入本国大学学习的文凭的外国学生。专业学校就是通常所说的“大学校”，其选拔性较强，接收的学生数量远少于综合性大学，包括高等工程师学校、高等商业与管理学校、高等艺术学校及其他专科院校。前者承担着普及高等教育的重任，后者则担负着精英教育和专业教育的使命。

法国的学位制度历史悠久且层次和种类多样，并历经多次发展、变革，逐渐走向成熟。会考文凭曾同时是大学法律和神学专业的初级学位，也被视为相当于大学一、二年级的学习合格凭据[①]。从会考文凭往上，有业士、学士、硕士、博士等，其中各层次还有对应不同专业领域、不同学习阶段的法国特有的文凭证书，比如大学文（理）科学业文凭、大学技术文凭、高级技术员证书、普通大学学业文凭、高等深入研究文凭、高等专业研究文凭、博士—工程师文凭、国家博士文凭等。此外，法国的文凭还有国家文凭和校级文凭之分。国家文凭由政府授权的机构颁发，须遵照“全国高等教育和科学研究审议会”制定的章程行事，而校级文凭由学校自行颁发，只需满足学校的规定即可，但校级文凭不享有国家文凭所享有的权利。[②]

（1）法国学位制度类型

法国高等教育主要是由专业学校（大学校）和综合性大学提供文凭学位。

① 专业学校（大学校）颁发的文凭和学位。法国的专业学校即通常所说的大学校，是法国高等教育的特色组成部分，专业学校是法国的精英教育，其目标在于为法国培养高级行政官员、学者、企业管理人才及工程师。

专业学校招生面向预备班结业的学生和持有高中毕业会考文凭的高中毕业生。要进入这种专业性的大学校，学生不仅需要参加两年的预备班（Classe Préparatoire）学习，还要通过淘汰率很高的考试。专业学校的学制各不相同，除了 2 年预备班（CPGE）的学习，工程师学院和商业学院一般为 3 年，高等

① 钟金明. 中法学位、学历和文凭关系的研究 [J]. 武汉大学学报（哲学社会科学版），1997（5）：111-115.

② 胡龙娟. 法国现行学位与文凭制度研究 [J]. 黑龙江教育（高教研究与评估），2013（8）：15-16.

师范院校为4年，其他1到3年不等[①]。学生在这种专业性的大学校修完相应的课程，考试合格则可获得工程师、建筑师等证书。

② 综合性大学颁发的文凭。法国的综合性大学在法律性质上属于“学术、文化、职业”的公益机构，在行政、财务、教学与学术上享有自主性。公立大学向法国所有持有高中会考毕业证书的学生开放，即法国学生在高中会考毕业后可以直接申请进入综合性大学，享受基础性和技术性高等教育。法国共有75所综合性大学，综合性大学的科系设置齐全，涵盖了科学与技术、文学、语言、艺术、法律、经济、体育等所有学科领域。

20世纪50年代到80年代，法国高等教育经历了一系列改革，形成了法国分阶段的高等教育。法国高等教育分为三个阶段，每个阶段设置相应的文凭和学位。

第一阶段为普通教育阶段，学习结束通过考试可获得普通学业文凭。本阶段学制两年。教学目的在于“使学生得到并加深基础学科知识，使其多样化，以便他们能进入一个范围较广的工作领域；学会工作方法，具备科学敏感度”[②]。“本阶段不分专业，只设下列主修方向：法律、经济与社会行政、文学艺术、人文科学、社会科学与应用数学、科学、神学、体育运动科学技术。教学分为理论课、指导课和实践课三种”[③]。“第一阶段允许留级一次”[④]。

第二阶段为专业教育阶段，设有两个学位，即学士学位与硕士学位。本阶段教学目的是“组织不同程度的普通教育和专业教育，特别要考虑到针对某种或某类职业做准备；同时，使学生进一步完善其知识，加深文化修养，引导他们从事相应的科学研究”。与第一阶段同样，学制两年。这两年具有相对独立性：第一年学习系统完整的专业知识，为就业做准备，也可学习硕士学位的预备课程，第一年结束可获得学士学位；第二年在学习专业理论知识、培养科研能力的基础上，撰写论文、通过答辩后可获得硕士学位。学士学位分为普通学士学位和职业学士学位，其中职业学士学位的学生需要完成12—16周的实

① 贺国庆，华筑信. 国外高等学校课程改革的动向和趋势 [M]. 保定：河北大学出版社，2000：95，103.

② 邢克超. 战后法国教育研究 [M]. 南昌：江西教育出版社，1993：201-203.

③ 贺国庆，华筑信. 国外高等学校课程改革的动向和趋势 [M]. 保定：河北大学出版社，2000：95，103.

④ 刘晖. 二十国研究生教育 [M]. 长春：东北师范大学出版社，1989：306，318，320.

习，以提高实践能力。硕士学位也分为普通硕士学位和职业硕士学位，比如科学与技术硕士、管理科学硕士等[①]。

第三阶段为博士教育阶段。学制一般4—5年，是一种“研究性培养和通过研究进行的培养，包括实施个人或集体具有创造性的科学工作，也包括不断进行科技革新的高水平专业培养”[②]。第一年结束可申请两种文凭：高等专业学习文凭和高等深入学习文凭。若要获得高等深入学习文凭，就要选修与博士论文相关的课程、参加研讨班、撰写小论文并且需要考试合格、小论文通过。高等深入学习文凭是一种研究型文凭，为进行研究工作做准备，其间的小论文一般会成为博士学位论文的雏形。只有获得高等深入学习文凭的学生才有资格注册攻读博士学位。高等专业学习文凭是一种为就业做准备的高级资历，不可用于申请博士学位。“这种文凭专业性和应用性较强，主要通过研究班进行高度专业化的应用性培养，训练从事某种专门职业活动的技能，教学注重实际知识的传授，实习占较大的比重”[③]。

1984年《萨瓦里法》对法国第三阶段的学位与文凭进行了改革，取消第三阶段博士和国家博士学位，改设新博士学位，新增指导科研工作能力证书和LMD学制。这种博士学位学制一般比原第三阶段博士多一年左右。“新博士学位获得者，必须系统深入地掌握基础理论和专门知识，进行创造性的科学研究，并独立取得科学成就，必须撰写高水平纯理论性博士学位论文”[④]。

上述指导科研资历是在取消国家博士学位后设立的，一般要求申请者取得博士学位后工作几年并取得一定的学术水平，因此有时也被称为法国的博士后文凭。

为了推进欧盟一体化进程，1998年欧洲国家开始尝试统一欧洲学制，法国从学位制度入手展开变革。LMD（Licence-Master-Doctorat）学制便是其中的重要措施之一[⑤]。LMD学制也称“3—5—8学制”，于2005年开始实行，用

① 张英. 法国高校文凭与学位制度的特点及意义 [J]. 西南农业大学学报（社会科学版），2012（06）：198-199.

② 邢克超. 战后法国教育研究 [M]. 南昌：江西教育出版社，1993：201-203.

③ 刘晖. 二十国研究生教育 [M]. 长春：东北师范大学出版社，1989：306，318，320.

④ 钟金明. 七国学位的比较研究 [J]. 法国研究，1991（2）：104-107.

⑤ 王文新. 法国教育研究 [M]. 上海：上海社会科学院出版社，2011：28.

“高中会考文凭（Bac）+X”的形式来表明接受高等教育的年限，即大学学士学位（Bac+3）、硕士学位（Bac+5）和博士学位（Bac+8）[①]。

（2）法国学位质量保障

在法国，教育机构的中央集权性决定了高等教育管理的集权性。政府严格控制高等教育的评估，其质量保障是由政府从高等教育系统外部推行的，带有政府意志和价值取向的外部评审在这个评估过程中发挥着重要作用。法国国民教育部为国家最高教育管理机构，是国家教育法律的制定者，也是教育政策的制定者，始终把教育作为其实现国家目标的重要政策工具，在宪法允许的范围内通过政策和教育拨款的手段来积极协调和适当干预全国的教育，确定教育方针和教育制度，统一管理学制、专业、课程、文凭等。

法国高等教育历来有自治的传统，教育管理的中央集权性和大学自治性相结合形成了高等教育的管理特色。1984 年，法国颁布新的《高等教育法》，创建了法国国家评估委员会（CNE）并于 1985 年开始运作。CNE 是一个非营利性机构，是一个既独立于国民教育部又独立于高校的国家行政机构，其评估报告直接呈送总统，主要负责对高校进行整体评估并提出建议。CNE 的独立性保证了其开展活动的自主性和报告结果的客观性、真实性，而非营利性保证其能更好地为政府、高校和社会服务。这也是发达国家评估机构最显著的特征之一。尽管法国的国家评估委员会有着充分的独立性，与纯粹的政府部门有区别，但仍属于国家行政权力机构，其评估活动组织具有国家性质。

法国参与高等教育评估的其他机构还有：国家高等教育研究委员会（CNRER），根据 1984 年《高等教育指导法》，负责审核文凭的合法性；国家工程师职衔委员会（CTI），负责工程研究类评估；学位授予委员会，审定研究生课程并授予相应的学位。此外还有大学理事会、国家科学研究委员会等。对法国高等教育质量的监控主要是以政府行为为主导，适度下放权力，结合学校、社会的监管和审核，维持中央集权统治下的大学的高度自治，保证法国高等教育的发展[②]。

① 杨少琳. 法国学位结构分析与启示 [J]. 国家教育行政学院学报，2011（3）：16，81-85.

② 杨少琳. 法国学位制度研究 [D]. 重庆：西南大学，2009：146.

（3）法国学位制度的特点

首先，法国的精英教育与大众教育并存。综合性大学和专业性的大学校构成了法国高等教育的双轨制[①]，分别承担了法国的大众教育与精英教育。但其学位的含金量不同，大学文凭不能充分保证就业，而大学校文凭却是职场的黄金通行证。

其次，法国的学术性文凭与专业性文凭并行。高等教育大众化带来了教育质量和就业不能得到保障的问题，因此法国从中学就开始注重职业指向。从20世纪80年代开始，法国政府将高中划分成三种不同类型，职业高中、技术高中、普通高中，分别对应如下三种中学毕业会考文凭，职业（Bac pro）、技术（Bac techno）、普通（Bac général）业士文凭。

学生可根据所获业士文凭来选择大学和进行就业规划。选择研究性工作可遵循以下路径：普通业士文凭——普通大学学业文凭——普通学士学位文凭——研究硕士——博士。选择某种职业性工作可遵循以下路径：技术或职业业士文凭——技术性大学文凭、高级技师证书、科学与技术大学学业文凭——职业学士学位文凭——职业硕士。这两种学习途径选择既有针对性，也有灵活性，只要具备应有的素质，学生在研究性文凭与职业性文凭之间也可相互转换。这种设计为学生提供了定位清晰、选择灵活的学习规划和路径。

2. 法国的资历框架

（1）法国资历框架发展进程

法国高等教育形式极其丰富，并拥有完善的应用技术人才培养体系，是世界上最早形成终身教育理念的国家之一。法国自1969年开始建立国家资历框架，法国国民教育部1969年采用的《培训水平分级》将证书分为5个等级：第5级为最低的等级，其证书包括职业学习证书、职业能力证书和成人职业培训一级证书；第4级证书包括职业证书、技术员证书、职业会考证书和技术员会考证书；第3级证书包括大学技术员文凭、高级技术员证书、高等教育第一阶段证书；第2级证书包括学士或硕士学位证书；第1级是最高级，要求劳动者精通设计或研究过程，其证书包括硕士以上的学位证书[②]。

① 朱睿，朱明顺. 法国高等教育的特色及启示 [J]. 科教导刊（中旬刊），2016（11）：7-8.

② 吴雪萍，李默妍. 法国国家资历框架：架构、特点与启示 [J]. 中国高教研究，2020（4）：71-76.

2002年，根据2002年1月《n°2002–73号法律》，国家职业资历认证委员会（Commission Nationale de la Certification Professionnelle, CNCP）成立。该委员会通过设立专业的国家职业资格证书目录（Répertoire National des Certifications Professionnelles, RNCP），将由国家（部委）颁发的或以国家的名义颁发的职业证书和以非国家名义颁发的就业为导向的学业证书，分为5个等级进行统一的注册和登记管理，其中第1级对应博士、硕士学位，第2级对应学士学位、第3级对应专科层次。国家职业资历管理体系就此建立，对法国国家资历框架的建设发挥了重要作用。

由此可见，法国的资历框架是基于职业活动，“为了规范职业证书的设立和颁发，提高职业证书的社会声誉”[①]建立起来的，RNCP发挥着国家资历框架的作用。但法国的资历框架并非涵盖所有证书，以国家名义颁发的以培养通识能力为目的的普通教育证书未涵盖在此资历框架内。2008年，欧洲议会和理事会正式批准建立欧洲资历框架，并建议各成员国根据本国国情建立国家资历框架，在2010年之前与欧洲资历框架完成对接。欧洲资历框架建立后，法国以5级框架为雏形与其对接。法国5级框架与欧洲资历框架的对应关系为：法国框架的第5—2级依次对应欧洲资历框架的第3—6级，第1级同时对应欧洲资历框架的第7—8级。可见，欧洲资历框架中的第1—2级在法国原来的5级框架中无对应等级，这在一定程度上影响了法国与其他欧盟国家之间劳动力的流动。为提高与欧洲资历框架的衔接度与可比性，促进劳动力在欧盟范围内流动，法国着手建立全新的国家资历框架。

2019年，法国颁布《关于国家资历框架的法令》（Décret relatif au cadre national des certifications professionnelles），依据该法令建立了新的国家资历框架。新的资历框架由5个等级变更为8个等级，与欧洲资历框架的8个等级十分接近，实现了与欧洲资历框架的对接，等级划分更加合理，并由法国技能署（Agence France compétences）作为管理机构负责证书的注册和更新等工作。法国国家资历框架改变了法国对各级各类证书的等级划分。法国建立国家资历框架的主要动因是提高证书等级划分的科学性、实现与欧洲资历框架的完全对接以及培养符合劳动力市场需求的人才。

① 杨进. 马克龙时代的法国教育观察 [M]. 北京：高等教育出版社，2018：98.

（2）资历框架的管理机构设置

法国技能署是现行法国国家资历框架的管理机构，该机构于 2019 年 1 月 1 日根据法国 2018 年 9 月 5 日颁布的《自由选择未来职业法》（a Loi pour la liberté de choisir son avenir professionnel）建立，负责对国家资历框架中的职业证书进行管理。其中，职业证书认证工作由该机构的分支机构国家职业资历认证委员会（CNCP）全面负责。CNCP 是一个跨行业、跨部委的国家机构，除委员会主席外，委员会 43 名委员来自相关部委、企业界、工会组织、行业协会或是个人代表等，均由总理任命，每届任期 5 年。CNCP 的职能包括对国家职业资格证书目录（RNCP）进行审核、更新和完善；为各机构颁发职业证书提供咨询和评估建议；为个人或企业提供证书信息查询服务；委员会每年向总理提交年度工作报告。CNCP 在巴黎设总秘书处，并在全法各大区设有 28 个联络处。CNCP 下设全委会和专门委员会。全委会每年召开 5 次会议，主要研究法国职业证书体系总体发展战略，对提交的 RNCP 列入申请出具评估核定意见，并将意见呈交劳动、职业培训和就业部长审定；专门委员会每月召开一次会议，由 20 名委员组成（10 名部委代表，10 名企业界代表），主要受全委会委托，对提交的拟纳入 RNCP 的申请进行评估，并提出建议①。

（3）资历框架概览及其类别、等级与标准

法国高等教育学历学位体系框架全景图包含综合大学教育（Formation Universitaire）和高中及专业学校获得的高等教育（Formation en lycées et écoles）。综合性大学承担着普及综合性高等教育的使命，其文凭体系是基于欧洲博洛尼亚进程的要求，基本采用欧洲通行的学制标准，即学士 3 年（Bac+3，180 个欧洲学分）、硕士 2 年（Bac+5，300 个欧洲学分）和博士 3 年（Bac+8）。而专业学校则担负着提供精英化高等教育和职业性高等教育的任务。在国家学历框架体系之外，一些综合性大学和高等专业学校还自主开发校级文凭课程。校级文凭的名称和层次由高校自主决定，其价值由用人市场决定。此外，法国的音乐教育采用独立于普通高等教育体系之外的专业教育体系。

在法国，无法从出具证书的机构性质来判断证书是否被官方认可，但社

① 杨进. 马克龙时代的法国教育观察 [M]. 北京：高等教育出版社，2018：103.

会关注的重点是文凭证书是否被认可而不是学校的公立、私立性质。法国的文凭证书体系、种类复杂，但只要列入 RNCP，该证书的质量和价值即在法国受到广泛认可。除以国家名义颁发的以培养通识能力为目的的普通教育证书之外，“其他各类学业证书都涵盖在 RNCP 范围内，包括中等教育阶段的职业能力证书、职业学习证书、职业高中毕业会考证书、技术高中毕业会考证书，高等教育阶段的高级技术员文凭、大学技术文凭、工程师头衔、职业学士、职业硕士、以院校名义颁发的硕士与博士证书，以及各类职业资格证书，如艺术职业资格证书（Brevet des métiers d'art）”[①]。

从证书类别上来讲，RNCP 主要包含两大类型的证书，分别对应列入 RNCP 的不同途径。

第一，由国家（大多数部委）颁发的或以国家的名义颁发的职业证书全部列入 RNCP。部委颁发的证书，如法国国民教育部颁发的职业、技术高中毕业会考证书，法国农业、农产品和森林部颁发的职业高中毕业会考证书（蜂产品制造等专业），法国体育部颁发的高级技术员证书（高山滑雪等专业），法国高等教育、研究和创新部颁发的以职业能力培养为导向的博士、硕士、学士证书，法国就业部与法国房屋联合会共同颁发的房屋能源改造师头衔（头衔持有者具备房屋能源改造相关的工程造价、商业招标、技术监督、热能设计等技能等）。此外，还有公立院校以国家名义颁发的职业教育学业证书。

第二，大部分私立院校、少量公立院校、个别部委（如军事部、内政部）以及行业组织等以非国家名义颁发的学业证书，根据需求自愿向 CNCP 提出将证书列入 RNCP 的申请，通过委员会评估认证后即可列入。

2019 年新建立的法国资历框架共分为 8 个等级，对等欧洲资历框架的 8 个等级，其中，5 级以上为高等教育层次，包含的主要证书种类为：第 8 级博士证书（Doctorat），第 7 级硕士证书（Master）、工程师头衔（Titre d'ingénieur）、国家核准文凭 Bac+5（Diplôme viséBac+5）、注册为 RNCP 7 级的以非国家名义颁发的学业证书等，第 6 级职业学士证书（Licence professionnelle）、国家核准文凭 Bac+3（Diplôme viséBac+3）、注册为 RNCP 6 级的以非国家名义

① 杨进. 马克龙时代的法国教育观察 [M]. 北京：高等教育出版社，2018：100.

颁发的学业证书等，第 5 级大学技术证书（Diplôme universitaire technologique, DUT）、高级技术员证书（Brevet technicien supérieur）、注册为 RNCP 5 级的以非国家名义颁发的学业证书等。RNCP 体系帮助法国实现了与欧洲资历框架的对接，促进了欧盟范围内的劳动力流通。

此外，国家职业资历认证委员会（CNCP）对于已注册评级的职业资格证书会开展追踪评估，并根据就业市场的反馈，修正先前登记的等级。

（4）内部质量保证和外部质量评审机制

在法国，由于高等教育机构类型多样，高等教育文凭种类丰富，且高等职业教育独树一帜，各类专业评估机构也应运而生，如专门负责评估工程师文凭的工程师职衔委员会、专门负责评估高等商业学校政府核准文凭的管理类课程与文凭评估委员会（CEFDG）、专门负责评估专业硕士文凭（MS）和英文授课的理学硕士文凭（MSc）的大学校会议组织、专门负责评估各类职业资历文凭和证书的国家职业资历认证委员会（CNCP）等，不同类型的学校和文凭由相应的专业评估机构负责其质量监督与保障。

法国高等教育与科研评估高级委员会对高等院校的整体情况进行综合性评估，并在此基础上对整个高等教育系统进行评估，为国家的高等教育决策提供新的指导方向。工程师职衔委员会、管理类课程与文凭评估委员会、大学校会议组织、国家职业资历认证委员会则分别对各自领域的文凭和院校进行专项评估。这些机构和法国高等教育与科研评估高级委员会的整体评估相结合，形成了法国高等教育质量完整健全、点面结合的评估体系。

除国家（部委）颁发的或以国家名义颁发的职业证书全部列入 RNCP 外，其他证书须自愿申请并通过委员会评估认证后方可列入 RNCP。此外，法国职业证书管理的一个重要特点是，证书设立和颁发部门须在其内部建立相应的职业咨询委员会，负责证书的设立、更新和取消。委员会一般由证书颁发机构、教育界、企业家和雇员代表组成，共同决定是否设立或取消某项证书，并根据行业发展带来的职业能力要求变化情况，对职业证书内容进行相应的修改调整。企业界参与论证证书标准，促进了院校教学标准与行业企业实际需求紧密结合，有效提高了毕业生就业能力和就业率，使人才学以致用。在接到证书授予机构的申请后，委员会主要从 7 个方面进行审核：对获得该证书的至少两届学生进行追踪调查，分析证书是否与劳动力市场需求保持一致；评估该证书对学生就业或重新就业的影响，并与其他类似的证书进行对比；鉴定证书的职业标准、能力标准和评估标准；考察该证书的授予是否有相应的质量保障程序；考核该证书的能力模块是否合理。证书被纳入国家职业证书目录后，每隔 5 年须重新接受法国技能署的审核①。

（5）先前学习成果认证流程

法国国家资历框架不仅认可正规学习，也认可非正规和非正式学习。对非正规和非正式学习的认证借助先前经验认证制度实现。通过先前经验认证制度，劳动者在非正规和非正式学习中获得的学习成果可以转化为国家职业证书目录中的证书。先前经验认证的申请程序主要包含 4 个步骤：申请人前往先前经验认证中心或通过官方网站获得相关信息；申请人提交申请表和相关佐证材料；申请人提交正式的认证材料；申请人在认证评委会做陈述，评委会根据其综合表现决定是否授予其完整证书或部分证书。整个认证过程持续 8—12 个月。

为使更多劳动者受益于先前经验认证制度，法国于 2014 年颁布《职业教育、就业与社会民主法》（Loi relative à la formation professionnelle, à l'emploi et à la démocratie sociale），拓宽尚未获得第 3 级证书人员的先前经验认证渠道，简化持临时合同劳动者的申请手续，在公司内引入职业会谈制度，即管理人员需与劳动者面谈，回顾劳动者的职业发展并通知其进行先前经验认证。在 2016 年之前，劳动者需要 3 年及以上工作经验才可申请先前经验认证，但 2016 年《劳动、社会对话现代化和职业道路保障法》（Loi relative au travail, à la modernisation du dialogue social et à la sécurisation des parcours professionnels）颁布之后，无论劳动者年龄、国籍、受教育程度如何，只要劳动者有一年及以上相关工作经验，就可以通过该制度获得其所在领域的职业证书。虽然法国政府实施多种举措降低先前学习成果认证门槛，但并未降低评审要求②。

① 杨进. 马克龙时代的法国教育观察 [M]. 北京：高等教育出版社，2018：104.

② 吴雪萍，李默妍. 法国国家资历框架：架构、特点与启示 [J]. 中国高教研究，2020（4）：71-76. DOI:10.16298/j.cnki.1004-3667.2020.04.13.

（6）成效为本的学习成果认证标准

法国在国家资历框架的建设过程中逐渐渗透以学习成果为导向的理念，从而使学习的时间、地点和形式更加灵活。以学习成果为导向的理念主要体现在三个方面。第一，先前经验认证制度打破学习时间、空间和形式的限制，使非正规与非正式学习成果得到客观评价与承认。第二，能力模块的引入使证书认证更为灵活，同时使“混合证书认证路径”成为可能，即通过先前经验认证、教育与培训、学徒制等多种方式获得不同的能力模块，最后整合为一个完整证书的认证方式，弱化对学习形式和时间的强调而侧重学习成果，从而让劳动者的学习更富有灵活性。第三，国家资历框架根据学习成果确定证书等级，注重认可劳动者的实际工作能力而非学历，从而对劳动者进行更科学与合理的评价[①]。

以“能力”为侧重点，引导职业教育和高等教育更加关注学生实际能力的培养。RNCP 的证书评估体系基于知识（savoir）、技能（savoir-faire）、能力（compétence）三个维度，但更侧重对学生职业能力的培养，从而引导院校更注重证书获得者具备的实际工作能力。RNCP 证书的评价不仅包括学生学业考试情况，更关注学生实际工作能力，比如，RNCP 证书设立的一项评价标准为近三年该证书获得者的就业成效（如工作业绩、职位升迁、社会评价等）。另外，RNCP 的评估体系侧重“能力”，为“工作经验成果认证”（Validation des acquis de l’expérience）制度的实施奠定了基础，使非特定形式学习、非正规学习获得的成果也能得到认可。

（7）学分积累与转换的标准与规则

在法国，高等教育以高中毕业会考（Bac）后为起点，并以高中会考证书（Bac）后的有效学习年限作为参照来表述高等教育的学历等级，分为 Bac+3 学士，Bac+5 硕士，Bac+8 博士三级。除学硕博三级学位证书外，也存在 Bac+2、Bac+4、Bac+6、Bac+7 等层次的文凭证书，这些多为高等职业教育文凭，是 LMD 学硕博三级学位体系的补充，二者并不冲突。

1999 年，欧洲 29 个国家的教育部长在意大利博洛尼亚签署开启欧洲高等教育改革的《博洛尼亚宣言》，旨在设立以 LMD 体制为基础的高等教育课

① 杨进. 马克龙时代的法国教育观察 [M]. 北京：高等教育出版社，2018：105.

程体系和可在欧洲各国之间转换流通的“欧洲学分转移与积累系统”（ECTS），使得各国之间的文凭可以互相比较，促进学生、教师等人员的流通。法国政府积极推进博洛尼亚进程，改革后的法国高等教育体制依照欧洲公认的“学士—硕士—博士”三级学位构架来组织。在法国，不仅综合性大学进行了 LMD 改革，高等工程师学校、高等商业与管理学校、政治学校、建筑学校和医疗卫生学校均被纳入改革进程。高等工程师学校、私立或工商户创办的高等商业与管理学校、高等艺术学院、高等专业技术学院等学校保留了法国的历史传统和特有的人才培养体制，除学硕博三级学位证书外，还颁发专业领域的文凭，如工程师文凭、高等商校文凭（国家核准）等，这些专业文凭中大多数已与欧洲三级学位体制相衔接。高等工程师学校和高等商业与管理学校还增设了与综合性大学一样的硕士学位，从而使该类学校与综合性大学之间有了互相转换的交叉点，学制体系更加相近。

（四）德国学位制度和资历框架

1. 德国的学位制度

（1）德国的高等院校类型

德国的高等学校根据其任务和性质主要分为三种不同类型：综合性大学及与其同等级的高等院校（如工业类高校、师范类高校及神学类高校等）；应用技术大学；艺术学院与音乐学院。

① 综合性大学及其同等级高等院校。在 1998 年《高等学校总纲法》修订以后，综合性大学及其同等级高校在传统的学位之外逐步引入了学士、硕士学位制。硕士专业可以选择“以研究为导向”和“以应用为导向”。依据新的学位制度，其颁发的学士 / 硕士学位主要有：文学学士 / 文学硕士；理学学士 / 理学硕士；工学学士 / 工学硕士；法学学士 / 法学硕士；教育学学士 / 教育学硕士。综合性大学及与其同等级的高等院校具有博士学位授予权。

通常，学生在获得德国传统学位（Diplom 学位和 Magister Artium 学位）、硕士学位或者在通过国家考试之后，可以申请攻读博士学位。个别成绩优异的学士学位获得者，也可在通过特定的资格测试之后直接攻读博士学位。

② 应用技术大学。应用技术大学（缩写为 FH）也被称为高等专业学院，在德国《高等学校总纲法》修订之后，特别是在博洛尼亚改革进程中，获得了开设学士专业和硕士专业的资格。其颁发的学士学位和硕士学位与综合性大学院校颁发的学士和硕士学位等值，并且不再需要在学位证书中标明 FH 的字样。这一规定事实上提升了其身份和地位[①]。

除了缺少教育学学士 / 教育学硕士外，应用技术大学颁发的学士学位和硕士学位的种类与综合性大学及同等级院校的学位基本相同。除个别院校，绝大多数应用技术大学不具备博士学位授予权。应用技术大学的硕士学位获得者可以继续攻读博士学位，获得学士学位或者应用技术大学传统学位的优秀毕业生，也可在通过专门的资格测试之后，直接攻读博士学位。

从学习时间来看，学士专业的标准学习时间为 3—4 年，硕士专业的标准学习时间为 1—2 年。

③ 艺术学院与音乐学院。高等艺术学院和高等音乐学院在 1998 年德国《高等学校总纲法》修订之前颁发传统的 Diplom 学位和 Magister Artium 学位。部分艺术学院和音乐学院还具有颁发博士学位的资格。在 1998 年德国《高等学校总纲法》修订之后，艺术类院校也获得了开设学士专业和硕士专业的资格，所颁发的学士学位和硕士学位有：文学学士 / 文学硕士，艺术学士 / 艺术硕士，音乐学士 / 音乐硕士，教育学学士 / 教育学硕士。获得新型硕士学位、传统学位的学生均可以凭此资历继续攻读博士学位。获得学士学位的优秀毕业生也可按照特定的录取政策，直接攻读博士学位[②]。

与综合性大学一样，艺术学院与音乐学院开设的 Diplom 专业、Magister Artium 专业和其他文凭专业的标准学习时间为 4—5 年。学士专业的标准学习时间为 3—4 年；硕士专业的标准学习时间为 1—2 年[③]。

在德国，攻读博士学位的学习期限由各个学校的《博士规章》来规定，除了少数结构化的博士项目（3—4 年）之外，一般来说，没有固定的学习期

① 孙进. 德国的博洛尼亚改革与高等教育学制与学位结构变迁 [J]. 复旦教育论坛，2010，8（5）：68-73.

② KMK (Hrsg.). Das Bildungswesen in der Bundesrepublik Deutschland 2008 [R]. Bonn: KMK, 2009.

③ 孙进. 德国的博洛尼亚改革与高等教育学制与学位结构变迁 [J]. 复旦教育论坛，2010，8（5）：68-73.

限，以完成博士论文和通过答辩为准[①]。

随着高等教育国际化的深入发展，德国越来越多的高校与其他国家的高校合作开办国际双学位项目。在这种办学模式下，学生在本国完成基础课学习后，再到其他国家的合作高校上课。授课语言一般为英语，同时也开设合作国家语言课程的学习，最后获得两国高校都承认的毕业证书[②]。

德国学位制结构如图 3–2 所示。

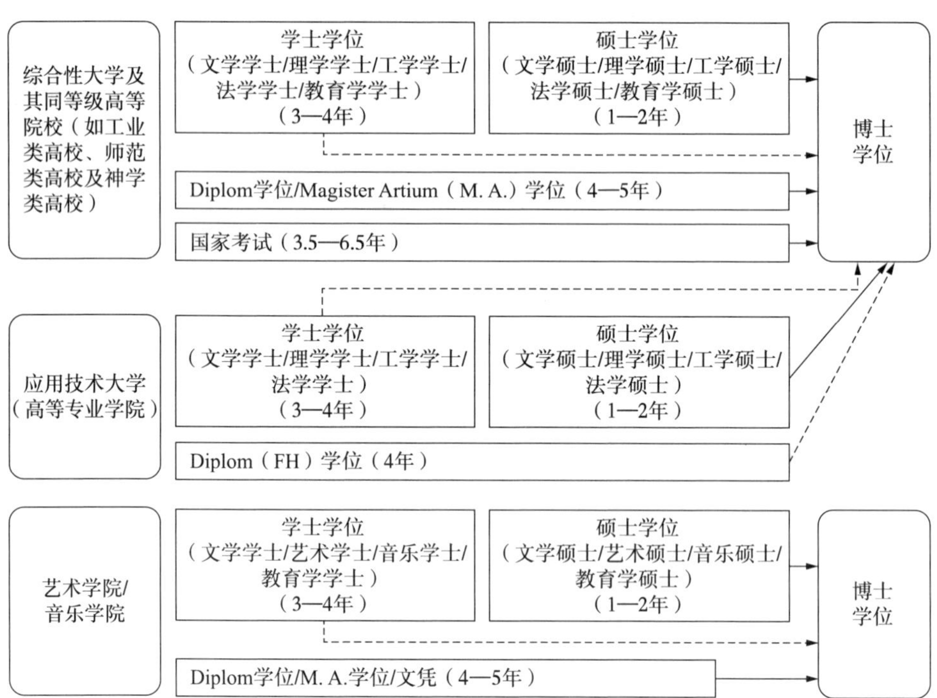

图 3–2　博洛尼亚改革后的德国高等教育学制与学位结构

1999 年，在博洛尼亚进程的推动下，为实现欧洲高等教育一体化，德国学位制度逐渐形成学士、硕士、博士三级学位制度。但由于各州在推动博洛尼亚进程方面步调不一，原有的各种学位制度、国家考试制度与新的学位制度并存[③]。

---

① 袁琳. 德国高等教育国际化发展研究 [D]. 重庆：西南大学，2011：91.

② 袁琳. 德国高等教育国际化发展研究 [D]. 重庆：西南大学，2011：92

③ 牛金成. 德国高等教育结构的特点及其启示——以巴登符腾堡州为例 [J]. 应用型高等教育研究，2020，5（3）：69-77.

（2）德国高等教育质量保障

在 20 世纪 90 年代以前，德国高校没有质量评估，其学位制度、学历文凭与世界其他国家存在较大差异，质量保障体系滞后。随着世界高等教育国际化的发展，德国高等教育质量保障问题日益凸显，确保高等教育质量、增强其国际竞争力成为德国高等教育发展的紧迫问题。为此，德国在积极探索的基础上，逐渐建立和完善高等教育质量保障机制，在 20 世纪 90 年代中期引入评估体系，在 20 世纪 90 年代末加入博洛尼亚进程并建立认证体系。经过多年努力，德国逐渐建立了以评估和认证为核心的高等教育质量保障体系①。

20 世纪 90 年代，在德国大学校长联席会议（HRK）、各州文教部长联席会议（KMK）以及德国科学议会的积极推动下，德国各州和地区相继建立了一系列的地区性高校评估机构，旨在推进高等教育改革，确保高等教育质量。在德国，评估的形式多种多样，但是普遍划分为两种：外部评估和内部评估。德国各州文教部长联席会议（KMK）和德国大学校长联席会议（HRK）于 1998 年联合成立了一个认证委员会，负责学士和硕士课程的认证以及教学评估机构的质量认可工作②。

传统上，德国高校开设一门新的学位课程需要经过所在州的相关部门认可，包括对课程学习的内容与组织、考试规则、学位标准等进行认证。在博洛尼亚背景下，为了保障新学位课程的质量，德国大学校长联席会议（HRK）和各州文教部长联席会议（KMK）通过了关于学位课程认证的决议，要求新建立的学士 / 硕士学位课程要通过认证机构的认证，除非高校获得了有效的系统认证③。

德国认证体系由认证委员会和认证委员会指导下的认证机构组成。认证主要分为项目认证、系统认证和替代程序，分别对德国公立或国家承认的高校的学士 / 硕士学位课程、高校内部质量保障体系以及替代程序本身进行认证。如果成功通过认证，高校获得在替代程序范围内评估课程的自我认证权力。

① 袁琳. 德国高等教育国际化发展研究 [D]. 重庆：西南大学，2011：136.
② 袁琳. 德国高等教育国际化发展研究 [D]. 重庆：西南大学，2011：136，137.
③ 袁琳. 德国高等教育国际化发展研究 [D]. 重庆：西南大学，2011：136-140.

2. 德国的资历框架

（1）德国资历框架的发展进程

2006 年 10 月，德国启动资历框架（DQR）的开发工作，联邦教育与研究部（BMBF）与各州文教部长联席会议（KMK）达成协议，共同开发国家资历框架。截至目前，德国资历框架开发共经历了四个阶段（见表 3-4）。

第一阶段（2007 年 3 月—2009 年 2 月）是开发与设计阶段。2007 年 3 月，德国举行德国资历框架（DQR）开发工作启动会议，成立了 DQR 联邦州协调小组和 DQR 工作小组。2009 年 2 月，DQR 工作小组公布资历框架草案，就目标、指导方针、能力分类、术语、资历等级等达成一致，创建了 DQR 模型，对每个等级的学习成果进行描述。

第二阶段（2009 年 3 月—2010 年 9 月）是测试阶段，逐步将正规教育领域的资历与国家资历框架中的级别进行匹配。2009 年 5 月至 10 月选择信息技术、金属、卫生和贸易四大行业进行试点工作，并根据结果对资历框架做了适当修改与完善。

第三阶段（2010 年 10 月—2012 年 12 月）是完善阶段。2011 年 3 月，工作组完成由导论、资历框架矩阵和术语表构成的德国国家资历框架。2011 年 11 月，非正规和非正式学习认证小组提出关于将通过非正规和非正式学习途径取得的资历纳入资历框架的建议。在 2012 年 1 月 31 日举行的高层会议上，利益攸关方同意将职业教育与培训及高等教育的主要资历与资历框架等级联系起来，但尚未决定是否将普通教育资历纳入资历框架①。2012年12月，德国向欧洲资历框架推广委员会提交了德国国家资历框架并展示了 DQR 与 EQR 的对接参照报告。

第四阶段（2013 年 1 月至今）是早期运作阶段。2013 年 5 月，德国文教部长联席会议、联邦教育与研究部、联邦经济部长联席会议、联邦经济与技术部做出正式实施国家资历框架的决议。此后，德国每年会更新资历框架的内容与资历名单，并将所有新发布的资历证书纳入欧洲终身学习资历框架，对现行的国家资历框架的分类和资历的纳入过程进行评价，更重要的是将以学校为基

① 李建忠. 德国国家资格框架的特色分析 [J]. 职教论坛，2013（19）：87-91.

础的普通教育资历纳入国家资历框架①。2017 年，新公布的资历框架首次把普通教育资历纳入了资历框架，这样德国国家资历框架就涵盖了普通教育、职业教育、继续教育和高等教育领域②。

表 3–4　德国资历框架发展历程

发展阶段	时间	统筹机构	主要工作安排
第一阶段 开发与设计阶段	2007. 3— 2009. 2	DQR 联邦州协调小组和 DQR 工作小组	成立联邦州协调小组和工作小组； 2007 年 3 月召开框架开发工作启动会； 就目标、指导方针、能力分类、术语、资历等级等达成共识； 开发学习成果描述和资历等级标准
第二阶段 测试阶段	2009. 3— 2010. 9		2009 年 5 月首次测试； 2010 年 7 月评估测试阶段工作； 修改和完善资历框架草案
第三阶段 完善阶段	2010. 10— 2012. 12		2011 年 3 月完成 DQR； 将德国教育系统中通过正规教育获得的资历纳入 DQR； 2011 年 11 月建议将非正式和非正规学习获得的资历纳入 DQR； 设立国家协调点； 2012 年 12 月向欧洲资历框架推广委员会提交了 DQR
第四阶段 早期运作阶段	2013. 1 至今		2013 年 5 月宣布正式实施 DQR，每年更新框架； 进一步纳入通过非正规和非正式学习获得的能力； 分配普通教育资历； 评估 DQR 的实施，进行必要调整

资料来源：Federal Ministry of Education and Research，2022③

① 张伟远，段承贵，傅璇卿. 搭建终身学习立交桥：国际的发展与比较 [M]. 北京：中央广播电视大学出版社：264.

② 牛金成. 德国国家资格框架及其特点 [J]. 外国教育研究，2019（4）：103-117.

③ Federal Ministry of Education and Research. The German qualifications framework for lifelong learning [EB/OL]. [2022-01-12]. https://www.dqr.de/media/content/DQR_Handbuch_01_08_2013.pdf.

（2）德国资历框架的目的

德国设立资历框架（DQR）的目的是使德国资历体系更加透明，加强质量保障，并提高资历的可比较性，使资历得到更好的分类，并有助于在德国获得的资历在欧洲范围内得到认可。德国资历框架将德国教育体系中的资历与欧洲资历框架（EQF）的八个等级联系起来，使其资历在欧洲更易被接受，资历获得者更容易去另一个国家学习和工作。

推动德国教育体系的进一步发展也是德国资历框架追求的目标。对学习成果的描述可以促进各个教育部门之间的相互理解，实现职业教育和高等教育之间的互通。德国资历框架还可以帮助认可非正式学习成果，加强终身学习型社会的建设。

（3）德国资历框架的相关法规政策

2013 年 5 月，《德国文教部长联席会议、联邦教育与研究部、联邦经济部长联席会议、联邦经济与技术部关于终身学习资历框架的共同决议》发布，该决议是德国教育行政法规的基础。

（4）资历框架的管理机构和人员组成

德国资历框架的制定由联邦教育与研究部（BMBF）和各州文教部长联席会议（KMK）共同负责。为了制定德国资历框架并协调进程，框架制定者成立了一个联邦州德国资历框架协调小组。随着 2013 年 5 月德国资历框架的引入，联邦州德国资历框架协调小组改名为联邦州德国资历框架协调办公室。

德国资历框架工作小组也参与了德国资历框架的制定和实施，小组成员包括高等教育和职业教育机构、社会伙伴和商业组织以及来自科学界和实践领域的专家。工作小组讨论并通过了制定和实施资历框架的所有相关决定和决议。此外，还有 100 多名专家参与了德国资历框架的测试和开发。

（5）资历框架的类别、等级与标准

原则上，德国资历框架应该可以纳入所有可以在德国获得的教育资历。

首先，德国资历框架的类别包括职业教育、高等教育和普通教育领域的正规教育资历，并将它们分配到相应的资历等级。这也为通过非正规和非正式教育获得的资历的纳入创造了先决条件。

德国资历框架等级标准由维度、次级维度和要素三个层级构成。维度包括专业能力和个人能力，“专业能力”分为知识和技能两个次级维度，“个人能力”分为社会能力和自主性两个次级维度，四个次级维度构成构建等级标准的四维目标。知识用广度和深度来描述，技能包括工具性能力、系统性能力以及判断力，社会能力包括团队工作能力、领导能力、参与能力和表达能力，而自主性是指个体具有自主性责任感 / 责任心、反思能力和学习能力。[①]

德国资历框架与欧洲资历框架同样分为 8 个等级，但略有不同，德国国家资历框架等级和类型见表 3–5。

表 3–5　德国国家资历框架等级和类型 [②]

等级	类型		
	普通教育领域	职业教育与培训领域	高等教育领域
1	—	职业准备教育（BvB, BvB-Rehab; BVJ）	—
2	主体中学毕业证书（HSA）	• 全日制职业学校（职业基础教育） • 职业准备教育（BvB, BvB-Rehab; BVJ; EQ）	—
3	中学毕业证书（MSA）	• 全日制职业学校（中学毕业证书） • 双元制职业教育（2 年制）	—
4	• 一般高校入学资历（AHR） • 专业限制的高校入学资历（FgbHR） • 应用技术大学入学资历(FHR)	• 双元制职业教育（3—3.5 年制） • 全日制职业学校（州法律规定的职业教育） • 全日制职业学校（针对健康事业和老年护理职业的联邦法定教育规定） • 全日制职业学校（依据职业教育法 / 手工业条例，完整资历的职业教育）	—
5	—	• IT 专长者（通过认证的） • 服务型技术员（通过考试的） • 其他依据职业教育法 / 手工业条例的职业进修资历（第五等级）	—

① 李建忠. 德国国家资格框架的特色分析 [J]. 职教论坛，2013（19）：87-91.

② 谢莉花，余小娟. 德国资格框架的资格标准构建：内容、策略与启示 [J]. 比较教育，2019（5）：39-48.

续表

等级	类型		
	普通教育领域	职业教育与培训领域	高等教育领域
6	—	• 专科学校（州法律规定的继续教育） • 师傅 • 商务专家（通过考试的） • 商业管理人（通过考试的） • 职业培训和继续教育者（通过考试的） • 操作型专长者（IT 领域）（通过考试的） • 其他职业进修资历（依据职业教育法 / 手工业条例第六等级） • 职业进修资历（依据职业教育法第 54 条第六等级）	• 学士及同等学历
7	—	• 企业管理人员（依据职业教育法通过考试的） • 企业管理人员（依据手工业条例通过考试的） • 技术型企业管理人员（通过考试的） • 策略型专长者（IT 领域）（通过考试的） • 职业教育者（通过考试的）	• 硕士及同等学历
8	—	—	• 博士及同等艺术类毕业证书

（6）行业资历的等级标准和能力单元开发情况

德国资历框架将普通教育、职业教育和高等教育领域的资历放在了同一框架下。德国资历框架所描述的是资历的等值性，而不是同一性，包含商业、IT 业、手工业、健康护理业、企业管理等领域的资历。

（7）质量保障机制

德国不同的教育领域有着各自的质量保障系统和质量保障方法，质量保障的核心要求都是确保已完成课程或培训的毕业生可以真正获得资历描述中的学习成效和能力。在普通教育领域中，内部监督由学校自身的监督机构负责，外部的质量保障由州政府机构负责，由外部质量保障和评估机构、资历认证机构进行审核。在职业教育领域中，质量保障主要是通过职能部门监管、制定法律法规和实践不同的质量保障模式来加强。高等教育机构主要受州政府监管，高等教育领域的质量保障通过外部评估和学校内部监管来实施。继续教育领域涉及非正规教育和正规教育两类，其质量保障体现在：正规的职业培训由联邦政府制定的针对职业教育及培训的法律框架保证质量；私立的远程教育中心必须得到州政府的批准；由公立和私立运营机构提供的继续教育，由受联邦政府就业局资助的外部认证机构进行检验和评估[①]。

"2009 年，欧盟出台了《欧洲职业教育与培训质量保障框架》（EQAVET）和《欧洲质量保障标准和指南》（ESG），要求各成员国制定全面的质量保障体系，保证欧洲资历框架和国家资历框架的实施。德国积极响应，进一步整合 EQF 和 EQAVET 质量保障的共同原则，以提高德国资历框架的国际质量认证[②]。"

（8）先前学习成果认证的流程

德国的教育和培训系统将校园学习和实践学习结合起来，这使人们对非正规教育的需求相对较低，从而减少了对非正规教育进行评估的需求。

但是，德国对非正规学习的需求正在逐步增长。德国的数据表明那些频繁更换职业或就业地点的人们倾向于更多地利用非正规学习来提升能力。此外，成年人如果想要继续学习，会更多地选择非正规的"课程"。在德国，对于非正规和非正式学习成果的验证可能会越来越受到青睐。尽管在国家层面缺乏统一的认可、验证和认证（RVA）法规，德国还是在其教育和培训系统中采用了各种方法来制定 RVA 政策和法规。

（9）成效为本的学习成果认证标准

德国资历框架是用"能力"来描述学习成果，所描述的学习成果与获得学习成果的地点无关。除了普通教育、职业教育、继续教育和高等教育领域包含的正式资历，德国资历框架也平等地纳入通过非正规和非正式学习获得的资历。

德国资历框架分为八个能力等级，各个级别指标描述了相应资历等级获得时应该达到的要求。"在德国教育领域通常认为以学习成果和能力描述资历，

① 张伟远，段承贵，傅璇卿. 搭建终身学习立交桥：国际的发展与比较 [M]. 北京：中央广播电视大学出版社：268.

② 赵亚平，王梅，安蓉. 德国终身学习国家资格框架研究 [J]. 职业技术教育，2015，36（31）：73-79.

可增进资历的可读性、可理解性、可比性和可评价性。在学习成果理念的引领下，德国着力推动各级各类教育改革。在普通教育领域，制定以能力为导向的标准；在职业教育领域，引入资历模块和学习领域概念，修改和完善以能力为基础的职业教育条例和学校职业教育框架教学计划（学习领域课程），着力培养学生的综合职业能力[①]。”

（10）学分积累与转换的标准与规则

欧洲议会和理事会建议建立欧洲职业教育与培训学分系统（ECVET），要求欧盟成员国“创造必要的条件”，使 ECVET 在 2012 年之前“逐步推广应用”。为此，德国联邦职业教育与培训研究所（BIBB）成立了 ECVET 国家协调处，负责与其他国家合作实施职业教育学分试点项目。2007 年，BIBB 推出德国职业教育和培训学分体系（DECVET）试点项目，简化德国职业教育和培训体系的学分转换程序，使学习成果在不同学习情境之间更易转移，提高了学分的可转换性。2010 年，德国在高等教育领域全面实施 ECTS 学分体系[②]。但是，DQR 官方网站的相关信息显示，当前，DQR 还未与两个学分系统 ECTS（用于高等教育）和 ECVET（用于职业教育）结合起来。

（五）爱尔兰学位制度和资历框架

1. 爱尔兰的学位制度

爱尔兰高等教育机构主要由 7 所国立大学（University）、14 所理工学院（Institute of Technology）以及私立高等学校等组成[③]。

（1）爱尔兰高等教育学位

爱尔兰高等教育的学习可分为以下四个阶段，分别授予不同的学位[④]。

第一阶段：学士学位，是高等教育的主要阶段。学士学位包括普通学位（学制 3 年）和荣誉学位（学制 3—4 年）。

① 谢莉花，何蓓蓓. 学习成果在资历框架中的应用——基于国际比较 [J]. 当代职业教育. 2019（4）：4-13.

② 赵亚平，王梅，安蓉. 德国终身学习国家资格框架研究 [J]. 职业技术教育，2015，31（36）：73-79.

③ 姚远峰. 爱尔兰高等教育的特点与启示 [J]. 安阳师范学院学报，2017（6）：109-111.

④ International Association of Universities. 2019 international handbook of universities [EB/OL]. (2019-11-23) [2022-02-15]. https://doi.org/10.1057/978-3-319-76971-4_93.

第二阶段：硕士学位 / 研究生文凭。高等教育的第二阶段包括更高级的（研究生）学习，授予硕士学位。在获得学士学位后，至少需要再参加一年的课程学习或论文研究，才能够获得硕士学位。

第三阶段：博士学位。在获得硕士学位后，通常需要继续进行三到四年的学习研究，才能够获得博士学位。

第四阶段：高等博士学位。在获得博士学位后，至少继续学习五年（通常更长），并发表原创作品，才有可能获得高等博士学位。

（2）爱尔兰学位授予与质量保障体系

爱尔兰由国家法律授权颁发高等教育学历学位资历证书的教育机构有三类：大学、理工学院和爱尔兰质量与资历署（QQI，原高等教育与培训证书颁发委员会）、独立学院[①]。

第一类包括 7 所国立大学，是爱尔兰高等教育和科学研究的主体，主要承担本科生、研究生教育以及基础和应用研究。这 7 所大学包括：都柏林圣三一学院；都柏林城市大学和利默里克大学；原爱尔兰国立大学四所分校，现在为都柏林大学、科克大学、高威大学和梅努斯大学。依照爱尔兰《大学法》规定，这 7 所大学各自具有独立的学历学位资历证书授予权。

第二类为 14 所理工学院，主要从事本专科教育以及少量的研究生教育，同时开展服务于国内区域经济的应用研究。除都柏林理工大学和部分理工学院可自行颁发国家学历学位资历证书外，其余由 QQI 颁发。

第三类为独立学院，即营利性私立院校。得到 QQI 认可的独立学院业已发展到近 30 余所，超过公立院校总数，大部分由 QQI 负责代颁学士、硕士学位以及相关学历资历证书。

爱尔兰政府和高校都有完善的质量管理制度，实施严格的外部和内部双重质量保障体系。在学校外部，爱尔兰颁布和修订了质量和学位法，制定了质量标准，从“知识掌握和智力能力水平”“知识应用和智力能力水平”“人际交往能力高低”“进行终身学习的学习独立性”“推动文化技术创新能力”等多个维度，分别对学士、硕士、博士三个阶段的学习结果和学分进行了清晰的界定，并由专门的质量管理委员会如高等教育局（HEA）等负责定期检

① 董会庆，董真. 爱尔兰学历学位体系发展机遇与挑战论析 [J]. 世界教育信息，2011（3）：37-45.

查、评估和管理。在学校内部，各高校制定了完善的外考官制度和学生参与制度，要求在专业设置、课程实施、质量评价上都有外部的企业界高层人士和内部的学生代表参加，并提出了“利益相关者”（stakeholder）概念，认为高校质量的保障和提升不仅仅是教务部门和质量管理部门的事，而且与全体师生员工以及招生、科研等各部门息息相关[①]。

2. 爱尔兰的资历框架

（1）爱尔兰资历框架的管理

爱尔兰资历框架（National Framework of Qualifications, NFQ）由现已解散的爱尔兰国家资历认证局（NQAI）开发并于2003年推出。之后，由QQI开始负责维护、开发和审查。QQI拥有80多名员工和5个部门，分别是学位及资历证书授予部、企业服务部、发展部、整合部、合作部[②]。

（2）爱尔兰资历框架等级和标准

爱尔兰资历框架包括10个等级，用于描述爱尔兰教育和培训体系中的各级各类资历。爱尔兰资历框架明确了学习者需要知道、理解和能够做什么才能获得资历，还列出了从一个资历等级到下一个资历等级的衔接路径，将不同的资历或学位相互关联。每个资历等级都有关于所需掌握的知识、技能和能力的具体指标，或学习成绩所需达到的标准[③]。爱尔兰资历框架每个等级对应具体的证书或学历文凭。例如，NFQ 6级是高等证书（Higher Certificate），NFQ 7级对应的是普通学士学位（Ordinary Bachelor Degree），NFQ 8级对应的是荣誉学士学位（Honours Bachelor Degree）和高等文凭（Higher Diploma），NFQ 9级对应的是硕士学位（Masters Degree）和研究生文凭（Post Graduate Diploma），NFQ 10级对应的是博士学位（Doctoral Degree）和高等博士（Higher Doctorate）。

（3）爱尔兰资历框架对先前学习的认可

在爱尔兰，对先前学习的认可（RPL）可用于申请课程，或用于豁免部分课程或学位的学分。不过，先前学习认可的实践在爱尔兰处于早期阶段，对于

① 姚远峰. 爱尔兰高等教育的特点与启示 [J]. 安阳师范学院学报，2017（6）：109-111.

② QQI. Our role [EB/OL]. [2022-01-23]. https://www.qqi.ie/about-us/our-role.

③ QQI. National framework of qualifications [EB/OL]. [2022-01-23]. https://www.qqi.ie/what-we-do/the-qualifications-system/national-framework-of-qualifications.

申请人来说既耗时又具有挑战性①。

目前，对先前学习的认可已被纳入2030年的国家高等教育战略和国家技能战略，政府将制定和实施一个标准化的先前学习认证体系，将先前的教育、技能、工作经验和社会参与活动考虑在内。虽然有很多方法可以用来评估先前学习成果，然而，不同的教育提供者和不同的国家进行认可和使用的过程可能会差异很大，一种常用的方法是通过资料合集（Portfolio）评估先前学分。

先前学习认可步骤包含：与教育机构联系；从学校官网查询相关信息；填写先前学习认可申请表；咨询先前学习认可顾问，按要求准备证据和验证先前的学习经历；将学习证明连同填妥的先前学习认可申请表提交学院供相关学术单位评估；评估结果将在规定的时间内反馈给申请人。

先前学习认可实践网络（RPL Practitioner Network）是一个为从事先前学习认可工作和对此感兴趣的人提供的实践社区。该网络由一个指导小组领导，小组成员包括爱尔兰大学协会（Irish Universities Association）、爱尔兰教育和培训委员会（Education and Training Boards Ireland）、农业和食品发展局（The Agriculture and Food Development Authority）、国家成人学习组织（Aontas）、国家教育指导中心和QQI的代表。

此外，科克理工学院代表QQI编写了2017年发布的报告“爱尔兰继续教育和培训（FET）中对先前学习的认可”，并概述了继续教育和培训领域的先前学习认可实践②。

（六）俄罗斯学位制度和资历框架

1. 俄罗斯的学位制度

俄罗斯在19世纪就已建立了较为完备的学位体系，苏联时期只保留了副博士、博士两级学位制度，并采用中央集权制管理模式③。苏联解体后，俄罗斯政府为了同国际接轨，不断推进学位制度改革。在经历了两百余年的历史演

① QQI. Recognition of prior learning [EB/OL]. [2022-01-23]. https://www.qqi.ie/what-we-do/qqi-awards/recognition-of-prior-learning-learner.

② QQI. RPL in Ireland [EB/OL]. [2022-01-23]. https://www.qqi.ie/what-we-do/qqi-awards/recognition-of-prior-learning-provider.

③ 张艳杰，赵伟. 苏联解体20年：俄罗斯学位制度改革回眸 [J]. 国外社会科学，2012（6）：123-128.

变后，俄罗斯逐渐形成了自己独特的学位制度。

（1）俄罗斯学位制度的沿袭

19 世纪初，亚历山大一世进行了一系列的教育改革。1819—1917 年先后发布了四部《学位条例》，并通过《大学章程》规定了严格的学位授予程序。1819 年第一部《学位条例》后，颁授学士、荣誉学士、硕士和博士四种学位；1884—1917 年间只颁授硕士和博士两级学位。学士学位是授予大学毕业未能获得优等毕业证书学生的学位，荣誉学士颁发给获得优等毕业证书的学生。当时的硕士学位与当代俄罗斯学位体系中的“科学副博士”学位相当①。

苏联建国初期取消了原来的学位和学衔以及与之相关的一切利益优待及特权，一直到 1934 年苏联人民委员会通过了《关于学位和学衔的决议》，才确立了科学副博士和科学博士培养制度，而高等教育阶段颁发的毕业证书“专家”文凭是苏联副博士和博士两级学位的学历基础。这种“专家（5 年）、副博士（3 年）、博士（3 年）”的学位模式为苏联所特有，而且博士在俄罗斯并不是通常意义上的学位，而是一个人在学术领域取得更高成就的标志和称号，所以很难与其他国家进行对比②。1991 年苏联解体后，俄罗斯进行了一系列学位改革，形成了双轨制的学位制度③。

（2）俄罗斯学位制度的发展

1992 年俄罗斯颁布《联邦教育法》，将教育分为普通教育和职业教育两大类。1992 年 4 月俄罗斯颁布了《俄罗斯高等教育多层次结构暂行条例》，采用新的多级学位体系④，将高等教育结构分成不完全高等教育、基础高等教育、完全高等教育三个层级。不完全高等教育学习期限为 2 年，相当于大学一、二年级，获得的不是学位，而是不完全高等教育证书，是一种学业证明。基础高等教育是在不完全高等教育的基础上继续修学 2 年，获得学士学位。完全高等教育阶段的培养方式有两种：一是在中学教育的基础上进入大学修学 5 年，获得高等教育文凭和专业资历证书；二是在学士学位的基础上继续学习 2 年，获

① 王森. 俄罗斯学位制度的历史变迁 [J]. 俄语学习，2013（6）：21-24.

② 赵红旭. 适应博洛尼亚进程——俄罗斯高等教育变革的分析 [D]. 上海：华东师范大学，2017：26-33.

③ 王森. 俄罗斯学位制度的历史变迁 [J]. 俄语学习，2013（6）：21-24.

④ 李媛. 博洛尼亚进程下俄罗斯高等教育国际化战略及其启示 [J]. 北京教育，2020（11）：77-80.

得硕士学位，也可以在学士学位基础上继续 1—3 年的学习，获得专家文凭。硕士和专家文凭获得者都可以进入研究生院继续学习，攻读副博士学位，学习年限为 3 年。经过多年的教学和科研后，再经过 3 年的学习可获得科学博士学位（见图 3–3）。①

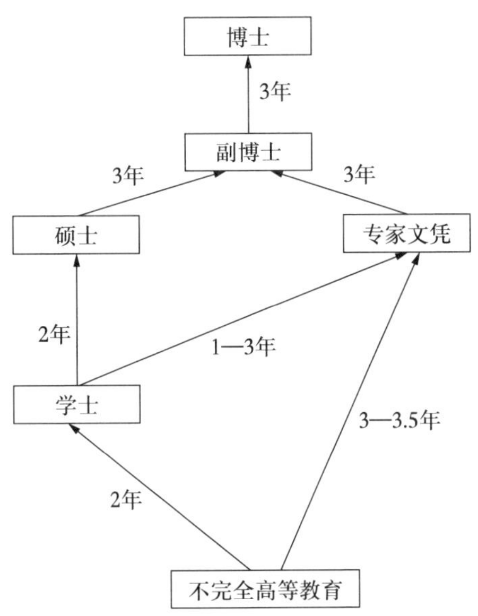

图 3–3　1992 年俄罗斯学位结构

1996 年俄罗斯颁布了联邦法《关于高等和大学后职业教育》，规定俄罗斯联邦的高等职业教育层级为“学士、硕士”或“专家”。通常学士学位的修学年限为 4 年，硕士的修学年限是 2 年，而“专家”的修学年限不少于 5 年。苏联专家文凭的单一体系深入人心，俄罗斯也规定各高校可自由选择实行何种体系，所以学士—硕士的两级学位体系没有普及。

2003 年，俄罗斯加入博洛尼亚进程。《博洛尼亚宣言》要求所有参与国建立“学士—硕士—博士”三级学位体系：4 年的本科学习，2 年的研究生学习，3 年的博士生学习。因此俄罗斯按照博洛尼亚进程模式进行学位制度调整，把 5 年的专家文凭缩短为 4 年的本科教育。2013 年时，两阶段的高等教育专业设

① 杜劲松，彼得勒索娃. 俄罗斯高等教育改革现状评析 [J]. 比较教育研究，2014（8）：63-67.

置在高校中的比例占到50%[①]，到2018年，本科、硕士、博士阶段的学生比例分别是47.3%、22.8%、1.7%[②]。至此，俄罗斯仍是两种学位体系并存的局面。

2. 俄罗斯的资历框架

（1）俄罗斯联邦国家资历框架的发展进程

俄罗斯有1.44亿人口，人口老龄化是社会发展和劳动力市场所面临的主要挑战。2013年适龄劳动人口仅占总人口的60%，预计这一比例将于2030年降至56%。在人口压力背景下，政府寻求通过优化培训和最大限度地挖掘技术潜力来提高生产效率。另外，俄罗斯受到欧洲一体化的影响，促进资历和文凭的跨国认可，确保劳动力的国际流动，于2003年签署了《博洛尼亚宣言》，该宣言的任务也包括建立国家资历框架。

在俄罗斯联邦国家资历框架制定过程中，政府是主导，但也充分尊重学界、企业界的意见。2007年6月25日，俄联邦教科部和俄罗斯实业家和企业家联盟签订互动协议，同年，在此协议框架下创建了联合协调委员会，由联邦教育发展研究院、俄罗斯实业家和企业家联盟、国家资历发展局协助俄联邦教科部国家资历框架制定专家组一同完成国家资历框架建立工作。俄罗斯联邦国家资历框架草案拟定过程中，广泛征求国内外各方面的意见，在2007年10月22日至26日柏林召开的主题为“用国际方法创建统一教育标准的经验”研讨会上讨论草案。2008年，俄联邦教科部、俄罗斯实业家和企业家联盟以给予教育机构、教育主管部门和雇主协会建议的形式发布国家资历框架草案，草案发布后即付诸实践。《2008—2012年俄罗斯职业标准和国家职业教育标准》中已开始使用草案中所提出的资历等级和实现路径。俄联邦卫生部根据2011年4月8日《第№ Пр-911号总统令》的要求，依据俄联邦国家资历框架制定了行业标准。

在吸收了各方面意见的基础之上，2010年俄罗斯正式公布了俄罗斯联邦国家资历框架。框架公布后，俄罗斯并没有停下修改完善的脚步，把各方面讨论的结果和2011—2012年俄联邦资历框架草案使用的经验进行了总结，根据官方的反馈和国际机构专家的建议开始了资历框架修订工作。2012年2月6

① 杜劲松，彼得勒索娃.俄罗斯高等教育改革现状评析[J].比较教育研究，2014（8）：63-67.

② 李媛.博洛尼亚进程下俄罗斯高等教育国际化战略及其启示[J].北京教育，2020（11）：77-80.

日，俄联邦教科部以及俄罗斯实业家和企业家联盟在莫斯科举行了“关于俄罗斯联邦国家资历框架实施”的会议，与会专家审议并批准了俄罗斯联邦国家资历框架的第二版。

（2）俄罗斯联邦国家资历框架的立法

俄罗斯联邦政府 2013 年 1 月 22 日发布第 23 号决议《关于制定、批准和应用职业标准的规定》；俄罗斯劳动部于 2013 年 4 月 12 日发布第 148n 号命令《批准职业标准的草案及资历等级的确立》。

（3）俄罗斯联邦国家资历框架的管理机构设置

国家资历委员会、职业资历委员会、劳动和社会保障部、教育部、科学与高等教育部、雇主协会和其他专业机构都参与了资历框架的发展和完善。目前，针对俄罗斯联邦国家资历框架的管理内容主要是监管职业标准的发展，由国家资历发展局和俄罗斯联邦总统国家职业资历委员会履行该职能。

国家资历发展局为保障俄罗斯联邦国家资历框架发展的相关事务而组建，由雇主协会、俄罗斯实业家和企业家联盟协助筹建。主要职能包括：发展现代国家资历证书制度，开展并完善国家资历证书框架、专业和教育标准等相关工作；建立独立的职业教育质量评估和资历证书制度；为俄罗斯实业家和企业家联盟、雇主协会与政府机构在教育和劳动力市场发展领域的合作提供咨询和组织支持；制定职业教育领域监管框架；与雇主、各大公司、教育机构、公共组织和有合作伙伴关系的外国行业协会进行合作。职能的具体执行程序包括：职业教育和资历体系的研究与开发；组织和举办培训课程、会议、研讨会和圆桌会议，开发并实施管理劳动力质量的现代方法；协调企业界代表参与职业教育领域国家政策的制定和实施；制定和执行行业标准，独立评估和资历认证①。

俄罗斯联邦总统国家职业资历委员会是根据 2014 年 4 月 16 日第 249 号俄罗斯联邦总统令建立的隶属于俄罗斯联邦总统的咨询机构。主要职能包括借鉴国内和国外的经验，在俄罗斯联邦培训高素质人才和建立职业资历制度领域向国家议会提出建议；协调职业资历委员会的活动，编写建议；审查立法和其

① Национальное агентство развития квалификаций. ключевые функции [EB/OL]. (2016-09-29) [2022-01-12]. https://nark.ru/about/activity.php.

他监管法律法规草案，并提出有关俄罗斯联邦职业资历体系发展的法律支持提案；促进国际合作，发展国家职业资历体系；评估劳动力市场对资历的需求，以开发独立的资历评估系统；形成和发展资历评估中心和考试中心网络；为资历认定的国际可比性创造条件①。

其他管理机构还包括各个联邦主体内部的职业资历行业委员会、资历认证机构以及资历评估中心，它们共同确定资历清单并组织职业考试。

（4）俄罗斯联邦国家资历框架的等级与标准

俄罗斯联邦国家资历框架体系包括行业资历框架和国家资历框架，涵盖普通教育、职业教育、高等教育等各类教育，也包含非正式学习、非正规培训、工作经验等各种学习形式。

俄罗斯联邦国家资历框架描述了三个指标：权利与义务的程度，从事活动的复杂性，从事活动的知识密度。可以将这三个指标化解为能力、技能和知识三个维度。通过这三个维度，资历框架分为 1—9 级，并按照从低到高的顺序排列，等级越高，权利责任范围越广、复杂性越强、越需要创新知识和方法。

第一级：学习者在他人的指导下工作，对自己的工作负责；通常通过体力劳动来完成有限的标准化任务；应用日常生活知识和有限的专业知识。

第二级：学习者在他人的指导下工作，且在完成熟悉的任务时表现出独立性，对自己的工作负责，可以完成有限的标准化任务，并依据指示选择工作方式；依据任务完成条件调整自己的行为；能应用相当多的专业知识。

第三级：学习者在他人的指导下工作，当解决典型的实践问题时，表现出独立性，可以根据领导提出的问题设计个性化活动，并对自己的工作负责；能完成不同的任务，并依据知识和实践经验从熟知的方法中选择工作方式，依据任务完成条件调整自己的行为；理解解决典型实践问题的技术性或方法性原理，并能应用相当多的专业知识。

第四级：学习者在他人的指导下工作，在解决需要分析工作情形及工作未来变化的实践问题时，表现出独立性，并根据领导提出的问题，设计个体化活

① Национальный совет при Президенте Российской Федерации по профессиональным квалификациям. о национальным совете [EB/OL]. [2019-02-19]. http://nspkrf.ru.

动和工作组的活动，并对问题的解决和工作组的活动结果负责；解决不同的典型实践问题，依据知识和实践经验从众所周知的方式中选择活动方式，并对活动进行过程监控和结果监控、评估和调整；了解解决实践问题的技术、方法和原理，并应用相当多的专业知识和信息独立地工作。

第五级：学习者独立地解决典型的实践问题、分析工作情形和工作的未来变化，参与管理工作并解决部门内的问题，并对问题的解决以及工作组或部门的活动结果负责；参与设计典型问题，并在变化的工作条件下，选择解决问题的方法，以及对活动进行过程监控和结果监控、评估和调整；运用技术性或方法性的职业知识，独立地搜集解决专业问题所必需的信息。

第六级：学习者独立地解决个体工作中的问题或下属工作中的问题，保障工作人员之间及相邻部门之间的协作，并对部门或者组织机构中的工作负责；制定、引进、监控、评估和调整职业活动的相关要素；运用技术性或方法性的职业知识（包括创新知识），独立地搜集、分析和评估职业信息。

第七级：学习者管理本部门及下属机构的工作，做出相关决定和制定相关策略，并对本部门或者下属机构的活动结果负责；解决职业活动的发展问题以及不同方法和技术（包括创新的方法和技术）的使用问题，并创建新方法和新技术；理解工作中的方法原理，并创造具有实用性质的新知识，搜集职业活动和机构发展所必需的信息。

第八级：学习者管理本部门及下属机构的工作，做出相关决定和确定相关策略，并对本部门或者下属机构的活动结果负责；解决与提高过程管理有效性相关的研究性和设计性问题；创造具有跨学科和跨行业特点的新知识，并评估和选择行动发展所必需的信息。

第九级：学习者确定策略，管理复杂的生产流程、研究进程，解决复杂的社会问题，对一定的活动领域进行相当大的和原创性的投入，并对行业内、国家与国际层面的行动结果负责；解决涉及方法、研究和设计的问题，这些问题与管理有效性的提高相联系；创建有跨行业和跨学科特点的新基础知识，并管理信息的传播和流动[①]。

① 刘金花，吴雪萍. 俄罗斯联邦国家资历框架解析 [J]. 教育科学，2014，30（4）：86-90.

（5）行业能力标准

根据 2012 年 2 月 16 日发布的《关于在俄罗斯联邦国家资历框架的基础上制定行业资历框架的临时规定》，各行业资历的等级和标准与国家资历框架一致。必要时也可引入其他补充指标体现该行业的特点。2013 年 4 月 12 日，俄罗斯劳动部发布第 148n 号命令《批准职业标准的草案及确立资历等级》。

与行业资历框架相对应的，俄罗斯联邦劳动与社会保障部网站公布 1561 职业资历标准，进一步细化社会关注的职业等级认定标准①。

（6）内部质量保障机制及第三方评审

《联邦国家教育标准》与《国家职业教育标准》保障各种形式的学习与培训质量，而职业评审是独立评估体系。

2013 年 9 月 1 日起正式施行的《俄罗斯联邦教育法》对教育质量进行定义，也规定《联邦国家教育标准》是普通初等教育、普通中等教育、初等职业教育、中等职业教育和高等职业教育机构教育教学活动的强制要求。《联邦国家教育标准》包含以下内容：一是对课程和机构的基本要求，如基本教学内容基础部分的比例与总量，以及教育过程参与者的比例等；二是教育活动实现的条件要求，如人力、经费、技术设备等；三是对基本教育课程成果的要求。俄罗斯联邦教育与科学督察署执行检查与监督职能，按照俄联邦法律程序，对学校及其分支机构、学术组织发放办学许可证并进行国家认证：根据《联邦国家教育标准》对教育质量进行评估；承担国家认证程序的具体工作，包括组建专家组，整理评审专家组报告，为审查委员会决议程序准备信息和分析材料，专家组与俄罗斯联邦教育与科学督察署下属的审查委员会一同完成国家认证的审查工作。

为保障职业教育与培训的质量，职业教育与培训的管理权下放至各联邦主体，各级职业教育与培训机构享有更多自主权。职业教育质量的提高和职业标准草案的审查均由国家职业资历委员会负责。《国家职业教育标准》用以保障职业教育与培训的质量。

资历独立评估体系也是内部质量保障机制之一。根据俄罗斯联邦于 2016

① Профстандарты РосМинТруд. Профессиональные стандарты [EB/OL]. [2023-09-15]. https://profstandart.rosmintrud.ru/obshchiy-informatsionnyy-blok/natsionalnyy-reestr-professionalnykh-standartov/reestr-professionalnykh-standartov/.

年 7 月 3 日颁布的《关于资历独立评估》第 238 号联邦法案，资历独立评估的主要参与者为俄罗斯联邦总统国家职业资历委员会、国家资历发展局、职业资历委员会、各资历评估中心、雇主、申请人、负责制定和实施劳动领域政策和法律的联邦各职能部门。俄罗斯联邦政府授权各资历评估中心组织职业考试，考试结束后的 30 个工作日内应给成绩合格者发放资历证明，证明清单公布在国家资历发展局网站上，国家资历发展局对独立评估相关信息的真实性和时效性负责。

（7）先前学习成果认证的流程

俄罗斯联邦国家资历框架提供了有效的衔接路径，可以通过普通教育、职业教育、高等教育等各类教育，将学习者不同学习背景中的学习成果相融合。俄罗斯借鉴欧洲资历框架，认证教育与培训的基础是学习成果，非正式学习和培训若符合条件则可纳入认证范围，该框架将其资历获得路径描述为“培训与大纲要求”“实践实习经验”“学历层次”[①]。

学习成果认定形式分为国家统一测试与资历独立评估两种：前者是对正式学习形式的学习成果认定，而后者针对的是非正式学习和培训成果。资历评估中心依据 2016 年 6 月由国家杜马和联邦议会共同通过的《俄罗斯联邦关于资历独立评估的联邦法律》开展资历独立评估，发布资历独立评估信息清单，如职业资历委员会清单、资历评估中心清单、查询考试平台、在线查询评估证明结果等，组织职业考试并发放资历证明，旨在进一步提高人才的职业流动性、评估职业教育与学习质量、加强职业团体在发展职业资历方面的作用。

在俄罗斯，资历的获得通常是连续的，即高级别资历的获得要以获得低级别资历为前提，如资历证明或文凭证书等。值得一提的是，在俄罗斯高等教育体系中，高等教育机构认可通过测试获颁文凭证书的非正式、非正规教育学习成果，但并不认可资历评估中心颁发的资历证明。

（8）学分与学时的计算标准

俄罗斯联邦教科部于 2002 年 11 月 28 日颁布第 14–52–988 ин/13 号函件，

① 宋田田，周微. 发展中国家国家资格框架建设进展、特点与启示 [J]. 职业技术教育，2018，39（33）：75-80.

实行以欧洲学分转换系统为基础的学分制。该文件规定学生每学年的工作量是1,800—2,000个学时，每个学分相当于30—36个学时，1学时等于45分钟。第三版《联邦国家教育标准》中公布的不同学科的教学大纲均已采用学分制明确课程工作量。

（七）新西兰学位制度和资历框架

1. 新西兰的学位制度

新西兰的学位制度有八个等级，分别为学士学位、学士荣誉学位、学士后毕业证书、学士后毕业文凭、研究生证书、研究生文凭、硕士学位和博士学位。

（1）学士学位

申请学士学位需要达到有关学位法规规定的具体要求，其中至少包含一项系统和连贯的学习课程内容，此内容必须使学生逐步达到研究生学习和学术研究的基本需要，有助于其进一步深造或进行本学术领域的深入研究。学士学位课程主要由研究人员担任讲师，强调基本原理和知识，为未来独立工作和学习打下基础。

学士学位获得者通常具有以下能力：掌握与某一专业（在攻读双学位或双专业情况下为几个专业）相关的知识、技能、观点、原理、概念、基本研究方法和解决问题技巧；掌握获取、理解及评价各类信息资源的技能；具有独立思考、批评和分析研究的能力；具有自学能力；掌握交流与合作技巧。

学士学位获得者可以申请攻读研究生文凭或硕士学位。

（2）学士荣誉学位

申请学士荣誉学位者通常是在学士学位的基础上继续深造且成绩优异者。学士荣誉学位获得者或是完成学士学位课程取得480个学分，或是在获得学士学位后另外取得了120个学分。

学士荣誉学位获得者具备以下能力：能够独立地获取知识和进行高级阶段的学习；具备独立思考能力和分析能力，以及有能力对新知识和想法进行衡量；有能力找出研究课题，有能力进行研究的计划和实施，有能力分析研究的结果，能够与该研究领域的专家交流研究的结果。

在达到一定水平之后，学士荣誉学位获得者可以申请攻读硕士学位，成绩优异者有资格申请攻读博士学位。

（3）学士后毕业证书

学士后毕业证书项目适用于继续攻读本科层次课程的学位获得者。学士后毕业证书为学生提供进一步获取新学科和专业领域的教育、专业和职业知识的衔接课程，可帮助学生拓宽或加深在本科学习中所获得的知识和技能。

学士后毕业证书获得者具有以下能力：获取和掌握知识、分析和解决问题、独立工作和学习的能力；独立思考、分析和良好的交流能力。

学士后证书可以是研究生层次学习的起点。

（4）学士后毕业文凭

学士后毕业文凭项目适用于继续攻读本科层次课程的学生，可以帮助其拓宽本科的知识和技能，或者掌握新学科领域的知识。

学士后毕业文凭获得者具有以下能力：独立学习和深入学习的能力；独立思考、分析、理解和评估新知识的能力。

学士后毕业文凭可以为研究生层次的学习提供基础。

（5）研究生证书

研究生证书是持证人在其领域取得较高职业发展水平的证明。申请者通常必须达到学士学位的学业标准，在某些情况下，还要达到学士荣誉学位的标准。通过正规教学和有指导的研究，研究生的知识与技能将得到拓展和加深。

研究生证书获得者具有以下能力：具有获取和评价知识、分析和解决问题、独立工作和学习的能力；具有独立思考、分析问题和良好的交流能力。

研究生证书为研究生层次的继续深造奠定基础。

（6）研究生文凭

研究生文凭项目的目的是在完成前一阶段学位课程的基础上，帮助学生拓展知识和提高技能。该项目为学生在某一特定知识领域提供系统和连贯性的思维方式和研究方法，包括接受相关研究方法的指导。

研究生文凭获得者具有以下能力：自学和深入学习能力；独立思考、分析、理解和评估新知识和新观点的能力；确定原创性的研究课题、计划并开展研究、分析结果和与学科专家交流成果的能力。

研究生文凭课程项目的文凭获得者，可以为本学科从事独立的学术研究打下基础。该文凭获得者可以申请攻读硕士学位或博士学位。

（7）硕士学位

依照法律，硕士学位需要在一个系统和连贯的学习科目内容中授予。教育形式一般为授课形式或研究形式，或二者相结合。

硕士学位的学习一般建立在学士学位、学士荣誉学位或者研究生文凭的基础上，也可以建立在相关专业工作经历的基础上。它们是本科阶段进阶学习，要求学生掌握学术知识和 / 或进行研究。

硕士学位课程的入学标准由课程设立者负责。硕士课程的最低入学标准是 240 个学分，学生需已获得学士学位或者与之相当的学位。低于 240 个学分的硕士课程的最低入学标准通常为学生已获得学士荣誉学位或者研究生文凭。

硕士学位的录取是基于申请人提供的文件材料的评估（包括成绩单），察看其能力资质，以决定他们是否有能力在某一领域进行研究生阶段的学习。硕士学位的申请人必须具有正式的学习、实践或者其他领域的经历，对其专业知识有更高层次的理解和掌握，并在学术研究方面显示出兴趣和热情。

学士荣誉学位的获得者或是研究生文凭获得者在申请攻读硕士学位时，可以免去部分或全部申请人已完成的相关教育背景知识的课程。

硕士学位获得者具有以下能力：在某一领域或者专业内具备高层次的知识；理解掌握复杂的理论课题；能够对发现进行批评性地评估，并结合文献展开讨论；运用证据进行研究、分析和辩论；能够独立工作，将知识运用在新的情况中；能够对问题进行认真严格的分析、判断，并解决问题；如果一个硕士学位课程包含实质性的研究内容，在计划、执行和完成原创性研究或创造性学术成果时应表现出高水平；硕士学位阶段进行的研究应该具备国际标准，并显示独立思考的能力。

硕士学位的学习过程中如果包含了实质性的研究内容，学生可以申请进入高阶段学习与创造性研究项目，并最终获得博士学位。

（8）博士学位

博士学位申请者需要经过学士学位学习、硕士学位学习，直到成为一个完全独立的学者，对本领域做出实质性和原创性的研究贡献。攻读博士学位的学生在学科领域的学者专家指导下学习，并可以获得适当的研究资源。独立专家小组按照国际标准，在申请人所做贡献的基础上，决定是否给予申请人博士学位。申请人必须具备进行大量独立研究和开展创造性活动的能力，符合教育机构的要求并提交研究报告。

博士学位课程主要是独创性研究。获得博士学位必须达到以下要求之一：一篇论文（PhD/DPhil）；视觉或表演艺术方面的创造性作品（PhD/DPhil）；一篇论文或与课程相结合的同等创造性研究结果（其他博士）；与视觉或表演艺术创造性作品相结合的一篇论文（其他博士）；出版专著（高级博士）；对社会有突出贡献（荣誉博士）。

此外，新西兰的学位可分为三种类型：学术型、专业型、专业实践型[①]。以奥塔哥理工学院为例，其专业实践博士学位项目是基于工作场所的学习，强调从实践中获得关于实践的原创性知识，并与学科知识相结合，综合形成个人、组织机构以及专业实践领域特定的新知识。全职 3 年完成。该项目并不教授任何课程，而是采用自我导向的学习方式，但始终会有教授与学习者面对面或远程工作并提供学术支持和在线资源支持。专业实践型博士要求学习者创造对实践有所贡献的新知识，需要提交研究成果，包括 5 万字的从业者研究论文。

再以新西兰怀卡托理工学院为例，其专业实践硕士项目（如健康与社会关怀）强调基于实践的学习，强调学习者在社区中与客户一起工作，参与转化式学习，提升专业实践知识和技能，获得资深从业者所需要的知识、技能、资源和实力，以有效地适应快速变化、日益复杂的环境需求，提升应对工作和职业挑战的能力。完成时间 4 年，可线上线下方式相结合。

新西兰的专业实践硕士要求申请者具有至少 2 年的从业经验，而专业实践博士则要求申请者具有 7—10 年的从业经验。新西兰的专业实践学位为在职人员专业提升与发展提供了阶梯和途径，实现了职业教育与普通高等教育的灵活衔接与无缝融合。

① 张伟远. 工作为本学习：突破终身学习立交桥瓶颈 [J]. 开放教育研究，2016，22（6）：58-64.

2. 新西兰的资历框架

（1）新西兰资历框架的发展进程

依据 1989 年颁布的教育法案，新西兰政府于 1990 年成立新西兰资历评审局（New Zealand Qualification Authority, NZQA）。该机构隶属于新西兰教育部（Ministry of Education），主要负责各行各业的资历认证，并开发国家资历框架，维护评价标准，监督、检查框架运行等。1990—1991 年，NZQA 决定建立一个单一的、统一的系统——国家资历框架（NQF），该框架于 1991 年 11 月正式推出，共 4 级。1994 年，由新西兰资历评审局、教育部、新西兰大学校长委员会（New Zealand Vice Chancellors' Committee, NZVCC）组成的三方领导机构共同商议将学位资历纳入国家资历框架。

1995 年 3 月，国家资历框架从 4 级调整为 8 级，国家证书（National Certificate）由 1 级扩展至 7 级；国家文凭（Diploma）规定为 5 至 7 级；学士学位为第 7 级；高级学位和所有研究生资历为第 8 级。2001 年，国家资历框架从 8 级扩展为 10 级，涵盖国家证书到博士学位，共 16 种资历类型[①]。国家资历框架最初只包括职业技术教育的资历，之后也包含了高等教育学位及高中的国家教育成就证书，涵盖普通教育、高等教育、职业技术教育等不同类型教育的资历[②]。

2010 年 7 月 1 日，依据新西兰教育法第 253 节相关规定，原国家资历框架被新西兰资历框架（New Zealand Qualifications Framework, NZQF）所取代。从解决“没有国家统一的资历标准”到解决“技能和教育水平在国际市场得不到有效认可”，新西兰资历框架实现了与世界发达国家资历框架接轨，与其他国家和地区成熟的学习成果认证、积累和转换框架的有效衔接。NZQF 主要包含评价标准、资历等级分类、资历等级描述、资历类型、学分值五个方面。资历认证体系中的教育组织都获得新西兰学术评估委员会的认可，包括理工学院、私立教育机构、大学、政府培训机构、毛利学院、行业培训组织以及标准制定机构等[③]。

---

① 鄢小平，卢玉敏. 新西兰资格框架（NZQF）及其启示 [J]. 现代远距离教育，开放大学建设论坛，2014（5）：22-26.

② 鞠慧敏，王文槿. 新西兰资格框架体系述评 [J]. 中国职业技术教育，2014（6）：68-72.

③ 黄林凯，钟志贤. 新西兰学习成果认证体系运行机制研究 [J]. 中国远程教育，2015（11）：57-66.

（2）新西兰资历框架的相关法规政策

为推进教育领域改革，新西兰政府于1989年颁布教育法案，于1990年成立新西兰学术评估委员会，隶属新西兰教育部，开发国家资历框架，统一官方管理，维护评价标准，监督、检查框架运行等。1990年教育法案第247条将新西兰学术评估委员会的功能定义为“建立一个一致的方法 / 途径以实现大学和职业领域的资历认证”。第253条法令明确了新西兰学术评估委员会的职责，以及建立国家资历认证框架的目标及功能。资历框架中的自我评价、外部评价与审查相关进程要求依据1989年新西兰教育法案第258和第259条制定；评价申请的递交及鉴定流程等依据1989年新西兰教育法案第253条第1（d）（e）款制定；私立教育培训机构注册管理、评价标准鉴定等规范依据1989年新西兰教育法案第252条第1款制定[①]。

（3）新西兰资历框架的管理机构设置

新西兰资历框架的官方管理机构为新西兰学术评估委员会，成立于1990年，隶属新西兰教育部，主要负责各行各业的资历认证，组织机构认证，开发、维护国家资历框架，并开发、维护、发布评价标准，监督、检查框架运行等。

在国家资历框架运行时期，新西兰学术评估委员会承担资历框架的监管职能，将资历开发与质量保障的实际执行下移到行业培训组织。在新西兰资历框架运行期间，由于大学教育已被整合到了国家资历框架体系中，新西兰学术评估委员会虽然是资历框架的最高管理机构，但其工作重点是对非大学领域资历认证的管理；而在大学教育领域，管理责任则由新西兰大学校长委员会承担（NZVCC）。

（4）新西兰资历框架的类别、等级与标准

新西兰资历框架分为10个等级，涵盖了从国家教育成就证书到博士学位共计16种学历资历，级别的划分基于课程的复杂性，1级（Certificate I）为最低，10级（Doctoral Degree）为最高。具体如下：一级证书，二级证书，三级证书，四级证书，五级文凭，六级证书，六级文凭，七级文凭 / 学士学位 / 学

① NZQA. Evaluative approach to quality assurance policy framework [EB/OL]. [2022-01-12]. http://www.nzqa.govt.nz/studying-in-new-zealand/quality-assurance-of-education-in-new-zealand.

士后证书 / 学士后文凭，八级荣誉学士学位 / 研究生证书 / 研究生文凭，九级硕士学位，十级博士学位。

新西兰资历框架从学习目标、学习成果、学分说明三个方面就每级学历资历进行总体说明。学习目标是对学习者获得相应学历资历所需知识、技能，以及知识与技能的类型、深度与广度、应用范围所做的概括性描述；学习成果是对学历资历总体目标说明的细化，包括达到某学习成果所需的知识、技能，以及知识与技能的应用；学分要求即学分值的核定，与学习量和学习实践相关，通常 1 学分等于 10 个学时的学习量。

在新西兰资历框架中，其主要要素包含评价标准、资历等级、资历等级水平描述以及学分值。其中，评价标准指学习者完成相应标准所应了解、掌握的知识、技能以及所能达到的能力。评价标准分为成就标准（achievement standards）和模块标准（unit standards）两种类型。成就标准有内部评价和外部评价两种评价方式，评价结果分为“未通过”（N, Not Achieved）、“通过”（A, Achieved）、“良好”（M, Merit）和“优秀”（E, Excellence）四个等级；而模块标准通常在学校或职场实施内部评价，结果分为“通过”（A）和“未通过”（N）两个等级。[①]

资历等级水平描述是对每一级学历资历知识（knowledge）、技能（skills）和知识技能应用情况（application）方面的具体要求，如表 3–6 所示[②]。

表 3–6　新西兰资历框架级别指标描述

序号	知识	技能	应用
1	掌握基础知识	用基本方法解决简单问题	能适应高度结构化环境，有一定的自主学习责任感，能和他人交流互动

① NZQA. Understanding NCESA [EB/OL]. [2022-01-12]. http://www.nzqa.govt.nz/brochures to complete a short survey.

② 黄林凯，钟志贤. 新西兰学习成果认证体系运行机制研究 [J]. 中国远程教育，2015（11）：57-66.

续表

序号	知识	技能	应用
2	掌握基础知识、事实性知识和（或）特定领域的操作性知识	能够使用已知方法解决熟悉问题，运用标准流程解决某一领域的工作或学习问题	有一定的自主学习责任感和绩效，能与他人合作
3	基本掌握某一领域的操作性知识和理论知识	选择和运用多种已知方法解决熟悉问题，运用一定的标准流程解决某一领域工作或学习问题	在少量监督下对自主学习和绩效承担主要责任，与他人互动中能调节自己的行为，对团队表现有所贡献
4	全面掌握某一领域内工作或学习的操作性知识和理论知识	选择和运用已知方法解决熟悉的和偶发的不熟悉的问题，选择和运用一定的标准流程和非标准流程处理相关领域的工作或学习问题	在一般指导下对学习和绩效进行自我管理，对他人的绩效承担一定的责任
5	全面掌握某一领域内工作或学习的操作性知识、技术知识和理论知识	选择和运用多种已知方法解决熟悉的问题和偶发的不熟悉的问题，选择和运用一定的标准和非标准流程处理相关领域的工作或学习问题	在特定情境下对学习和绩效完全自我管理，对他人的学习管理和绩效承担一定的责任
6	对某一领域具有较深厚的专业技术知识或理论知识	对熟悉的问题和不熟悉的问题能够分析并提出解决方法，选择和运用一定的标准与非标准流程解决相关领域的工作或学习问题	在动态环境下对学习和绩效进行全面的自我管理，在动态环境下承担领导责任
7	具有一个或多个领域深厚的专业技术知识或理论知识	对不熟悉的问题甚至复杂的问题能进行分析并提出解决办法，能选择、调整并运用一定的工作流程来解决相关领域工作或学习问题	高级通用技能和（或）特定专业情境中的高阶知识与技能
8	掌握某一学科或行业的先进技术和理论知识，包括对基础理论的批判性理解	对复杂的问题甚至是无法预知的问题能进行分析并提出解决方法，能评价并运用一定的工作流程解决该领域工作或学习问题	通过运用特定专业或学科的高级通用技能和专业知识技能，对专业或学科的完善能负起一定的责任

续表

序号	知识	技能	应用
9	掌握高度专业化知识、部分前沿知识、拥有某一领域研究或实践的批判意识	开发和运用新技能和技术解决新老问题，能引领该领域工作或实践的创新	在特定学科或专业实践领域独立运用高度专业化的知识和技能，对专业或学科能承担一定的引领责任
10	掌握某一领域研究或实践的前沿知识	对现有知识或实践能进行批判性反思，能进行知识创新	能坚持致力于学科和专业的完善发展、开拓创新

新西兰资历框架中所有的资历都有一个学分值，其与需要完成学习的总量（时间）相关，如表 3–7 所示[①]。为确定某个资历的学习时间，资历开发人员会评估一个人在通常情况下达到学习成果纲要的要求、完成学业所需要的时间。而这个时间决定了资历的学分值。一个学分相当于 10 个小时的平均预期学时。一般标准下，学生通常一年可以完成 120 个学分的学习。

表 3–7　新西兰资历框架等级及其说明

等级	学分标准	资格名称序列	说明
10	≥ 360	博士学位	10 级
9	≥ 240	硕士学位	8 级及以上且 9 级学分不低于 40
8	≥ 120	研究生文凭	7 级及以上且 8 级学分不低于 72
	≥ 60	研究生证书	8 级
	≥ 120	荣誉学士学位	8 级且研究部分学分不低于 30

① 鄢小平，卢玉敏. 新西兰资格框架（NZQF）及其启示 [J]. 现代远距离教育，开放大学建设论坛，2014（5）：22-26.

续表

等级	学分标准	资格名称序列	说明
7	≥ 120	研究生文凭	7 级及以上学分不低于 72
	≥ 60	研究生证书	7 级及以上学分不低于 40
	≥ 360	学士学位	5—7 级且 7 级学分不低于 72
	≥ 120	文凭	5 级及以上且 7 级学分不低于 72
	≥ 40	证书	7 级及以上
6	≥ 120	文凭	5 级及以上且 6 级学分不低于 72
5	≥ 120		4 级及以上且 5 级学分不低于 72
4	≥ 40	证书	4 级及以上
3	≥ 40		3 级及以上
2	≥ 40		2 级及以上
1	≥ 40		1 级及以上

（5）行业资历的等级标准和能力单元标准

新西兰资历框架涵盖了普通教育、高等教育、职业技术教育等不同类型教育的资历要求。不同等级资历有不同知识和不同技能的要求，其中知识包括基础知识、操作性知识、理论性知识和高度专业化知识；技能包括基本技能的掌握与运用、问题解决方法的选择、解决方案的生成以及对知识的批判性反思①。详尽的资历描述使不同教育、培训机构处于同一体系中，有助于建立合作关系和资源共享。

（6）内部质量保证和外部质量评审机制

新西兰资历框架的质量保障体系是以新西兰 1989 年教育法案为依据建立的，包括自我评价（内部评价）、外部评价与审查、对资历框架评价标准的鉴定、私立教育培训机构的注册管理、评价申请的递交及鉴定流程等。其中，自我评价是各高等教育机构和非大学高等教育组织的一种内部质量保障机制，要

① 黄林凯，钟志贤. 新西兰学习成果认证体系运行机制研究 [J]. 中国远程教育，2015（11）：57-66.

为质量保障的各个环节提供完备的质量保障佐证材料[①]。

外部评价和审查则是质量保障机构实施的外部质量保障机制，主要包含两大主体：新西兰资历评审局（NZQA）和新西兰大学校长委员会（NZVCC）。其中，NZQA 主要负责非大学高等教育组织的质量保障，审核批准其开发的各类学历资历。质量保障工作主要由其下属的 9 个行业关系管理团队（Sector Relationship Managers, SRM）承担，主要负责建立和维护相关领域各组织之间的联系，为质量信息的传递、响应和服务提供专业的支持，同时为资历认证服务提供信息和支持。NZQA 通过规范的流程确保登记机构能够达到教育法律和 NZQA 的标准，保证足够的人员、设施，特别是质量管理制度和相关实践方面能够符合要求。NZQA 定期发布资历评估政策，确保资历标准的一致性和可操作性，规定了资历框架评估主导方和参与方在资历评估与审查中的角色和责任。

NZVCC 则对新西兰所有高等教育机构负责，审核批准高等教育机构开发的各类资历并保证其质量。其中负责大学质量保障监督的机构是：大学学术课程委员会（Committee on University Academic Programmes, CUAP）和新西兰学术质量局（The Academic Quality Agency for New Zealand, AQA）。CUAP 由各个大学的代表组成，主要负责建立大学领域的资历条款、相关资历的常规审批以及大学的学习成果认证、积累和转换计划的监管等。CUAP 组织会议对大学资历的变动进行讨论，协调后续的评审工作。AQA 作为独立于大学的第三方机构，对大学教育质量进行监督，该组织的监管委员会由大学职员、学生、行业及质量认证的专业人员组成，每 5 年进行一次独立的质量评估[②]。

（7）成效为本的学习成果认证标准

学习成果是整个资历框架的基本要素。学历框架中的所有资历都有详细、准确的学习成果说明，使国内、国际的资历转换成为可能，为学习者提供了更多的教育路径，使资历的质量评估有据可依。

① 鄢小平，卢玉梅. 新西兰资格框架（NZQF）及其启示 [J]. 现代远距离教育，开放大学建设论坛，2014（5）：22-26.

② The New Zealand qualifications framework [EB/OL]. (2013-04-23) [2022-03-15]. Http://www.nzqa.govt.nz/assets/Studying-in-NZ/New-Zealand-Qualification-Framework/requirements-nzqf.pdf.

（8）先前学习成果认证的流程

新西兰教育体系采取了先前学习认可机制和学分转换机制，认可学习者以前的学习经验和学习成果。先前学习认可指对个人在正规或非正规的教育与培训、工作经历和生活经验中所获得的知识与技能予以认定的机制。学分转换通过对学习者参与的各种形式的技术与继续教育的单元或模块、高中毕业证书、大学或其他培训的成绩予以认定，并折算为学分，避免重复学习。

先前学习认可的关键是评定学习者已掌握的知识和技能，通常方法为学习者提供先前学习的依据或完成相关评估任务来证明自己已掌握的知识和技能，此类证据通常是重要的事件或活动，在这些事件或活动中学习者有机会展示自身的能力。但在实施中，在学分转换和对先前学习的认可机制方面，NZQF 只提出了一些指导原则和总体策略，缺少学分转换和先前学习认可的可操作性的要求和具体策略，致使其实施过程不够规范和标准[①]。

（9）学分积累与转换的标准与规则

在新西兰，学分转换对学习者所参与的技术培训、继续教育的单元或模块、高中毕业证书、在大学或其他培训机构所获得的学习量予以认定，并折算成学分，目的在于避免学习者在获取资历过程中重复学习类似或相同的课程。新西兰法规《审批和认证规则 2013》中第四部分规定了各级各类教育培训机构开发认证规则的程序，要求各机构在先前学习成果认证、积累和转化方面，必须制定严格、明确、适当的规则，学分认证和转换政策的实施须满足以下基本条件：各种资历、课程和项目的设计应有助于改进和提升学分认证和转换的质量，学分认证和转换应建立在有助于拓展学习者未来学习路径的基础上，应能适用于跨文化背景和国与国之间学分的互认和转换。而新西兰学分认证与转换的具体原则为以下四项：无论学习者的学习过程完整与否，学分授予须基于授予机构拥有的关于学习者学习考核或考试结果的正式记录；所授学分的数量应与学习者的能力层次一致；学分转换应考虑到不同资历体系或资历类型的特质；为确保学习者充分了解学分转换事宜，学分授予机构、评估认证机构应设立相应的信息公开平台，让学习者可以较为便捷地获取相关信息[②]。

① 鞠慧敏，王文槿. 新西兰资格框架体系述评 [J]. 中国职业技术教育，2014（6）：68-72.

② 孙来勤. 新西兰学分认证与转换政策研究及启示 [J]. 世界教育信息，2016，29（19）：45-50.

（八）南非学位制度和资历框架

1. 南非学位制度

南非的正规学校教育基本分为三段：普通教育与培训阶段，继续教育与培训阶段，中学后教育阶段。各个阶段的教育与统一的国家资历框架相关联，不同阶段的学习对应不同类别的国家资历，颁发不同类型的证书、文凭[①]。

南非政府把发展高等教育作为国家战略发展的重要举措。2009 年，南非政府把教育部分成高等教育与培训部和基础教育部两个部门。高等教育与培训部不仅负责对全国的高等教育与培训实施监督与评估，同时也负责职业技术教育和成人就业教育。

南非学位制度受英国的影响较大，学位制度共分为四个等级：学士学位、荣誉学士学位、硕士学位和博士学位。对于不同专业而言，学士学位的学制从 3 年到 6 年不等，一般专业需要 3 年，特殊职业的学位需要 4 年；综合专业的学士学位，例如医学和建筑学，需要时间更长（见表 3–8）。

表 3–8　南非主要学科学士学位学制

学科	时间
人文学科，商业，自然科学	3 年
农业，法律，工程，药剂学，教育	4 年
兽医学，建筑	5 年
牙科	5 年半
医学，神学	6 年

取得学士学位以后，学生再学习一年可以取得荣誉学士学位，荣誉学士学位定向于某一学科；取得荣誉学士学位后继续做一到两年的研究可获得硕士学位；取得硕士学位后方可攻读博士，要获得博士学位至少要参加 2 年的课程学习，并且完成学位论文[②]。

① 顾建新，牛长松，王琳璞. 南非高等教育研究 [M]. 北京：中国社会科学出版社，2010：11.

② 刘亮亮，李雨锦. 南非高等教育的发展近况研究 [J]. 世界教育信息，2010（3）：57-59.

2. 南非的资历框架

（1）南非资历框架的发展进程

南非国家资历框架（NQF）是南非认可并保障国家教育和培训资质质量的主要工具。该资历框架起源于 20 世纪 70 年代初期的工人运动。南非政府于 1994 年发布了三份文件——《ANC 教育和培训政策框架》《关于国家培训战略倡议的讨论》《CEPD 教育和培训实施计划》；1994 年颁布的《重建和发展法》以及 1995 年颁布的《教育与培训白皮书》都强调了制定和实施国家资历框架的重要性；1995 年《南非资质法》颁布，南非据此成立了专门的资质署（SAQA），负责开发国家资历框架；2008 年颁布的《国家资历框架法》替代了《南非资质法》。由于各行业在教育和培训中需求不同，为了加强国家资历框架结构下机构之间的关系，南非政府重新审查了国家资历框架，并进行了进一步更改，其中最重要的变化是建立了三个子框架[①]。

（2）资历框架的相关法规政策

国家资历框架需要多个政府部门、教育培训机构、行业等其他社会团体共同参与，并需要通过立法保障得以有效实施。南非在实施国家资历框架的过程中颁布了如下政策法令。

1994 年南非政府颁布了《重建和发展法》，提出将学术教育和职业教育分流，强调了教育和培训的重要性。1995 年颁布了《教育与培训白皮书》，制定了统一的人力资源开发政策，提出教育与培训综合战略，注重劳动力市场对特定技能的需求等。这两部法令都强调了制定和实施国家资历框架的重要性，把建立国家资历框架作为实现终身学习的策略。

1995 年 10 月《南非资质法》颁布，南非据此成立了专门的资质署，负责开发国家资历框架。该法明确了南非建立国家资历框架的总体目标和基本原则，为南非国家资历框架的正式发布奠定了基础。

2008 年南非颁布了《国家资历框架法》，自 2009 年 6 月生效，代替了 1995 年的《南非资质法》。新法旨在加强南非的资历框架，并试图确保教育和培训系统的各个部分更有效地结合在一起。此外，该法力求简化国家资历框架

① SAQA. NQF history and objectives [EB/OL]. [2022-01-12]. https://www.saqa.org.za/nqf-history-andobjectives-full.

的实施，使其对国家的需求更加敏感。该法还保留了南非国家资历框架的最初目标，但是为了提高效率与效力，更改了资历框架的组织结构。

（3）资历框架的管理机构设置

《国家资历框架法》授权资质署监督管理南非国家资历框架，并创建了三个质量委员会，分别为普通和继续教育与培训质量保证委员会（Umalusi），高等教育委员会（CHE），以及行业和职业质量委员会（QCTO）。每个质量委员会分别负责国家资历框架下的一个子框架。这三个质量委员会和资质署向高等教育和培训部报告，而 Umalusi 有时也向基础教育部报告相关内容。

（4）资历框架的类别、等级与标准

南非国家资历框架共分 10 级，包含三个子框架，分别是普通和继续教育与培训资历框架（General and Further Education and Training Qualification Sub-Framework, GFETQSF）、高等教育资历框架（Higher Education Qualifications Sub-Framework, HEQSF）和职业教育资历框架（Occupational Qualifications Sub-Framework, OQSF）。以高等教育资历框架的资历级别为例，该资历级别包括第 5 级到第 10 级：5 级到 7 级是本科生层次，8 级至 10 级是研究生层次。目前实施的高等教育分框架将“资历”分成三类：毕业证书（最低 120 个学分）、毕业文凭（最低 120 个学分）和学位（最低 360 个学分）。学习 3 年、360 个学分可获 6 级学位或者学习 4 年、480 个学分可获 7 级的 4 年制的专业学位。高等教育资历框架还明确规定“资历”必须包括如下几个要素：资历名称、资历类型、资历等级、每个等级的学分、入学要求、可能升入的资历等级。上述要素的要求是法定的最低要求，颁证机构只可提高不能降低。①

每个 NQF 级别都有一个级别描述，对资历进行基础说明，描述每个级别学习成就的一般性质及其复杂性。因此，级别描述是广泛的定性陈述，可以根据这些陈述来开发、比较和定位更具体的学习成果。在同一 NQF 级别上有两个或多个资历仅表明该资历在学习成绩的总体水平上具有大致可比性，但并不表示它们具有相同的目的、内容或结果，也不一定表明资历等同②。

① 王立科．南非基于国家资格框架的学分转换与积累制度建设及启示 [J]. 现代远距离教育，2013（4）：42-47.

② Department of Higher Education and Training. The higher education qualifications framework, higher education act [EB/OL]. [2022-01-12]. https://www.dhet.gov.za/SiteAssets/Higher%20Education%20Qualifications%20Framework/Higher_Education_Qualifications_Framework_Oct2007.pdf.

GFETQSF 主要面向两大学习群体：一是儿童和不满 16 岁的青少年群体，二是 16—19 岁的青年和成人群体。由学校为第一个群体提供基础教育，由公立或私立的学习中心、继续教育和培训学院为第二个群体提供读写教育、基础课程以及职业教育和培训。①

OQSF 只说明了一种资历名称，即职业证书，对应国家资历框架中的 1 级到 8 级。根据不同层次所需的技能及责任，职业组织框架列出了指定的职称。该框架也包含了职业组织框架中特定职业的职称。

HEQSF 于 2007 年 10 月颁布，于 2009 年 1 月正式实施，适用于南非所有公立和私立高等教育机构。

（5）行业资历的等级标准和能力单元开发情况

南非政府根据 1998 年的技术发展法案设立了行业教育培训局（Sector Education and Training Authority, SETA）。SETA 由各个行业的分局构成，负责开发并维护各行业的稀缺和关键技能的最终清单，并发布有关技能状况的年度报告；制定和交流法规以进行技能规划；维护和更新准确且易于访问的职业组织框架列表等。例如，植物种植专业由农业行业教育培训局负责质量监管，相关网站列出了该专业所需的核心技能、课程、学分等相关信息。该专业需要掌握几大类核心技能有基本能力、农业综合运营、农业实践、植物种植和动物养殖。每大类核心技能下又列出了详细的技能要求。例如，基本技能包含在农业环境中运用各种沟通技巧；在农业环境中应用数学计算；通过采用规定的农业数据收集方法，安全、准确地收集常规农业数据；掌握到可持续农业实践的基本概念，并能够承担可持续农业实践的基本任务等。②

（6）内部质量保证和外部质量评审机制

质量保证是国家资历框架的关键部分，只有建立和采用良好的质量保证机制，才能确保各级各类资历在不同的教育与培训机构中得到认可和互认。在南非的资历框架中，质量保证主要由两类机构负责：南非资质署和三个子框架

① 张伟远，傅璇卿. 建立教育公平的终身学习体系：南非的经验和教训 [J]. 中国远程教育，2014（2）：16-23，95.

② Agricultural Research Council. NQF plant production [EB/OL]. [2022-01-12]. http://www.arc.agric.za/Pages/Training/NQF-Plant-Production.aspx.

各自的质量保证委员会[①]。

1995—2008 年，南非资质署负责资历框架在实施过程中的质量监督和保障。2008 年，南非出台的《国家资历框架法》对南非资质署的职能进行了修改，做出了新的定义：完善国家资历框架的建设，监管国家资历框架的实施，维持国家资历框架的级别描述指标，促进和协调南非资质署与各个质量保证委员会之间的合作，避免各委员会之间职能的重复[②]。后来成立的 Umalusi、CHE 和 QCTO 三个质量保证委员会的共同职能是：负责各级各类资历的发展和标准制定，设立和实施相应的质量保证机制，将制定的所有资历上报给南非资质署进行注册。其中，CHE 通过下属的高等教育质量委员会（Higher Education Quality Committee, HEQC），制定和管理各类高等教育的资历，包括认证公立和私立高等教育机构的课程、审核各个高等教育机构的质量保证机制、对各类已运行的资历课程进行重复认证[③]。

（7）先前学习成果认证的流程

先前学习认定是南非国家资历框架的重要组成部分，在提高学习者入学机会、促进教育公平方面起着重要作用。先前学习认定是指在正规学习途径之外的不同年龄阶段的学习者通过其他途径获取的各种形式的学习成果得到认可之后，直接衔接到新的目标资历证书之中，认定内容包括学习者的工作经历、社会和社区活动参与等非正规学习和非正式学习成果。为了加强对先前学习成果的认可，南非政府于 2012 年 1 月设立了部长级过往资历认可工作组，负责规划和实施所有中学后教育及培训体系中过往资历认可的策略[④]。

认可先前学习成果的主要目的有三个。第一，入学。当学习者想进入上一级资历的学习，如进入大学攻读学士学位或硕士学位时，而没有完全到达

① 张伟远，傅璇卿. 建立教育公平的终身学习体系：南非的经验和教训 [J]. 中国远程教育，2014（2）：16-23，95.

② SAQA. NQF history and objectives [EB/OL]. [2022-01-12]. https://www.saqa.org.za/nqf-history-andobjectives-full.

③ South African Qualifications Authority. Policy and criteria for recognition of prior learning [EB/OL]. [2022-01-12]. http://www.info.gov.za/ view/DownloadFileAction?id=175610.

④ SAQA. Recognition of prior learning in South Africa: taking RPL to scale, 2012 [EB/OL]. http://www.saqa.org.za/docs/pubs/bulletins/ bullvol12_3.pdf.

入学标准，这时就需要先前成绩的学习成果认可。第二，获得学分。例如，工人（包括失业的工人）在工作时或者通过自学获得了某个领域的技能，但是因没有正式的证书，导致职业发展道路上可能面临诸多障碍。在这种情况下，他们可以通过先前学习认可机制或者参加考试并通过后，获得证书或学分。第三，提升。对于那些现在已经从事某些工作，担任与自己资历相应的职位的人，但随着国家或国际标准的提高，他们所具备的资历可能无法满足新的要求，为了继续从事原来的职位，他们可以通过先前学习认可程序获得新的资质证书。

南非资质署 2012 年发布的《先前学习认可的政策与标准》指出，政策适用的范围是：三个质量委员会、经过认证的教育与培训机构、工作和其他评价场所、认可的专业机构和从事先前学习认可的从业人员；所有在《国家资历框架》中或在南非境内颁布的资历、资历单元（部分资历）以及执业资历。认可原则是：重点认可学习成果而非学习的机构、组织和地点；依据通过阅历获取的知识和技能而非阅历本身授予学分；通过知识、技能和能力的内在发展的评价或其他方法确定学习成果；先前学习认证的核心要素包括对申请人的指导和支持，学习成果证明材料的准备，教学、辅导、评价综合认定方式的运用；先前学习成果认可制度是一个发展的过程。①

（8）成效为本的学习成果认证标准

在南非国家资历框架中，教育摒弃了传统的以教师为中心、以教学内容传递为本的教学模式，采用国际上通用的成效为本的教育理念。在南非的各级各类教育中，始终贯穿成效为本的教育理念，从课程大纲的撰写、课程的开发设计与传递，以及考核与评估，教育和培训机构都基于学习成效目标实施。②

为了明确资历框架中每一级别应达到的学习成效目标，南非资质署制定了统一的资历级别通用指标，用于评价学习者是否已达到相应资历的要求。资

① 王立科. 南非基于国家资格框架的学分转换与积累制度建设及启示 [J]. 现代远距离教育，2013（4）：42-47.

② 张伟远，傅璇卿. 建立教育公平的终身学习体系：南非的经验和教训 [J]. 中国远程教育，2014（2）：16-23，95.

历级别通用指标涵盖基础能力、实践能力和学习自主性三个维度，具体包括以下十项指标：知识范围，知识素养，方法和过程，解决问题的能力，道德准则和专业实践，收集、处理和管理信息的能力，提供和传递信息的能力，管理学习的能力，以及问责性[①]。

为保证资历框架中每一资历级别的学习成效目标获得社会认同，南非资质署还制定了七个关键学习成效指标，这些指标是对学习者个人素质发展的整体要求，旨在促进个人终身学习能力的培养。这七个关键学习成效指标是：能够使用批判性思维和创造性思维发现问题和解决问题；能够作为机构、团队、社区或者小组的一员，与其他人有效地协同工作；能够负责任、有效地管理个人的学习行为；能够收集、分析、组织，以及评价信息；能够在口头表达和书面陈述中，通过信息可视化的方法，以直观方式传达抽象的信息，并采用数学能力与语言技巧进行有效的交流和沟通；能够有效地、批判性地运用科学和技术，在此过程中显示出个人对环境和对他人健康的责任心；能够认识到解决问题的情境并不是单一的，从而理解世界万物都是相互关联的。[②]

（9）学分积累与转换的标准与规则

学分积累与转换制度与国家资历框架密不可分。南非实行的是基于国家资历框架并通过南非资质署发布相关条例、规定、指南等规范性文件实现学分的积累与转换制度。

南非国家资历框架运用“概念学时”界定学分，即 1 个学分等于 10 个“概念学时”。“概念学时”是指学习者达到获取学习成果要求所使用的平均时间，包括接触时间、工作场所结构性学习所用的时间、个人学习时间和评价。基于国家资历框架的学分积累是指学习者在特定的学习机构修完某一专业所要求的学分获得相应资历或部分资历的过程，学分积累的过程往往发生在同一个机构。南非基于国家资历框架的学分转换是指学习者为获取某一层级的资历或部分资历将同一层级或高一级学习成果学分进

① 张春妹 . 南非国家资格框架的内容与实践 [J]. 世界教育信息，2019，32（16）：40-46.

② 张伟远，傅璇卿. 建立教育公平的终身学习体系：南非的经验和教训 [J]. 中国远程教育，2014（2）：16-23，95.

行横向或纵向重新排列组合的过程，学分转换通常发生在不同专业和资历之间。①

（九）澳大利亚学位制度和资历框架

1. 澳大利亚学位制度

澳大利亚教育体系中，学位制度分为三个层次。第一个层次：准学位②、学士学位、荣誉学士学位；第二个层次：硕士学位；第三个层次：博士学位③。

准学位授予高等职业教育的毕业生，他们可以进入大学继续学习一些课程后获得学士学位。澳大利亚本科阶段的教育为三年制，三年本科毕业后可以获得学士学位。本科毕业后，具有科学研究潜质和能力的学生如果愿意从事研究工作，可以跟随导师进行一年的研究学习，完成一篇学术论文，即可获得荣誉学士学位。获得荣誉学士学位的学生可以直接攻读研究型硕士学位或者博士学位。荣誉学士学位多采用邀请制，一般只对本校毕业生开放（本校优秀毕业生，外加一年高强度的研究训练），也有一些高校针对工程学、法学等专业性强的学科直接采用四年学制，将荣誉学士课程融入本科培养方案，在学生毕业时根据其四年各科目的成绩综合判断是否可以授予荣誉学士学位并确定相应的荣誉等级④。

澳大利亚教育与培训部（The Department of Education and Training）官网公布的信息显示，目前，澳大利亚硕士层次的研究生学位可分为五种类型：课程型硕士（Master by Coursework）、研究型硕士（Master by Research）、延伸型硕士（Master by Extended）、荣誉硕士（Master with Honors）和哲学硕士（MPhil）⑤。

澳大利亚的课程型硕士学位主要通过课程学习、完成学科作业和考试获

① 王立科. 南非基于国家资格框架的学分转换与积累制度建设及启示 [J]. 现代远距离教育，2013（4）：42-47.

② 在《中华人民共和国政府与澳大利亚政府关于相互承认高等教育学历和学位的协议》中提及的 Associate Degree 统一表述为准学位。

③ 宋伟. 澳大利亚的学位制度、研究生教育及其启示 [J]. 学位与研究生教育，2012（2）：73-77.

④ 罗磊，李祐国，陈娟，祝恩，张春元. 澳大利亚本科荣誉学位制度与国内优等生制度比较研究 [J]. 计算机教育，2019（8）：9-13

⑤ 肖聪. 澳大利亚专业学位设置与调整程序研究 [J]. 高教探索，2018（3）：55-62.

得，而无需完成学位论文，学制为1—2年全日制学习。研究型硕士学位以研究某专项课题为主，没有任何课程学习，学生通过完成学位论文并通过专家评审获取学位，学制为1—2年。延伸型硕士是2013年澳大利亚教育部新设立的硕士学位类型，旨在帮助学生继续攻读专业型博士学位或获得相应的实践性知识①。需要注意的是，澳大利亚研究生阶段还有研究生证书（graduate certificate）和研究生文凭（graduate diploma）两个学习资历，这两类都没有硕士学位。研究生证书一般学习6个月就可以获得，获得者可减免相应学分入读研究生文凭或硕士学位课程。攻读研究生证书的国际生以一般学校的本科毕业生和一些具有相应外语成绩的大专生为主，通过这一渠道，他们可以获得接受澳大利亚研究生层级教育的机会。研究生文凭的课程设置通常为1年，个别学校的部分专业为6个月。完成课程后学生可获得研究生文凭，在此基础上加读一定学分即可获得硕士学位②。

澳大利亚博士研究生层次的学位包括哲学博士（PhD）与专业博士（Professional Doctorates）两种类型。专业博士又分为两类：一是或多或少与文理科相关的新兴学科领域，如工程、企业管理等；二是传统专业，如医学、神学、法学以及从中分化出的专业③。澳大利亚博士毕业前没有答辩环节，但是毕业论文需要专家评审。专家评审遵循同行评审原则，每篇论文要聘请2—3位校外专家评审。评审专家的意见对于学生能否获取学位具有决定性的作用。在澳大利亚，博士学位论文的形式有多种，其中常见的两种形式是传统毕业论文和学生发表的多篇期刊论文组合的毕业论文。澳大利亚的专业博士学位自1984年卧龙贡大学设置创造艺术博士以来，经过近四十年的发展，逐渐形成了今天注重职业性和研究性结合的专业博士学位制度，并在培养过程中整合各类资源优势，实现大学、专业界和工作场所的结合④。

---

① Australian Qualifications Framework Council. Amended AQF qualification type: masters degree [EB/OL]. [2016-05-06]. http://www.aqf.edu.au/wp-content/uploads/2013/05/AQF-Addendum-2014.pdf.

② 宋伟. 澳大利亚的学位制度、研究生教育及其启示 [J]. 学位与研究生教育，2012（2）：73-77.

③ 肖聪. 澳大利亚专业学位设置与调整程序研究 [J]. 高教探索，2018（3）：55-62.

④ 邓光平. 澳大利亚专业博士生培养模式的演变及启示 [J]. 中国高教研究，2010（9）：40-42

2. 澳大利亚的资历框架

（1）澳大利亚资历框架的发展进程

澳大利亚资历框架（Australian Qualifications Framework, AQF）是澳大利亚国家法定的学历与学位体系，其主要职能是为澳大利亚职业教育与培训领域和高等教育领域提供统一的学历晋级标准，确保整个高等教育系统的衔接性和完整性。为促进对各种类型的工作和学习的认可，澳大利亚资历框架建立了统一明确的资历水平层级，确保了澳大利亚的资历得到国际认可，在不同国家间的比较和认可更加简单，有利于人才在境内和全球的流动①。澳大利亚是世界上最早建立和实施国家资历框架的国家之一。自 1995 年至今，澳大利亚对国家资历框架先后进行了 7 次修订，颁布了 6 个版本，逐步形成了功能完整、管理运行有序的国家资历框架体系。

澳大利亚资历框架的演变经历了探索期、调整过渡期、完善发展期三个阶段。1995 年 1 月，澳大利亚政府颁布了第 1 版国家资历框架，以推进中等教育、职业教育与培训以及高等教育之间相互衔接。该资历框架由 12 种资历类型、10 个等级水平构成，包括职业教育与普通教育两个类型、中等教育与高等教育两个层次。高中教育设立的两级证书对应职业教育与培训中的一二级证书，职业教育与培训共设 6 级资历证书：一级到四级证书、文凭以及高级文凭；高等教育也设置 6 级资历证书，等级水平从五级到十级，包括文凭、副学士学位到学士学位、研究生证书、研究生文凭、硕士学位以及博士学位。职业教育与培训中的文凭与高级文凭和高等教育中的文凭、副学士学位、学士学位实现等值贯通。第 1 版国家资历框架进行了 5 年的推广，重点围绕概述、知识、技能、知识与技能应用四个方面对每一等级的标准进行规范描述。1998 年、2002 年分别形成第 2 版和第 3 版的国家资历框架。1998 年与 2002 年的资历框架也都涵盖了 12 种资历类型，2002 年的第 3 版在 1998 年第 2 版的基础上对学士、硕士以及博士学位指南以及资历的特征与通路描述进行了修改，用新的国家政策指导指南取代了原来各类教育之间

① Australian Qualifications Framework. The AQF second edition January 2013 [EB/OL]. (2013-01-13) [2022-03-15]. https://www.aqf.edu.au/download/405/aqf-second-edition/3/aqf-second-edition/pdf.

的衔接方式，并且提出引入职业教育领域的质量培训框架[①][②]，实现了职业教育与培训领域从中等教育向高等教育的延伸，并且明确了职业教育与培训与普通教育同等的价值与地位。

在调整过渡阶段，澳大利亚国家资历框架对学历资历类型进行了调整，对运行机制进行了优化。2005 年，澳大利亚政府对第 3 版国家资历框架进行了两个方面的修订。第一，通过增减和调整资历类型实现职业教育层次高移。2005 年修订版的国家资历框架增加了 2 个资历证书类型，构建了涵盖 14 种资历证书类型、10 个层次等级的新框架。职业教育与培训由 6 级资历证书调整为 8 级资历证书，促进了职业教育研究生证书和职业教育研究生文凭与高等教育研究生证书及高等教育研究生文凭等值，满足了职业教育领域的人才发展与提升需求，适应了社会对劳动者技能提升的要求。第二，通过制定全国性准则和指南优化运行机制。修订版制定了跨部门（包括学校）联系的全国性指南，提出对先前学习认可的全国性准则和操作指南，探索部门之间条块分割局面的解决方案。2007 年，澳大利亚政府颁布第 4 版国家资历框架，尝试将职业教育与培训、普通教育和高等教育局部框架整合成单一性的整体框架[③]。2011 年，澳大利亚政府颁布第 5 版国家资历框架，设立了资历证书联系路径并制定了证书的发放、注册、类型增删等政策制度。

在完善发展阶段，澳大利亚国家资历框架致力于实现一体化与国际化。第一，管理机构改革。2008 年成立了资历框架委员会，协调资历框架的建设并制定了一系列政策文件，推动国家资历框架的改革与完善。第二，内部要素与结构调整。首先，根据利益相关者的意见修改国家资历框架的具体内涵[④]。其次，根据当时的需求调整了资历框架的目标，调整后的目标主要有三

① 林晓雯，刘志文. 澳大利亚国家资格框架的演变历程、管理模式及运行机制 [J]. 职业技术教育，2019，40（25）：74-79.

② AQF implementation handbook 2002 [EB/OL]. [2019-03-01]. https://www.aqf.edu.au/publication/aqf-implementation-handbook-third-edition-2002.

③ 林晓雯，刘志文. 澳大利亚国家资格框架的演变历程、管理模式及运行机制 [J]. 职业技术教育，2019，40（25）：74-79.

④ WHEELAHAN L. From old to new: the Australian qualifications framework [J]. Journal of Education and Work, 2011, 24(3-4): 323-342.

个：衔接国家资历证书与国际资历证书，强调以往学习成果的认可，明确颁布证书以及开发和审定证书的权利和义务。最后，规范标准并制定灵活的调整机制，从知识、技能、知识与技能应用三个方面，明晰每个水平等级的参考标准，通过描述与规范提供每一个层次结构的复杂性程度为学习者提供参考，增加了各类教育贯通的可能性。2013 年，最新版的国家资历框架形成了由澳大利亚国家及地方教育、培训和就业部门共同负责，涵盖普通教育、职业教育与培训以及高等教育的 10 个等级、15 种资历类型，学习者灵活贯通的现代资历框架①。

（2）资历框架的相关法规政策

从 2009 年起，澳大利亚国家资历框架委员会提出了大量有关加强国家资历框架建设的提案，如《澳大利亚资历颁发政策和协议》《关于制定澳大利亚国家资历框架加强版的建议》《加强澳大利亚国家资历框架建设：澳大利亚资历结构》。

最新版的国家资历框架体现了以下几项政策:《国家资历框架发行政策》（AQF Qualifications Issuance Policy），是澳大利亚国家资历框架完整性的保障，可以有效避免欺诈性行为，保证学习者获得的资历证书符合认证文件，也对学习者的权利进行了规定与说明;《国家资历框架资历通路政策》（AQF Qualifications Pathways Policy），为学习者提供清晰透明、系统化、灵活化的认证途径，使学习者可以在同一级别的 AQF 资历水平中流动，为学习者入学认证以及学分积累与转换提供便利，消除障碍;《国家资历框架注册政策》（AQF Qualifications Register Policy），帮助公众识别以及核实澳大利亚国家学历资历框架，是保护 AQF 质量的手段;《国家资历框架增删政策》（AQF Qualifications Type Addition and Removal Policy），规定了资历框架添加和删除资历类型的条件，以适应不断变化的教育培训要求②。

（3）资历框架的管理机构设置

1995 年建立的澳大利亚资历框架咨询委员会（AQF Advisory Board,

① 林晓雯，刘志文. 澳大利亚国家资格框架的演变历程、管理模式及运行机制 [J]. 职业技术教育，2019，40（25）：74-79.

② AQF. The AQF second edition January 2013 [EB/OL]. [2021-03-01]. https://www.aqf.edu.au/framework/australian-qualifications-framework.

AQFAB)，成员来自不同部门，主要负责框架的运行与调整[①]。从2008年起，澳大利亚政府成立国家资历框架委员会（AQF Council, AQFC），成员包含专业人员、政府人员、企业以及工会人员等，对国家资历框架进行管理和实施。委员会成员构成的领域广泛性为政策建设、标准制定以及机制构建等提供了科学保障。

（4）资历框架的类别、等级与标准

澳大利亚资历框架规定，澳大利亚全国的学历和学位原则上分属中学教育、职业教育与培训和高等教育三个部分，这三个部分之间有交叉。

澳大利亚资历框架将学习成果分类统一成三个维度：知识，技能，知识与技能的应用。第一，知识。知识可由深度、广度、类型和复杂度来描述。知识深度可以描述成一般的或者专业的，广度可以从单一学科到多学科领域来描述，知识类型可以从具体到抽象描述，复杂度涉及知识的类型、深度、广度和综合程度。第二，技能。技能指资历证书的获得者所能做到的，由技能类型和复杂度来描述。技能类型有认知技能、技术技能、沟通技能、人际交往技能和信息交流技术技能等。认知技能涉及逻辑性、批判性和创造性思维。技术技能涉及方法、材料、工具和设备的使用和熟练度。沟通技能包括书面和口头的表达技能。第三，知识与技能的应用。指资历证书获得者所能应用知识和技能的情境。应用能力由自主性、义务和责任心来表述。情境则用可预测、不可预测、已知、未知描述。学习成果分类为资历证书类型的确定提供了组织架构，为水平等级的评定提供了参考标准，能促进不同资历证书之间的转换和联系[②]。

澳大利亚资历框架分为10个等级，通过等级属性和水平标准进行描述和规范（见表3-9)。等级属性是指此等级的学生将拥有何种知识和能力，水平标准则是根据上述的知识、技能以及知识与技能的应用这三个维度来描述每个水平学习的特征和情境。为了使每个资历等级与类型更具操作性，澳大利亚资历框架在资历认定过程中引进“概念学习期限”，即一个学习者平均用多长时间达到某一资历的要求，并对每一种资历证书所需要的学习量以及学分进行限定。

① AQF. Implementation handbook 2002 [EB/OL]. [2019-03-01]. https://www.aqf.edu.au/publication/aqf-implementation-handbook-third-edition-2002.

② 吴雪萍，马博. 澳大利亚资格框架改革探究 [J]. 比较教育研究，2011，33（8）：15-19.

表 3–9　澳大利亚资历框架级别[①]

资历等级	资历类型
1	一级证书 Certificate I
2	二级证书 Certificate II
3	三级证书 Certificate III
4	四级证书 Certificate IV
5	文凭 Diploma
6	高级文凭 Advanced Diploma
6	准学位 Associate Degree
7	学士学位 Bachelor Degree
8	荣誉学士学位 Bachelor Degree (Honours)
8	研究生证书 Graduate Certificate
8	研究生文凭 Graduate Diploma
9	硕士学位 Masters Degree (Coursework)
9	硕士学位 Masters Degree (Research)
9	硕士学位 Masters Degree (Extended)
10	博士学位 Doctoral Degree

（5）行业资历的等级标准和能力单元标准

澳大利亚通过制定国家培训质量框架（Australian Quality Training Framework, AQTF），为全国确立了统一的国家质量标准体系。拥有了“国家标准”后，各州和地方政府就有了职业教育机构注册、审计和课程开发的统一认证依据。各行各业代表均可获邀全程参与职业教育与培训质量的管理、监督与评估。

澳大利亚资历框架在执行和实施过程中，以行业需求为导向、不同层次的证书内容与不同层次的职业岗位相对应为准则，参与决策和管理的主体主要

① AQF. The AQF second edition January 2013 [EB/OL]. [2021-03-01]. https://www.aqf.edu.au/framework/australian-qualifications-framework.

有澳大利亚国家培训局、州和地方政府的行业咨询委员会、学校管理委员会等①。澳大利亚资历框架中最具特色的行业培训包（Training Package）是以行业组织为主导，根据统一的国家认可标准制定的，每个行业的技能与知识能够贴合劳动力市场的需求，考虑劳动者职业能力的综合性和可迁移性，从标准到课程各方面实现产教融合。

（6）内部质量保证和外部质量评审机制

内部质量保障包括以下两项：澳大利亚政府颁布的学历资历框架和国家资历框架委员会。

外部质量保障方面，2001 年，澳大利亚联邦政府建立了具有中央集权性质的机构来协调国家质量保障机制，即澳大利亚大学质量保障署（Australian University Quality Agency, AUQA）。该机构是一个独立于政府、高校的非营利性的大学质量保障机构，负责大学和其他高等教育机构的公共质量保障，并帮助提高这些院校的学术质量。2011 年，澳大利亚高等教育质量与标准署（Tertiary Education Quality and Standards Agency, TEQSA）根据 TEQSA 法案正式成立，根据高等教育标准框架标准，行使全澳大利亚高等教育监管职责，并被赋予一定的行政处罚权，有权注销不合格的高等教育机构，成为具有多种认证功能的国家级监管和质量保障机构，对高等教育机构进行资历注册、评估、专业及课程认证等。它取代了州和地区政府的认证以及澳大利亚大学质量保障署，统一行使高等教育质量保障职能②。

（7）成效为本的学习成果认证标准

澳大利亚整个标准以及资历规范都是为满足工业社会发展技术变革的需求，与工作任务以及工作情境紧密联系，遵循能力本位原则。澳大利亚资历框架将国家培训署提出的“就业能力框架”中的 7 种关键能力发展为 8 种就业能力，并提出学习、阅读、书写、口头交流与计算的“核心技能框架”③。资历框架将这些能力贯穿在不同学历资历中，并依据不同资历等级与类型进行具体化

① 刘剑青，孙静怡. 澳大利亚资历框架制度发展的经验与启示 [J]. 南通大学学报（社会科学版），2015，31（2）：104-108.

② TEQSA. Quality assurance of cross-border higher education: Australia country report [R]. Australian Government-Tertiary Education Quality and Standards Agency, 2014: 2, 4, 11, 18.

③ 刘剑青，孙静怡. 澳大利亚资历框架制度发展的经验与启示 [J]. 南通大学学报（社会科学版），2015，31（2）：104-108.

和专业化。例如，AQF 提供涵盖 1—6 级的专业证书体系：较低级别（1—4 级）证书的培训目标是在本专业领域中具有较强的动手操作能力；而高等级（5—6 级）证书的培训目标是在具有动手操作能力的基础上，还具有一定的技术分析和设计能力，以及解决实际问题的能力①。

（8）先前学习成果认证的流程

为实现学习者在不同类型的教育层次流动，澳大利亚资历框架设计了对先前学习经验及正式学习与非正式学习成果的认证机制。学习者能够明确自己在框架中的教育层次定位。在具体操作层面，基于各州及各地区学校之间签订的学分转移与衔接协议，学习者主动提出申请，提交学分证明材料，院校评估与认定后结合先前学习成果的认定最大限度地完成学分转移。

这是一个复杂的过程，申请者必须主动提出申请，并提供相关学分转移的申请证据，申请者所在学院或机构协助完成这一工作，提供个体修学和获取资历的正式证明，申请者再结合各方面的证明提交完整的学分转移申请和正式的证明材料；学分转移的目标学院在核实以上多方证明材料的基础上，依据学分转移及学历资历通路政策的具体规定以及学院自身的要求，决定学分转移的比率，进行学分换算。在这个过程中，教学机构在同意学分转移前，还可以增加面试、能力谈话、等值测试等方式确定申请者的学分转移是否满足要求。个人过去学习成果包括成果获得的时间（连续或间断）、地点（国内或国外）、内容（项目、培训、课程等）、工作经验（全职或兼职）以及生活经验等②。

（9）学分积累与转换的标准与规则

学分转换还是在学历资历之间建立关联，对学习结果进行比较、将比较结果中相关及等值的部分进行标明、确定衔接的类型及路径。关联的学历资历在学习结果上的等值部分以学分转移、免修的形式将学习内容纳入当前的学历资历中，对等值部分进行判断、分析、确定，学分转换率高低视此映射过程的结果而定，如果在映射过程发现相匹配学历资历之间存在较高的重合率，那么可转换的学分比率就会越高，即转移的学分与当前的学习课程内容

① KNIGHT B, MLOTKOWSKI P. An overview of vocational education and training in Australian and its links to the labour market [R]. NCVER, 2009: 11.

② 余小娟，谢莉花. 澳大利亚资格框架中资格通路的形成与实施 [J]. 职教论坛，2017（16）: 84-91.

具有较高关联度，并能满足当前知识技能学习和实践操作需要，则转换比率较高[①]。

（十）日本学位制度和资历框架

1. 日本的学位制度

日本是东亚最早建立学位制度的国家，经历了一百多年的发展和完善，现已形成了自己的特色，包括学位种类和门类、扩大的大学学位授予自主权、灵活的学位授予制度、多样化的学位获得途径等方面[②]。

（1）19 世纪后半期的萌芽期

1872 年，明治政府颁布了日本历史上第一个全国统一的近代教育法令《学制》[③]，对学位制度提出了构想：大学毕业者一律授予学士称号，无学士学位者不得担任大学教员。1873 年的《学制增补》又把学士称号分为五等。之后不久公布的“太政官布告”第 296 号中，文部省把学位称号分为博士、学士、得业士三种[④]。

19 世纪 70 年代后半期，随着东京大学、工部大学校、札幌农学校等官方高等教育机构的相继建立及其第一批学生的毕业，日本的学位制度开始成型[⑤]。经过与文部省的交涉，东京大学于 1878 年末正式获得学位授予权，1879 年 6 月制定了学位授予规则，同年 7 月开始授学位，授予包括前一年度毕业生在内的所有毕业生以“学士”称号[⑥]。此时“学士”被视为学位，但也近似于大学教育课程的修习证明。

1886 年，日本政府颁布《帝国大学令》，将东京大学改为东京帝国大学，翌年以第 13 号敕令的方式颁布了第一个学位令，规定学位分为博士和大博士，有法学、医学、文学、理学和工学五种，学位授予权归文部大臣。原来的“学士”失去了学位资历，成为被承认的大学毕业生的称号。

① AQF. AQF qualifications pathways policy [EB/OL]. [2021-03-01]. https://www.aqf.edu.au/publication/aqf-qualifications-pathways-policy.

② 万小娟，薛彦华. 日本学位制度的沿革及其特点 [J]. 高教探索，2006（4）：49-52.

③ 梁忠义，饶从满. 日本学位制度的历史与发展 [J]. 外国教育研究，1995（1）：15-20，34.

④ 大学基准协会. 大学基准协会会报（第 70 号）[R].1993（5）：17-23.

⑤ 梁忠义，饶从满. 日本学位制度的历史与发展 [J]. 外国教育研究，1995（1）：15-20，34.

⑥ 国立教育研究所. 近代教育百年史：第 3 卷 [M]. 东京：教育研究振兴会，1974：727-735.

1898 年，日本颁布了第二个学位令，对第一个学位令进行了修改，只设博士学位，增加了药、农、林、兽医四个门类的博士学位。授予权仍归文部大臣，但起决定性的表决转移到了各分科大学教授会。这两个学位令规定博士分为三类，即课程博士（研究生院毕业，考试合格）、论文博士（自著论文一篇，向文部大臣申请，论文审查通过）和推荐博士（未读研究生院课程，未提交论文，但被认为与研究生院毕业者具有同等及以上学力者，经过推荐后授予）。

（2）20 世纪初到二战结束后的形成期

一战结束后，世界各国纷纷兴起新教育制度改革运动，日本由于进入向工业国迈进的急速推进期和垄断资本主义发展期，急需大量技术人才和管理人才，也加入了教育制度改革的行列。1918 年，新的《大学令》颁布了。1920 年，第三个学位令颁布了，废除了推荐博士[①]，学位授予权由文部大臣之手转移到大学，学位门类也改为由大学决定、文部大臣承认即可，在原先九种的基础上又增加了经济学、商学和政治学；要求大学要有明确的学位规程，对论文审查的手续要有明文规定，并经文部大臣认可；获得学位者必须自获得学位之日起六个月以内将其论文印刷发表[②]——这使得发表论文成为获得博士学位的最主要途径。学位在此时已不仅是一种荣誉，更是一种根据学问业绩授予的学术称号，学位性质发生重大转变。

（3）二战后至今的成熟发展期

战后日本在政治经济改革的基础上开展近代以来第二次大的教育改革[③]。1947 年，日本颁布《学校教育法》，实施新学制，之前制定的《大学令》和学位令同时被废除。

文部省根据《学校教育法》第 68 条的规定，于 1953 年制定了构成战后日本学位制度基本框架的《学位规则》，在原有博士学位之外增加了硕士一级学位，学位授予权全面下放至设有研究生学院的大学；对硕士和博士学位的标准作了严格、明确的规定，以研究型人才作为授予标准。此外，还设定了学位授予的条件：获得硕士学位者必须在研究生院学习 2 年以上，修得规定的学分，并且通过研究生院进行的论文审查和考试；获得博士学位者必须

① 胡叶力. 日本论文博士制度研究 [D]. 海口：海南师范大学，2019：9.

② 陈英招. 日本的学位制度 [J]. 外国教育研究，1991（2）：34-39.

③ 梁忠义，饶从满. 日本学位制度的历史与发展（续）[J]. 外国教育研究，1995（2）：33-38.

在研究生院学习 4 年以上，取得规定的学分，且通过该研究生院的博士论文审查和考试或被确认具有同等以上学力并通过论文审查和考试合格。《学位规则》进一步强化了学位作为能力强化证明的性质。学位的学科门类分别在 1956 年、1965 年、1969 年进行了增改，硕士学位增加至 22 种，博士学位增至 18 种①。

到了 20 世纪 70 年代，日本受到世界经济危机的影响，把振兴经济的动力维系在教育上。1974 年，文部省修订《研究生院设置基准》和《学位规则》，进一步巩固论文博士的法律地位，增加了学术博士（综合型博士），博士学位增至 19 种，也增加了学术硕士等，硕士学位增至 29 种；进一步完善学位授予条件，明确硕士和博士学位需要的学分数，五年一贯制博士研究生在前两年达到硕士课程必要条件者，可以授予硕士学位②。

进入 20 世纪 90 年代后，产业结构中高新技术产业的崛起对日本高等教育提出新的挑战，人口结构也发生新的变化。1991 年，日本相继对《国立学校设置法》《学校教育法》《研究生院设置基准》《学位规则》进行修改，赋予学士以学位，形成了学士、硕士和博士三级学位结构；赋予短期大学和高等专门学校以准学士授予权；废除了《学位规则》限定性地列举学位门类的方式，规定各大学在授予学位时应根据其规定附注上专业领域名称；论文博士制度仍然保留，但走向式微③，大学可根据文部大臣的规定，对被确认为与课程博士具有同等及以上学力者授予博士学位④。

在维护由大学授予学位的基本原则基础上，政府还创设了专门的“学位授予机构”。这一机构于 1991 年 7 月在神奈川县横滨市设立，以满足国民对终身学习的需求为前提，通过对人们在正规大学或教育机关以外的机构所修得的学习成果进行评价，使其通过积累多种多样的学习成果来获得学位⑤。学位授予机构的出现使日本的学位制度展现出新的面貌。

为满足产业界对高职业技能人才的需求，1994 年，日本文部科学省颁布

① 万小娟，薛彦华. 日本学位制度的沿革及其特点 [J]. 高教探索，2006（4）：49-52.

② 小林哲业. 日本的教育 [M]. 徐锡龄，黄明皖，译. 北京：人民教育出版社，1981：125.

③ 李珊，高益民. 日本论文博士制度变迁研究——基于制度变迁主体转换假说的视角 [J]. 学位与研究生教育，2021（2）：80-85.

④ 文部省高等教育局学生课. 大学与学生 [R]. 1993（6）：47-56.

⑤ 梁忠义，饶从满. 日本学位制度的历史与发展（续）[J]. 外国教育研究，1995（2）：33-38.

了《针对专修学校专门课程毕业生授予专门士称号的规定》，为文部科学省大臣承认的专修学校 2 年（及以上）专门课程毕业生授予“专门士”称号；2005 年文部科学省又颁布了《针对专修学校专门课程毕业生授予专门士和高度专门士称号的规定》，为文部科学省大臣承认的专修学校 4 年（及以上）专门课程毕业生授予“高度专门士”称号①。

2005 年，《学校教育法》再次被修改，规定对 2005 年 10 月 1 日以后毕业的短期大学毕业生授予“短期大学士”学位，该法实施之前的“准学士”称号也视同“短期大学士”学位。“准学士”成为只有高等专门学校才能授予的称号。同时，《学位规则》也做了相应修改，规定短期大学在授予毕业生短期大学士学位时要与其他学位一样明确记载确切的专业领域名称②。自此，日本正式形成“博士、硕士、学士和短期大学士”以及“准学士、高度专门士、专门士”等级称号的学位结构。

2. 日本的资历框架

日本教育遵循 6—3—3—4 学制体系，即 6 年小学义务教育、3 年初中教育、3 年高中教育、4 年高等教育。日本高中教育和普通高等教育都提供职业教育和技术培训，主要由高等专门学校、短期大学和专修学校承担，提供各种实用的职业技术教育课程，以应对不断变化的社会多样化需求，由文部科学省管理。其他部委也有一些职业培训机构，包括政策学院、气象学院和培训中心等附属专业学校。这些机构提供的职业教育不受《学校教育法》约束，而是遵循其他法律规定，附属的专业学校由日本大学评价学位授予机构监督。此外，私人组织提供的职业培训在日本也发挥着重要作用，提供的培训主要分为三类：企业培训、职业资历培训、其他技能发展课程。日本职业教育培训体系的另外一个特色是在私营企业内部进行的在职培训和脱产培训。

推动日本职业教育体系衔接与沟通是近年来日本教育改革的重点，引起了相关学者和政策制定者的关注。一项针对日本资历框架建设的定性案例研究

① 李梦卿，安培. 日本高等职业教育学位制度及其特征 [J]. 学位与研究生教育，2014（12）：68-72.

② 李梅，高益民. 日本短期大学学位制度的创建与实施 [J]. 潍坊学院学报，2014（4）：108-110.

对15名日本政府官员进行采访，这些官员一致认为日本需要一个能够在国内和国际上发挥作用的资历框架和制度体系①。此外，全球资历框架的发展，特别是欧洲资历框架和东盟资历参照框架的建立与实施也对日本资历框架建设具有推动作用。为了推进日本资历框架的建设，2011年，日本内阁府成立了国家职业发展战略技术工作组，提出到2020年基于英国资历框架开发日本国家职业资历框架（National Vocational Framework, NVQ），并提出了日本国家职业资历框架的框架设想。日本国家职业资历框架包括从入门级到专业级七个等级，评价标准包括知识和实践技能两个维度。日本国家职业资历框架已经被应用在护理、环境/能源、食品/旅游三个行业②。

截至目前，日本职业教育资历框架没有正式发布，也没有形成完整的制度体系，这主要有两个原因。第一，日本职业技术教育机构提供的学位与职业资历没有紧密联系。第二，日本政府难以从政府层面出台统一的资历框架，现实的结果是一些职业资格证书与学校教育密切相关，但大多数却毫不相干。此外，虽然获得了一些国家立法许可，但私立职业教育组织提供了数千个非官方的职业资格证书，给各类职业资历之间的衔接带来困难③。

（十一）菲律宾学位制度和资历框架

1. 菲律宾的学位制度

由于历史原因，菲律宾的教育制度基本上以美国教育制度作为蓝本，但又不完全相同。自1946年7月4日国家独立后，历届菲律宾政府都对教育十分重视，并实行了一系列教育改革。目前，菲律宾的教育体现了公平、高效等可持续发展的理念，学历、学位得到国际的普遍认可④。

---

① SATIO K. Expert qualifications in Japan: the role of higher education [J]. International Journal of Higher Education, 2018, 7(3): 183.

② BANK T W. Japan–national qualifications framework summary [EB/OL]. (2017-02-15) [2022-02-15]. https://documents1.worldbank.org/curated/en/401251508750125067/pdf/120585-WP-P150980-PUBLIC-Japan-NQF-summary.pdf.

③ ALLAIS S. How should we recognize the utility of vocational qualification in Japan? [J]. Japanese Journal of Labour Studies, 2010, 52(1): 20-27.

④ 郑阳梅. 菲律宾国家教育概况及其教育特色研究 [J]. 广西青年干部学院学报，2015（4）：68-72.

高等教育包括专科教育、本科教育和研究生教育。就学位而言，菲律宾设有协士（副学士)、学士、硕士和博士四个等级①。协士学位授予在农业技术、文秘、商业、美术等专业学习两年的毕业生②。学生获得协士（副学士）学位后可以就业，也可以继续修习学士学位课程。学士学位通常为 4 年制，最少需获得 180 个学分，但工程、建筑学、职业疗法等专业为 5 年制，牙医学和兽医学等为 6 年制。

获得学士学位后，继续学习 1—2 年可以获得研究生毕业证书（包括专业学士教育之后的继续教育和完成某专业学士课程后、为取得教师资历而接受师范或教育科学的训练)；继续学习研究生课程 1—2 年（通常要求 4 个学期的课程学习)，通过一次全面考核，提交硕士学位论文（教育学硕士可无论文）并通过答辩，即可获得硕士学位；硕士学位的学习要求至少完成 42—48 个学分。硕士阶段的学位制度与澳大利亚的研究型硕士和课程型硕士颇为类似。

博士学习以研究为基础和导向、通常要求 2—3 年的学习，至少 4 个学期的专业单元学习和相当于 12 个专业单元学习的博士论文研究。学生必须通过一次全面的考核、呈交学位论文并通过答辩，才能获得博士学位。

在博士学位中，比较特殊的文凭包括：Doctor of Medicine，在菲律宾资历框架（Philippine Qualifications Framework, PQF）体系中属第 7 等级，与硕士学位同属一个层次；Doctor of Dental Medicine，在菲律宾资历框架体系中属第 6 等级，与学士学位同属一个层次。中国留学服务中心将 Doctor of Medicine 译为“职业医学文凭”；将 Doctor of Dental Medicine 译为“职业牙医学文凭”，并在认可书中对以上两类文凭的学历层次做了明确对应表述。

2012 年 10 月 1 日，菲律宾资历框架将原有的职业资格证书（一级至四级国家证书）与高等教育的学位证书（大专以上文凭、学士、硕士、博士）相结合，承认职业技术教育等价于普通教育。

① 邓存瑞. 菲律宾的现行学位等级与研究生教育 [J]. 外国教育研究，1988（4)：32-33，46

② 刘进，林松月.“一带一路”沿线国家的高等教育现状与发展趋势研究（三十四）——以菲律宾为例 [J]. 世界教育信息，2019，32（22)：44-49.

2. 菲律宾的资历框架

（1）菲律宾资历框架概况

菲律宾的正规教育系统对应包括三个彼此衔接的阶段，即基础教育（幼儿园、小学和中学）、高等教育以及职业技术教育。菲律宾教育系统实行“三足鼎立”的管理组织形式，基础教育由教育部（Department of Education, DepEd）负责；职业技术教育与培训的管理归属于劳动就业部（Department of Labor and Employment, DOLE）的技术教育与技能发展局（Technical Education and Skills Development Authority, TESDA）负责；高等教育委员会（Commission on Higher Education, CHED）负责高等教育[①]。

（2）资历框架的立法和相关机构的合作

菲律宾资历框架的设计始于2006年，是在菲律宾职业技术资历框架的基础上演化而来，其目的在于将基础教育、职业技术教育和高等教育加以整合，形成一个全国统一的技能和能力框架。2012年10月1日，菲律宾总统阿基诺三世签署《83号行政命令》，宣布正式建立菲律宾资历框架。具体来说，菲律宾建立资历框架的目标如下：建立成效为本的国家标准和级别；支持开发和维护提供准入资历的途径，实现人们在不同的教育和培训领域以及相应领域和劳动力市场之间的流动；确保菲律宾资历框架与国际资历框架保持一致，通过提升菲律宾资历的价值和可比性，支持全国范围内乃至国际学生和劳动力的流动。

《83号行政命令》同时宣布成立菲律宾资历框架全国协调委员会，负责在行政命令生效之后60天内颁布实施细则，并就有关的实施进度和成效定期向总统办公室汇报。协调委员会主席由教育部部长担任，成员包括：技术教育和技能发展署、高等教育委员会、劳动和就业部以及专业监管委员会。协调委员会的职责包括：成立技术工作组，为解释和实施菲律宾资历框架提供支持；对资历的级别与各级教育的级别进行协调；将教育标准和学习成效与菲律宾资历框架中的级别通用能力标准进行对应；认可不同的学习路径和同等学习经历；讨论并商定菲律宾资历框架的要素，包括但不限于原则、主要特征、定义或者术语、架构以及管理安排；对菲律宾资历框架进行评估和更新。

① 鞠慧敏，王文槿. 菲律宾职业技术教育与培训的特色及启示 [J]. 外国教育研究，2012，37（9）：81-88.

2012 年 12 月，根据《83 号行政命令》的要求，菲律宾资历框架全国协调委员会发布了菲律宾资历框架的实施细则[①]，并且提出了详细的 8 个级别的描述。

（3）资历框架的级别划分和通用能力标准

菲律宾资历框架包含八个级别，包括国家证书一级至四级、文凭、学士、硕士、博士和博士后，见图 3-4。

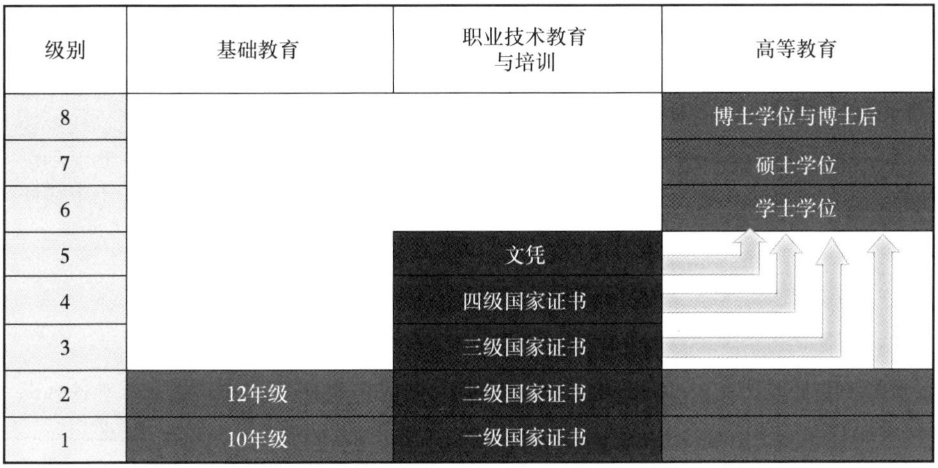

级别	基础教育	职业技术教育与培训	高等教育
8			博士学位与博士后
7			硕士学位
6			学士学位
5		文凭	
4		四级国家证书	
3		三级国家证书	
2	12年级	二级国家证书	
1	10年级	一级国家证书	

图 3-4　菲律宾资历框架

每一个级别都有三个方面的能力标准：知识、技能和价值观，应用能力，独立性，见表 3-10。

表 3-10　菲律宾资历框架的级别和通用能力标准

级别	知识、技能和价值观	应用能力	独立性
1 一级国家证书	掌握具体、实践性或者主要为操作性的知识和技能	具备在熟悉和可预测环境下完成任务的能力；能够根据既定的规则、职能或者程序完成简单、常规的工作	需要非常密切的支持、指导和监督；几乎不需要判断和决策能力

① The Philippine government implementing rules and regulations of executive order No. 83, s. 2012 [EB/OL]. [2022-01-15]. http://www.gov.ph/2012/12/17/implementing-rules-and-regulations-of-executive-order-no-83-s-2012.

续表

级别	知识、技能和价值观	应用能力	独立性
2 二级国家证书	掌握动手的、实践性或者主要为操作性且有多种选择的知识和技能	具备在熟悉和可预测的环境下完成任务的能力；能够从一些既定的规则、指引或程序中进行选择并据此识别和解决日常问题	需要大量的支持、指导和监督；几乎不需要判断和决策能力
3 三级国家证书	掌握理论和实践相平衡的知识和技能；能够理解工作程序，解决问题，进行决策，以确定要使用的工艺、设备和材料	具备在不太熟悉或者不可预测的环境下完成任务的能力；能够通过理解和应用既定的但有变化的指引或者程序来识别和解决常规和非常规的问题	可能涉及个人责任感或自主性，也可能涉及对他人的责任感还可能涉及团队活动的参与，包括小组或团队的协调
4 四级国家证书	在一个或多个领域中，掌握理论性或抽象性且有一定深度的知识和技能；能够提供技术解决方案，或者具有解决非常规或突发问题的能力；能够对现行做法进行评价和分析，能够提出新的标准和方案	具备在不同且大多数为不熟悉或者不可预测的环境中完成任务的能力；能够对使用的指引和程序进行解释或调整，以解决主要为非常规性的问题	在组织自我和他人的活动时，表现出一定的领导力
5 文凭	在一些领域中，掌握主要为理论性或者抽象性的且有一定深度的知识和技能，并掌握广泛的、专业的、有创意的、抽象的技能	具备在复杂和非常规环境下的应用能力，且需要进行全面的解释、适应和创新	需要明确的指引，在为自己和他人规划和选择合适的设备、服务和技术的时候具备判断能力
6 学士学位	在专业工作和终身学习的研究领域掌握广泛和连贯的知识和技能	具备在广泛的学科领域中从事专业工作或进修的应用能力	具有独立性，（或）是相关领域的团队成员
7 硕士学位	掌握在专业化或者多学科领域的研究领域中进行专业实践、自我导向研究以及终身学习的高级知识和技能	具备在专业化或者多学科领域的工作、研究或进修的应用能力，且表现出领导和管理能力	具有独立性，（或）是相关多学科领域的团队成员

续表

级别	知识、技能和价值观	应用能力	独立性
8 博士学位和博士后	掌握在高度专业化或者复杂的多学科学习领域中进行复杂研究、专业实践的高端的、系统的知识和技能	具备在高度专业化或者复杂的学科领域的工作中的应用能力，且表现出创新力、领导力、管理能力以及多学科领域的专业研究能力	具有独立性，（或）是学科领域甚至更复杂的团队的成员

资料来源：TESDA，2012[①]

（4）过往学习的认可机制

为了解决过往学习经验的认可问题，菲律宾推出了选择性学习系统（Alternative Learning System, ALS），该系统可以为特定的人群颁发与正规教育相同的资历和学分，尤其是为那些辍学青年和未能完成正规教育的成年人。该系统中的评估基于个人档案、面试或者笔试成绩。教育和培训系统的各个领域都存在选择性学习系统：基础教育领域有基础教育水平的菲律宾教育分班测试；高等教育领域有学士和硕士学位级别的、拓展性的高等教育等值认证项目；职业技术教育和培训领域则有对能力的评估和认证。

（5）质量保证

菲律宾资历框架所有级别的资历都有相应的质量保证体系，该体系包括既定的资历标准、项目评审以及考核标准。

在小学阶段和中学阶段，教育部掌握着项目的审批权。每年各个级别都要进行全国学生评估。技术教育与技能发展署管理所有中学后职业技术教育，并且推出了统一的注册和评审系统。高等教育委员会则通过高等教育机构的项目评审，对高等教育的标准进行管理。

证书由菲律宾认证机构联合会（FAAP）发行。作为质量保证的一部分，高等教育委员会在菲律宾所有公立和私立教育机构中，为不同的学科领域建立了大约 300 个卓越中心和发展中心；专业课程的毕业生在从业之前，则必须通过专业监督管理委员会的执业考试。

① TESDA. The Philippine qualifications framework [EB/OL]. (2012-12-02) [2021-05-20]. http://www.tesda.gov.ph/uploads/File/policybrief2013/PB%20Philippine%20Qualification%20Framework.pdf.

职业技术教育的质量保障主要通过两个环节实现：一是对学生资历水平的评估和认可。学生完成一项能力单元的学习并达到该项能力单元的要求，就会获得相应的“能力证书”，作为学习者拥有特定资历所要求的知识、技能和态度的证明。当学习者完成某项资历所有能力单元的学习，累积了多项能力证书，就可获得“国家证书”；二是对职业技术教育项目的注册与鉴定。由菲律宾技术教育与技能发展署建立统一的职业技术教育项目注册和鉴定系统，注册过程就是检测项目和培训章程标准是否一致，这是强制性的，通常还会对培训项目进行定期审核。而对职业技术教育项目的鉴定则是自愿的，有自我评价、外部评价等方式。

（十二）马来西亚学位制度和资历框架

1. 马来西亚的学位制度

马来西亚作为东盟重要成员国之一，是东南亚发展中国家的先进地区，战后重视发展教育，高等教育成为国家发展的重要方面①。马来西亚将教育视为推动经济和国家发展的有力工具。

在马来西亚，大学指的是能够颁发本科及以上学位的院校。因此，只有四类院校能被称为大学：公立大学、私立大学、私立大学学院及国外著名大学在马来西亚开设的分校。私立大学学院虽然无权颁发学位证书，但可以通过“双联课程”等方式授予合作大学的学位②。截至 2018 年，马来西亚大学共有 117 所，其中公立大学 20 所，私立大学和私立大学学院 87 所，国外大学分校 10 所③。

马来西亚的高等教育系统，按办学主体可分为公立和私立两类。公立高等教育机构包括公立大学、理工学院、社区学院和教师培训机构等；私立高等教育机构包括私立大学、私立大学学院、私立学院及国外大学分校等。按教育层次可分为专科、本科和研究生教育。实施专科教育的院校有理工学院、社区学院、私立学院及私立大学学院，可颁发职业证书和专业文凭，学制一般为

① 徐雯，冯增俊. 马来西亚高等教育的世纪走向 [J]. 现代大学教育，2020（1）：101-104.

② 李静. 马来西亚高等教育国际化研究 [D]. 宁波：宁波大学，2015：14.

③ Ministry of Higher Education. Department of higher education strategic plan 2018-2022 [Z]. Putrajaya: Ministry of Higher Education Malaysia, 2018.

2—3 年；实施本科及以上层次教育的院校有公立大学、私立大学、私立大学学院以及国外大学分校，可颁发本、硕、博三个层次的学位，其中学士学制一般为 3 年，硕士学制一般为 1—2 年，博士学制一般 2—6 年①。

2. 马来西亚的资历框架

（1）马来西亚资历框架发展进程

自 20 世纪 80 年代以来，马来西亚的经济飞速发展，迄今增长已经超过十倍。正如在马来西亚的第九个五年计划（2006—2010 年）中所表述的，马来西亚历届政府都致力于发展知识型经济。应这一经济发展规划，马来西亚政府制定了全国高等教育战略计划，提出要将马来西亚打造成卓越的高等教育国际枢纽。为了实现这一目标，马来西亚总理号召进行“高等教育革命”，于 2004 年成立了新的高等教育部，并提出建立国家资历框架，2007 年 8 月，马来西亚资质署（Malaysian Qualifications Agency, MQA）正式成立了，负责国家资历框架的构建。

马来西亚资历框架（Malaysian Qualifications Framework, MQF）在经过初期的探索阶段和与利益相关各方的一系列商讨之后，在全国范围内广泛征求意见，并最终获得政府批准。此资历框架属于全国范围内教育和培训机构都适用的单一资历系统，涵盖普通高校、职业院校、专业团体以及其他公立和私立高等教育机构，也包括在职培训和终身学习②。与世界上许多国家不同的是，马来西亚的资历框架最初起源于高等教育领域，并且马来西亚资质署也设置在高等教育部③。

（2）资历框架的立法和相关机构的合作

1971 年《大学与大学学院法》（Universities and University Colleges Act）出台，马来西亚政府加大高等教育的投入，扩大教育规模，管辖公立大学的建立与管理。同时，开始调整原有高等教育体系，重视高等教育的发展与经济发展相适应，突出培养应用型研究人才。1996 年之后，马来西亚政府颁布了一系

① 万钰. 马来西亚政府与公立大学关系研究 [D]. 海口：海南师范大学，2020：4.

② UIL.The UNESCO institute for lifelong learning [EB/OL]. [2022-01-15]. http://uil.unesco.org/fileadmin/keydocuments/LifelongLearning/en/UIL_Global_Inventory_of_NQFs_Malaysia.pdf.

③ KEATING J. The Malaysian qualifications framework: an institutional response to intrinsic weaknesses [J]. Journal of Education and Work, 2011, 24(3-4): 393-407.

列高等教育改革的法令。例如，1996 年颁布教育法（The Education Act）和私立高等教育机构法（The Private Higher Education Institutions Act），后者允许建立私立大学、大学学院并首次允许国外大学在马来西亚开设分校；颁布国家高等教育委员会法和大学与大学学院法修订案，成立国家认证委员会（National Accreditation Board or Lembaga Akreditasi Negara, LAN），负责监督私立高等院校课程学术标准并确保课程质量。

1997 年国家高等教育基金法（The National Higher Education Fund Corporation Act）颁布。2003 年私立高等教育法修订案出台。2007 年，《马来西亚资历认证法》（Malaysian Qualifications Agency Act）明确了 MQF 的总体目标和基本原则。2017 年，为响应不断增长的教育需求，并对新兴技能和知识进行回应，马来西亚资质署对 MQF 进行修订。上述法令为高等教育事业的健康有序发展和资历框架的实施奠定了坚实的法律基础。

马来西亚的资历框架受到政府的监管，主要监管机构包括高等教育部、马来西亚资质署以及人力资源部。其他相关机构包括专业团体、考试和认证机构。

马来西亚资质署成立之后，接管了此前两个质量保证机构的工作，分别是国家认证委员会以及教育部下属负责管理公立和私立高等教育机构的质量审核司（Quality Audit Division）。

作为资历框架的监管机构，马来西亚资质署的主要职责包括：管理和推行资历框架，进行质量保证和课程认可，协助资历的互认和衔接，以及维护马来西亚资历名册。所有类型的高等教育机构，无论公立还是私立，都在马来西亚资质署的管辖范围之内。随着学生和劳动人口的流动性越来越大，对于资历的认可显得越来越重要。资历能够获得不同机构和部门的认可，已经成为衡量课程项目和质量水平的主要标志。虽然根据《马来西亚资历认证法》，获得认可并非强制性的，但是，其他的一些政策和法规却强制要求获得这些认可，以确保与资历框架保持一致。如果某个课程项目符合资历框架的要求，那么就能够获得认可，进而可以登记进入马来西亚资历名册。

（3）资历框架的级别

马来西亚资历框架根据全国认可的准则和国际基准将各种学历资格划分为授予学术资格的三个部门和八个等级，目前该框架由马来西亚资质署负责实施。三个部门类型分为技能、职业与技术和高等教育。可以授予的证书类别为：技能类证书（1—3 级）、职业与技术类证书（1—3 级）、文凭和高级文凭（4—5 级）、高等教育类别的毕业文凭与证书和学士学位（6 级）、研究生文凭与证书和硕士学位（7 级）以及博士学位（8 级）。其中，技能和职业与技术部门只有 1—5 级的学历资格授予权，而高等教育部门拥有 3 级以上的授予权。

而根据其资历框架的组成，马来西亚高等教育的学位有三种，即学士学位、硕士学位和博士学位，分别对应资历框架的第 6 级、第 7 级和第 8 级（见表 3-11）。

资历第 6 等级：学士学位。获得学士学位即可就读研究生课程以及从事研究或较高技能的职业。获得学士学位的学生要具备以下能力：理解学习领域的基本原理和知识；能在职场环境中应用所学的知识；能够辨析和解决研究领域的某些问题；有能力评估和判断与社会、科学和伦理相关的问题；能有效地沟通并能有说服力地传达信息、想法、问题和解决方案；具有职场人际交往能力；在继续教育方面具有独立学习能力。

资历第 7 等级：硕士学位。获得硕士学位的学生要具备以下能力：具有高于学士学位的知识水平和理解能力，在学术研究背景下有能力发展或实践想法；解决新形势和多学科背景下学习领域相关问题；整合知识和管理复杂事项；在没有信息或信息有限的情况下，有能力自己评估和判断社会和伦理相关问题；能向专家和非专家清楚地表述结论、知识和理由；具有高度独立学习能力。研究生证书（Postgraduate Certificate）和研究生文凭（Postgraduate Diploma）在马来西亚资历框架中也属于第 7 级，但无法与中国的学历层次对应，高于中国的学士学位但低于硕士学位。

资历第 8 等级：博士学位。获得博士学位的学生要具备以下能力：在学习过程中对学科领域具有系统性理解和深刻认识；有能力开启、设计和实施某项学术研究；通过基于国际标准的学术论文写作和发表，拓展所在研究领域的知识边界；对新思想新观点能够进行批判性评价和综合性分析；能够与专业学术领域的同行和专家进行交流；能够通过学术研究和专业探索促进技术、社会和文化知识的进步。

表 3–11　马来西亚资历框架

<table>
<tr><th rowspan="2">MQF级别</th><th colspan="3">领域</th><th rowspan="2">终身学习</th></tr>
<tr><th>技能</th><th>职业与技术</th><th>高等教育</th></tr>
<tr><td>8</td><td rowspan="5" colspan="2">—</td><td>博士学位</td><td rowspan="10">过往学习的认可</td></tr>
<tr><td rowspan="2">7</td><td>硕士学位</td></tr>
<tr><td>研究生证书和文凭</td></tr>
<tr><td rowspan="2">6</td><td>学士学位</td></tr>
<tr><td>证书和文凭（本科阶段）</td></tr>
<tr><td>5</td><td>高级文凭</td><td>高级文凭</td><td>高级文凭</td></tr>
<tr><td>4</td><td>文凭</td><td>文凭</td><td>文凭</td></tr>
<tr><td>3</td><td>三级技能证书</td><td rowspan="3">职业技术证书</td><td>证书</td></tr>
<tr><td>2</td><td>二级技能证书</td><td rowspan="2">—</td></tr>
<tr><td>1</td><td>一级技能证书</td></tr>
</table>

资料来源：Malaysian Qualifications Agency，2021[①]

（4）资历级别的通用能力标准

不同的资历级别体现不同的能力标准，资历框架各个级别的划分依据不同级别的通用能力，具体来说，包括以下五种通用能力：知识的深度、复杂性和全面性；知识和技能的应用；决策过程中的自主程度和创造性；交流技能；实践的广度和复杂程度。

（5）成效为本的课程建设

马来西亚资历框架对于资历的开发和分类，基于一套全国统一且与国际接轨的标准，它根据学生的学习量来设定学术级别、学习成效以及学分系统。学习量的计算将学生达到特定的学习成效所需要完成的所有活动，包括讲座、辅导、实习、信息检索、研究、实地考察以及考试等考量在内。马来西亚资历框架的标准也适用于高等教育机构颁发的所有资历。

① Malaysian Qualifications Agency. Malaysian qualifications framework (MQF) (2nd ed.) [EB/OL]. (2021-02-22) [2022-05-20]. https://www.mqa.gov.my/new/document/mqf/2021/MQF%20Ed%202%2002102019%20updated%2017022021.pdf.

马来西亚资历框架中的每一种资历的学习成效都是通过级别指标进行描述。具体来说，基于以下八个方面：学科领域的知识；实用技巧；社交能力和责任；价值观、态度和专业精神；沟通能力、领导能力和团队合作能力；解决问题的能力和科学技能；管理和创业技能；信息管理技能。①

由于采用成效为本的原理，强调学习者、学习和学习成效，因此，达到学习成效的方法不限于正规教育，那些通过非正规教育和非正式学习所取得的学习成就，也可以在资历框架中获得认可。

（6）先前学习的认可机制

2007 年 8 月，马来西亚制定的全国高等教育战略计划，提出将终身学习作为七大基本发展目标之一。马来西亚资历框架是实现终身学习政策目标的重要手段，对于建成知识型经济社会至关重要。马来西亚资历框架的设计特别考虑到那些曾经失去教育机会的个人和社会群体，为他们提供教育的机会。资历框架为全社会人士提供了灵活的学习途径，并将通过不同学习途径获得的资历衔接起来，形成一个学分累积和转换系统，为所有的学习者提供一个纵向衔接、横向沟通的“立交桥”，并能对他们的过往学习经历进行认可，无论是正规教育、非正规教育还是非正式学习。2010 年已经开始启动了旨在实现跨领域流动性的工作，如在学术和职业教育领域之间②。

2009 年，马来西亚资质署制定了对过往学习的认可准则。2011 年，马来西亚资历局进而又开发了评估过往学习的工具和标准，并建立评估中心。若要对过往学习进行评估，需要整理出与某学科或者课程学习成果相关的过往学习证据的档案袋。该档案袋可以包括报告（由相关评审员提供）、职位描述、短文、手工艺品和产品、设计、绘画作品、计划、考试成绩，等等。此外，还要提交个人知识和技能的书面描述，并由特定资历认证和应用对象进行审核，如申请人的雇主（如经理或主管）或客户（如学生或顾客）。上述材料评估后，还将进行书面或口头测试。

① Malaysian Qualifications Agency. Malaysian qualifications framework [EB/OL]. (2011) [2022-01-15]. http://www.mqa.gov.my/portal2012/dokumen/MALAYSIAN%20QUALIFICATIONS%20FRAMEWORK_2011.pdf.

② UIL.The UNESCO institute for lifelong learning [EB/OL]. [2022-01-15]. http://uil.unesco.org/fileadmin/keydocuments/LifelongLearning/en/UIL_Global_Inventory_of_NQFs_Malaysia.pdf.

（7）质量保证

马来西亚在普通教育阶段后有三个独立的领域，即高等教育领域、职业与技术教育领域以及技能领域。

马来西亚曾经建立了两个独立的质量保证系统：一是由马来西亚资历局负责的高等教育质量保证系统；二是国家职业技能标准部门负责的技能质量保证系统。现在，这两大系统在国家资历框架下合二为一。

具体来说，马来西亚资质署负责以下事项：制定全国资历授予的参考标准和指标；保证高等教育机构和教学的质量；评审课程；促进资历的认可与衔接；维持马来西亚资历注册处的运作；处理具备条件的有关院校自我评审资历的申请。

另外，马来西亚高等教育部设有理工学院和社区学院质量保证组，负责有关学院的质量保证。

（8）学分积累与转换的标准与规则

马来西亚是世界上为数不多的、从国家层面制定慕课学分转换政策的国家之一。《慕课学分转换指南》规定，个人通过慕课和学分转换获得的学习成果必须和将要被慕课代替的课程具有同等的学习价值。为保证慕课学分转换的顺利进行，慕课学分转换由国家主导，各利益相关者肩负各自的分工和职责。

马来西亚资质署鼓励提供动态的学习环境，创造各种学机会，并做好如下工作：给高等教育提供者提供学分转换标准；回应不同利益相关者并提出意见和建议，以确保慕课的顺利开发和应用；和高等教育提供者一起评估标准的效率，如有必要，将对学分转换标准进行更新，以确保其有效执行。

高等教育提供者提供的学分转换课程必须和《慕课学分转换指南》规定的标准保持一致，并且提供合适的学分转换文件。信息和可用性必须在整个学分转换过程中清晰地呈现给申请者。在学分转换的过程中，必须保证学分转换的完整性、透明性、一致性、可信度和可计量性，且这个过程应有第三方监管。为了保持学习项目的质量和标准，高等教育提供者有责任决定哪些课程可以进行学分转换。大学的最高官方学术机构必须明确所有与学分转换相关的政策、过程、评估和成果，并形成书面说明。

学习者被鼓励获得各种学习经历，以获得丰富的阅历和广阔的视野。当学习者想进行学分转换时，他们常会被鼓励学习与本专业相关的课程。当学习者想要注册学分转换或者已经完成注册，他们有权要求高等教育提供者提供相应的咨询服务。申请者在申请学分转换时有义务提供学习证据，也有义务向高等教育提供者说明以前他们通过慕课获得学分的情况。高等教育者则有权在申请者不愿意公开甚至伪造学习证据时，拒绝申请者的学分转换申请。

慕课一般由高校提供，但政府机构、职业教育机构、公司组织等也可以成为慕课的合作者。马来西亚采取了各种措施来保证慕课学分转换质量。

第一，保证慕课课程质量。用于学分转换的慕课课程需经过马来西亚高等教育部的认可，或得到其他国际组织的认可，或具备一些其他条件，如用于学分转换的慕课课程在课程内容、目标等方面要与所对应的替换课程具有一致性，至少 80% 的慕课课程内容要和待进行学分转换的课程描述具有同等的学习价值。具体来说，课程学习成果、话题清单、课程持久性等材料可用于比较慕课和将进行学分转换的课程——慕课课程和原课程的对比材料在马来西亚被称为“Mapping”，被用于确定慕课课程与原课程的一致性。此外，学分转换的申请者需向高等教育提供者提交申请材料，包括课程描述、课程学习成果等；这些材料需要得到证实，包括对材料进行审核和额外的评估等。

第二，验证申请者身份并进行评估。马来西亚学分转换机制的一个突出特点就是要对学习者的慕课学习成绩和学习参与真实性予以证实。只有在确认学习者确实参与了慕课的学习并取得了相应成绩的情况下，才有可能进行慕课学分转换。这是确保慕课学分转换质量的重要措施之一。为了证实申请者的确完成了慕课学习，申请者必须提交课程学习和评估文档，同时提供申请注册用的证据，以证实注册的用户和完成课程的用户是同一个人。证实的方法有很多种，如面对面的监督、网络摄像头监督、指纹验证等。

但是，仅凭上述认证依然无法进行学分转换。为了保证学生的学习成效是可靠的、可信的，需由学科事务专家负责评估。评估的形式有以下几种：口语评估，可以采取一些媒体技术形式（如网络会议），也可以以结构化的口语测试形式或一对一的面访 / 面试小组形式进行；书面评估，通过现场或在线的方式进行开放式或封闭式的书面评估；产品评估，通过口头提问或申请者的成果检验进行评估；现场表现评估[①]。

① 方旭，王娟. 马来西亚的高等教育慕课学分转换 [J]. 现代教育技术，2017，27（11）：85-91.

二、讨论和小结

（一）讨论

1. 国外学位类型和层次具有多样化与专业化发展趋势

20 世纪以来，世界主要发达国家大力发展专业学位，学位类型和层次更加丰富和多样化，显示出各国学位制度发展的重要趋势，各国学位制度在相互交流借鉴的同时彰显了各自的传统与特色。现代大学的学位制度初现于德国，表现为在中世纪原有的神学、法学、医学三门传统学科外，开始在自然科学和哲学社会科学门类设立博士学位。此后，渐次在工业文明最发达的西欧、北美普及。在几百年的发展进程中，各国既因为各自的高等教育传统、历史与环境，形成各有特色的学位制度和培养体系，也因为相互交流借鉴，形成一些共同的惯例与特点。

从学位的层级分布来看，加入博洛尼亚进程的国家和地区会因为欧洲共同的高等教育改革框架，在本国推广实行学士—硕士—博士三级学位体系，如法国；但不排除与本国传统学位制度的双轨运行，如德国、俄罗斯；或者增加实施两年制的基础学位制度，如英国。但也有部分国家和地区实行的是四级学位，如菲律宾，采用协士（副学士）—学士—硕士—博士学位体系。各国为了形成教育体系的纵向关联，也明确初、高中中等教育及中等教育后的各阶段文凭与学位之间的联系与学制要求，使不同阶段的教育之间彼此衔接。

2. 学位向资历扩展是全球终身学习理念推广和教育全球化发展的趋势

学位制度主要面向的是正规高等教育的学习成果凭证和资历证明，为学习者通过正规教育路径获得国家学位主管机构的权威认可，以及赢得劳动力市场的认可提供了基础支撑。但随着 20 世纪 60—70 年代以来终身学习理念的全球推广，学习已经成为后工业时代，特别是知识经济时代个人成长成才的终身必需品，正规学校教育已经难以满足学校后学习的需要，只能作为人生学习生涯的基础和准备。学校后学习的方式更加多元，学习的路径更加灵活，而学习的认可更加多样，证书、文凭、微学位、徽章、奖项、业绩等各种学习成果既具有共性，又各具特色。正规高等教育的学位已经无法满足多样性的学习需要，资历的出现顺势而为，为各类文凭证书提供上位概念的同时，也为基于资历的学习成果认可、积累和转换提供条件。此外，自 20 世纪 90 年代以来，教育全球化成为世界教育发展的趋势，欧洲国家通过博洛尼亚进程等跨国性公约与合作框架推动了教育全球化的不断深化，跨国学位以及各种证书文凭的认可变得复杂繁琐而又必须，跨国人才的流动以及跨国劳动力市场的需要成为教育目标动因，因此将学位扩展为资历无疑是为教育全球化的顺利推行提供了关键的“螺丝钉”，既是必须也是必然。

3. **资历框架为学位制度向资历制度转移提供衔接标准与贯通阶梯**

学位向资历扩展面临着复杂化与繁琐化的障碍挑战，复杂国际背景下的各种学位、文凭、证书等资历的相互认可衔接没有统一的参照标准和质量保证将寸步难行，资历框架的出现以及全球推广对解决这一难题提供了参照标准。目前全球资历框架的发展已经具有规模性，在数量上达到了前所未有的程度；资历框架的建设路径也在实践中不断受到检验，形成了成熟的路径；资历框架的构成要素也基本清晰明确，资历框架建设已经从理论走向了实践，从单一资历框架走向了国家资历框架、区域资历框架，以及全球资历框架。资历框架经过近 30 年的建设与实施，从多个层面和维度都积累了大量的经验和参考案例，为学位制度向资历制度的拓展提供了理论支撑和实践参考，但资历制度的真正有效实施依然路漫漫其修远兮，需要配套的体制机制建设，需要不断修订完善，需要政、行、企、校的开放合作，更需要全球各国政府有共建人类命运共同体的包容合作胸怀。

（二）小结

可以看到，随着世界范围内高等教育大众化和普及化的推进，专科层次的高等职业教育起到越来越重要的作用，副学士学位的设置已成为世界范围内学位制度改革与发展的一种共同趋势。此外，从英国、新西兰和澳大利亚的学位类型来看，除了学术型和专业型，还有专业实践型学位。专业实践型学位是针对具有丰富从业经验的在职人员提供的，强调开展工作为本的基于工作场所的应用型和实践型的学习与研究，为学习者搭建基于专业实践的学位与资历提升的阶梯和途径，属于职业和继续教育的范畴。借鉴这种专业实践型学位，有助于我国完善学位制度体系，实现普通高等教育、职业教育和继续教育无缝衔接与融合，搭建和完善终身学习的资历框架和学位制度体系。

第四章　中外学位制度和资历框架比较分析及启示

一、中外学位制度的比较分析

学位制度始于西方，经过几百年的发展，经历了一个从教师从业资格到强调科研能力、科研能力和专业能力并重、内涵多样化及国际化的发展历程[①]。尽管各国的学位制度因不同的国情、不同的发展过程形成了多样化的格局，但也在发展过程中形成了一些共同的特质[②]，这些特质包括学位制度科学化、将学位体系扩展至资历框架等。

（一）学位设置灵活多样，获得途径多元开放

高等教育的发展体现着社会的变迁，学位的设置因各国不同的历史传统和教育发展水平而呈现出灵活性和多样性。

从学位层级设置来看，多数国家的学位等级分为三级，但也有不少国家还设置了其他等级，如基础学位（英国），副学士（协士）学位（美国、澳大利亚和菲律宾），短期大学士（日本）。英国的学士学位还分为普通学士学位和荣誉学士学位两类。除正式学位外，一些国家还设有非正式学位，如荣誉博士学位、博士后资历以及研究生中间学位等。

从授予学位的专业来看，现在已有数百种甚至数千种[③]，且各个国家不尽相同，如美国有 2,000 多种的学位名目。专业如此之多，说明新兴学科和边缘学科层出不穷，既在一定程度上反映了学术研究与人才培养对社会发展及需求的响应度，也体现出“以学生为中心”的教育理念，有利于满足日益增长的各种类型的学习需求，帮助学生获得更具针对性的素质和能力。

① 蔡虎昌. 国外学位的发展与演变历程 [J]. 教育评论，2008（4）：149-152.

② 冒澄. 欧美发达国家学位制度的特点及启示 [J]. 高校教育管理，2007（6）：92-96.

③ 冯钰平. 学位制度及其发展研究 [D]. 南昌：江西财经大学，2015：34.

在专业数量增加的同时，学位的类型也分化成重视学术科研的学术型学位和强调职业应用的专业型学位，并且在不同教育层次都有相应的体现。例如法国别具特色的高等教育双轨制，普通教育与职业教育并行且可衔接，文凭与学位合二为一，学术文凭与职业文凭可灵活选择与转换；新西兰的硕士学位课程除了学术型和专业型以外，还有以工作为本的学习的硕士学位课程，被称为专业实践硕士，是专为职业教育系列的在职人员而设的继续教育课程[①]，为在职人员的学业发展提供了学位支持路径；德国、俄罗斯新旧学位并存。

不断丰富的学位类型造就了更富弹性的学制，获得学位的途径也更加开放。在英国，荣誉学士学位在学术资历中授予量最大，一般为全日制三年。两年制职业性的“基础学位”是一种较短期的、以工作为中心的、中间水平的学位，强调雇主的积极参与以及学分的累积和转换，且将以工作为基础的学习整合到学术学习计划中，为申请者提供了一个进入和完成高等教育的新途径。在爱尔兰，学生经过高中过渡年（高一）的职业生涯体验和职业导师指导，可以自主选择专业，根据自己的学习兴趣和能力选择通往不同证书、文凭或学位课程的学习路径，也可以先就业，边工作边继续学习。这种学习制度凸显出以人为中心的办学理念，显示了灵活、弹性、相互转换的特征，打破了各类型之间的教育壁垒，使普通教育和职业教育、高等教育和终身教育完美融合，在为学习者提供多样化学习选择、适应学习者个性发展需求的同时，保障了高等教育入学机会均等，也提供了终身学习的有力保障，成为欧盟国家高等教育改革的范例。在澳大利亚，研究生阶段的学制普遍短于我国硕士研究生的学制，既有六个月的研究生证书教育，也有一年的研究生文凭或者课程硕士项目，研究型硕士学制也只有两年，但博士研究生学制一般为四年。日本于 1991 年创设了学位授予机构，为大学毕业生以外的人员获得学位开辟了途径。在该机构批准的大学以外的教育机构中修完应修的课程也可获得学士、硕士、博士学位。例如，在短期大学、高等专门学校、专修学校等学校毕业后，学生通过学习并考核合格后也可获得学士学位，进而获得研究生院入学资格。学位授予机构的创立满足和提高了日本国民对终身学习的需求，为日本社会培养了一大批高素质人才。

① 张伟远. 工作为本学习：突破终身学习立交桥瓶颈 [J]. 开放教育研究，2016（6）：58-64.

我国学位制度起步较晚，从学位学科结构看，学位按学科目录设置。我国在学科划分上一直存在专业口径窄、学科数量少、不适应社会需求的弊端。在学位类型设置上，学术学位仍占据重要地位，特别是在本科阶段，除职业学校外，传统的大学学位都是学术型学位，就业指向不够明确，难以充分满足社会对应用型人才的需求。随着社会对高级专业人才需求的提升，我国既需要大面积推行硕士专业学位教育，并向博士层次适当延伸，也需要增设学士专业学位，完善专业学位教育的层次结构。

（二）学位授予标准清晰明确，强化质量保障

出于对学位的重视，经过长时间的发展，各国关于入学要求与程序、修业年限、学位授予标准以及学位授予仪式等内容，已经形成了规范的制度。

欧洲高等教育区学术资历框架明确学士、硕士和博士的学位标准，为欧洲各国的学位标准提供基准。现在很多国家的学位体制都包含学士—硕士—博士三级学位，在课程设置、培养目标、学习方法、实践环节、学位论文要求等方面都呈现趋同趋势。随着国家之间教育领域合作与交流的加深，彼此间的学位标准设置日趋清晰，可比性不断增强。

英国高等教育质量保证机构发布的《基础学位基准声明》现已更新到第 4 版。该声明作为英国高等教育质量标准的组成部分，不仅明确了基础学位的定义和典型特征，而且制定了严格的申请和评估程序，为保障基础学位的质量发挥了重要作用[①]。

德国高校强调学术型、专业型和职业型等不同类型高校的入学标准，强调入学的资历类型与高校人才培养目标相匹配，体现出德国中等教育与高等教育在课程教学、能力培养等方面的良好衔接。德国各类高校的学科专业侧重点明确，特色鲜明，且有相应的课程教学结构支撑[②]，强调入学资格等值而不同，以及接受高等教育的机会相同。

日本通过《学位规则》明确博士和硕士学位的授予标准与条件，强调博

① 罗先锋，黄芳. 高等职业教育学位制度的域外实践及启示——基于美国、英国、澳大利亚和荷兰四国的分析 [J]. 高校教育管理，2017，11（2）：80-85.

② 牛金成. 德国高等教育结构的特点及其启示——以巴登符腾堡州为例 [J]. 应用型高等教育研究，2020，5（3）：69-77.

士作为“专业领域的研究者”应具备“高度的研究能力”和“丰富的学识”，硕士应具有“广阔的视野”“精深的学识”和“高度的专业性研究或职业能力”，确保研究生培养和学位制度更符合时代需求和质量要求。在授予条件上，给出保证学习时限的基本要求，但用标准年限取代固定年限，给予时限上一定的弹性，在确保质量的同时激发学生的学习热情。

美国的学位培养模式拥有国际公认的高质量声誉，对世界各国产生了广泛而深刻的影响，其成熟的质量保障体系是关键因素。在外部环境中，美国政府为大学科研和学位教育提供立法保障和经费支持，从宏观上引领提高教育质量。非官方机构的质量评估不仅为学生提供了可参考的信息，也促使各大学客观地审视自身培养质量和声誉地位，不断加以改进和提高[①]。在高校内部，高水平的师资建设、个性化与特色化的课程设置、研究与创造能力的培养、学位论文的高标准与严把关以及培养过程中逐级考核的淘汰机制，协同构成培养过程的质量控制机制。

爱尔兰具有严格而完善的外部和内部双重质量保障体系。在外部，爱尔兰颁布、修订了质量和学位法案，对学士、硕士、博士三个不同阶段的学分和学习结果进行了清晰的界定，成立了专门的质量与资历署（QQI）和高等教育局（HEA)，依法负责各高校的教学质量评估与管理。在内部，各高校设有专门的质量管理部门，在专业设置、课程实施、质量评价上制定了完善的外考官制度和学生参与制度，让利益相关者（如全体师生员工以及招生、科研等各部门）共同参与质量控制与质量提升。

南非高等教育质量保障体系由南非资质署（SAQA)、国家资历框架（NQF）和高等教育质量委员会（HEQC）组成[②]。高等教育质量委员会认为质量的核心是“目的适切性”，通过对所有高等教育机构进行院校审核、教学项目认可、国家评估、质量提升和能力发展、自行评审，建立和发展高质量高等教育系统，增加院校间的透明度，使学生拥有更多的选择机会，并实现学分的自由转换。南非教育部曾开设多期“项目审查和评估”培训，并制作培训教材，设立

① 陈学飞. 西方怎样培养博士——法、英、德、美的模式与经验 [M]. 北京：教育科学出版社，2002：58，223.

② 顾建新，牛长松，王琳璞. 南非高等教育研究 [M]. 北京：中国社会科学出版社. 2010：284-290.

多种活动项目，建立具有一定水平和能力的审查与评估队伍，为高等院校的审查与评估工作的顺利展开提供了保障[①]。

澳大利亚的研究生教育实行宽进严出的管理模式，研究型学位与课程型学位区分严格。课程型硕士项目突出专业技能的培养，具有严格的课程要求，要修完规定课程并通过具有一定难度的课程考试，拿到规定学分才能毕业。相比课程型学位而言，研究型学位项目入学门槛更高，学习难度大得多，虽然没有任何课程学习要求，但需要用全部时间进行课题研究，完成一篇具有创新点的学术论文，且需要有三个教授给出结果（其中两个为外校教授）[②]。因此研究型学位与课程型学位具有清晰的区分界限，可以为继续学习与能力提升提供不同的选择与可能。

菲律宾建立了一套高等教育质量保证体系，以专业认可为主体，实行分级认可，不同等级的院校享有不同的办学自主权，由此形成了院校自评与外部质量保障机构认可相互补充的质量保障体系[③]。

我国自 1999 年高校扩招以来，高等教育从精英教育迅速跨入大众教育，面临高等教育普及化和高等教育结构性改革。由于学生人数急剧增多，师资不足，存在高校类型不突出、特色不明显、趋同现象较为严重，人才培养质量下滑，毕业生就业问题日渐突出，以及资源配置差异大，职业高校层次偏低等问题。国外学位类型结构的不同标准要求和质量保证机制为我国高等教育结构改革提供了可资借鉴的经验。因此，我国高等教育应当大力发展高等职业教育，举办本科层次的职业教育，强调其学位与学术性学位的等值性；发展职业型学位，强调职业型学位与学术型学位的“等值而不同”，逐渐形成学术型、专业型、职业型高校的合理结构；加大高考和高校入学制度改革，引入职业型资历高考，为学生提供更多的高等教育选择和机会，在人才培养过程与模式中全方位凸显应用性与职业性[④]。

---

① 刘亮亮，李雨锦. 南非高等教育的发展近况研究 [J]. 世界教育信息，2010（3）：57-59.

② 宋伟. 澳大利亚学位与研究生教育的特点 [J]. 中国高等教育，2011（5）：61-62.

③ 杨琼. 菲律宾高等教育质量保障体系考察——以菲律宾学校、学院和大学认证协会为例 [J]. 复旦教育论坛，2011（4）：80-83.

④ 牛金成. 德国高等教育结构的特点及其启示——以巴登符腾堡州为例 [J]. 应用型高等教育研究，2020，5（3）：69-77.

（三）将学位体系纳入国家资历框架，保证学位标准可比

欧洲通过博洛尼亚进程推进高等教育一体化，2005 年两年一度的欧洲高等教育区教育部长会议正式宣布采用欧洲高等教育区学术资历框架，要求各国的学术资历都要与欧洲高等教育区的学术资历兼容[①]，进而在各个国家的大学之间建立起一个统一的、可以相互比较的学位体系，所有开设的专业都有可比性，便于各个大学对各专业的了解和认可。

爱尔兰是欧盟最早颁布全国统一教育资历框架的国家，爱尔兰教育资历框架总计 10 级，1—5 级为基础教育证书，6 级以上为高等教育阶段文凭，其中 6 级为高级证书，7 级为普通学士 / 副学士学位，8 级为荣誉学士学位或高等教育文凭（相当于我国的学士学位），9 级为研究生证书或硕士学位，10 级为博士学位。

德国通过修订《职业教育法》，引入职业学士和职业硕士，与德国高等教育的学士和硕士学位等值，并在德国资历框架中处于同一层级[②]，这进一步体现了德国职业教育与学术教育的对等价值，即德国职业型高等学校颁发的学士与硕士证书与其他高校颁发的证书在就业市场是等值的，区别只是在于拥有者所具有的资历能力领域不同，而非水平不同，强调的是“等值而不同”。

俄罗斯也通过加入博洛尼亚进程推动形成和欧洲各国保持一致的高等教育体制[③]，积极实施欧洲学分积累与转换系统，成立专门的工作小组对实施情况进行跟踪落实，并以政策文件形式正式加以确定。通过实现学位资历之间的互认，俄罗斯推进了与欧洲地区教育的深度融合，提高了人才培养的水平与质量。

新西兰在继续教育和高等教育之间并没有明确的区分，从 2002 年起就用“第三级教育”涵盖一切正式和非正式的中学后教育[④]，包括从基本技能到博

① 毕家驹. 欧洲高等教育区的学位标准和质量保证准则 [J]. 高教发展与评估，2006（5）：53-56，60.

② 刘立新. 德国《职业教育法》修订工作启动 [EB/OL]. (2018-12-28) [2022-04-19]. http://hbszjs.hebtu.edu.cn/a/2018/12/28/20181228432.html.

③ 杜劲松，彼得勒索娃. 俄罗斯高等教育改革现状评析 [J]. 比较教育研究，2014（8）：63-67.

④ 曹姜笛. 移民殖民背景下新西兰高等教育发展及其动力研究 [D]. 厦门：厦门大学，2018：4.

士学位的一切学习。“高等教育”在新西兰专指学士学位及以上的教育①。依据1989年《教育法》，新西兰开始构建全国教育资历框架，以形成终身学习的现代教育体制并提升新西兰学历在全球的竞争力。1991年国家资历框架（NQF）正式颁布②，分为4级，1995年调整为8级，2001年发展为涵盖博士层次的10级。2010年新西兰资历框架（NZQF）取代国家资历框架③，成为综合性高等教育体系的基础，为个体在升学、就业和终身学习中提供了一个简单明了的晋级阶梯④。

澳大利亚的资历框架也分为10级：准学位与高级专科文凭同属6级；7级可授予学士学位；8级可授予荣誉学士学位、研究生证书、研究生文凭、职业研究生证书及职业研究生文凭，其中荣誉学士学位在完成学士学位课程一年后授予，对在四年或者四年以上的学士学位课程中成绩突出的学生也可以授予荣誉学士学位；9级可授予硕士学位；10级授予博士学位⑤。

南非的国家资历框架，对南非各级各类教育的目标水准作出规定，要求高等教育资历须在国家资历框架内注册，并提出学术项目的概念。高校的所有资历必须在国家资历框架内的某个水平和某个领域注册，包含一定数量的学分，有目的陈述和结果描述（包括某个学科领域结果和跨领域结果），并必须按照评估规范加以评估⑥。

菲律宾、马来西亚通过立法建立了资历或资历框架制度，所有学位作为框架下的不同等级资历，与文凭、证书一起纳入一个完整的资历晋级阶梯区分不同资历等级及其相对应的文凭、证书和学位，为学习者和评价者提供了统一的标准，既能确保各级学位及其他文凭、证书的质量，也为个人发展规划了路

① Ministry of Education. Profiles & trends: New Zealand's tertiary education system 2015 [R]. Wellington: Ministry of Education, 2016.

② 黄林凯，钟志贤. 新西兰学习成果认证体系运行机制研究 [J]. 中国远程教育，2015（11）：57-66.

③ 梅文馨，朱驰敏. 新西兰职业资历等级制度对我国职业教育的启示 [J]. 西部素质教育，2019，5（2）：212-213.

④ 郭明俏. 新西兰《高等教育战略 2014—2019》研究 [J]. 教育与教学研究，2016（6）：12-18.

⑤ Australian Qualifications Framework Council. AQF explanations [EB/OL]. [2013-06-18]. http://www.aqf.edu.au/wp-content/uploads/2013/06/AQF Explanations.pdf.

⑥ 顾建新，牛长松，王琳璞. 南非高等教育研究 [M]. 北京：中国社会科学出版社，2010：85-87.

径，在框架中实现与基础教育和技术教育的过渡[①]。

发展和完善学位制度的目的是为了推动高等教育高质量发展。我国正处于构建服务全民终身学习的教育体系关键时期，力求扩大受教育的覆盖面，建立一个公平、有效、能对社会需求做出及时回应的高等教育系统，是现代教育体系建设的核心内容。建立国家资历框架，将各级学位的目标水准作为整个框架质量水平的衡量标尺，不仅可以使不同国家和地区间的学位标准清晰可判，也可以对各级各类教育的目标水准作出规定，使得各类学生通过不同途径获得的学习成果得到无差别对待成为可能；完善学位、学历和成绩的认可体系，可以为消除教育机构之间的不平等，开展目标导向、注重效率与成果的教育改革奠定基础，为终身教育和继续学习创造条件。因此，对于我国而言，从高等教育领域入手，将学位体系列入资历框架，或者以学位体系为参照构建资历框架，对各层次高等教育的资历进行衔接和整合，然后扩展到职业技术教育和培训领域。这样不仅有利于建立清晰可比的学位标准体系，也为受教育面的进一步扩大提供可能，还有利于学业与就业、教育服务与市场需求的联系更加紧密[②]。

（四）推动国际交流合作，扩大学位的国际影响

高等教育的国际化进程，使得学位的影响开始从本国延展到国外。各个国家都在适时调整本国的学位制度以增强教育的国际竞争力来适应这一改变。

扩大学位的国际影响，一是表现为不同国家高校联合办学以及学位的跨国颁发。很多国家积极开展合作，通过多种形式快速发展，如互相提供课程颁发双方的学位证书、提供他国课程颁发他国学位证书等。早在 1990 年，马来西亚教育部的政策文件就提出要建立“一个世界顶尖的教育枢纽”[③]。2007 年，马来西亚高等教育部部长宣布要在 2020 年前将国家打造成拥有 20 万国际学生的区域教育中心。2010 年，马来西亚政府正式将高等教育定位为“全国关键

① 技术教育与技能发展局. 2011—2016 年国家技术教育和技能发展规划 [EB/OL]. [2017-09-16]. http://www.tesda.gov.ph.

② 顾建新，牛长松，王琳璞. 南非高等教育研究 [M]. 北京：中国社会科学出版社，2010：10-11.

③ TAN A M. Malaysian private higher education: globalisation, privatisation, transformation and marketplaces [M]. London: Asean Academic Press, 2000: 89.

经济领域”，作为经济转型计划的重要部分[①]。马来西亚与国外大学合办的双联课程是实现上述目标的重要措施。这种“1+2”“2+1”“3+0”[②]的国际课程大多围绕运用专业知识解决实际问题而设置，特别是在商务、酒店与旅游管理、计算机科学、工程与应用科学等领域处于亚洲和世界领先水平。学生毕业之后可以获得英美等名校颁发的国际公认的文凭。双联课程让国内学生不必踏出国门也能接受到国际化教育，同时减少了国内人才的流失。通过双联课程的设置，马来西亚成为世界上最开放的高等教育市场之一。

二是表现为吸引外国学生留学，以及为本国学生的国际流动提供各种形式的资助。例如，菲律宾政府制定了一系列高等教育国际化政策，包括1996年制定的“国家前景计划”，2000年颁布的《国际联系和合作方案实施准则》，2003年颁布的“跨国教育的政策和指导方针”，2008年颁布的“跨国教育的政策、标准和指导方针”等[③]，鼓励外国留学生到菲律宾求学，推动与他国高校学分课程互认，促进菲律宾高等教育国际化的交流和发展[④]。此外，菲律宾也为本国学生设立海外实习或出国留学项目，如2011年高等教育委员会出台交换生实行完全学分转换的规定[⑤]，开设双联学位、国际化高等教育课程和远程学术课程。

三是表现为学位跨国认可甚至全球互认[⑥]。欧洲高等教育的博洛尼亚进程便是最好的例子。德国改变了传统的二级学位体制，增加了学士学位，并对课程设置进行了调整，对学分、学制进行变革；法国也于1998年开始实施欧洲学制，将原来种类和层次过多的学位证书与文凭进行了归类和调整，统一到LMD学制的“3—5—8”体系当中；俄罗斯调整本国的学位制度体系，改变学制，采纳欧洲学分系统。欧洲各国根据欧洲高等教育区的学术资历框架的统一设计与要求，统一学位等级标准，使本国学生在“大欧洲”范围内获得的

① PEMANDU. Transforming education as an engine of growth [Z]. Economic Transformation Programme: A Roadmap for Malaysia, 2010.

② 陈爱梅. 马来西亚私立高等教育：全球化、私营化、教育转型及市场化 [M]. 钟海青，刘肖华，译. 桂林：广西师范大学出版社，2012：82，105.

③ 黄建如，柯莉群. 菲律宾高等教育国际化的实践与利弊 [J]. 东南亚纵横，2012（2）：71-75.

④ 刘进，林松月. “一带一路”沿线国家的高等教育现状与发展趋势研究（三十四）——以菲律宾为例 [J]. 世界教育信息，2019，32（22）：44-49.

⑤ 柯莉群. 菲律宾高等教育国际化述评 [J]. 东南亚纵横，2011（9）：34-37.

⑥ 冯钰平. 学位制度及其发展研究 [D]. 南昌：江西财经大学，2015：36-37.

学位、修读的课程学分在欧洲各国都能被承认，最终表现为学位的欧洲通用。博洛尼亚进程下的欧洲高等教育一体化为扩大学位的国际化影响作了最好的注解。

现代教育的主要目的是促进人的全面发展，开拓其视野，激发其创新能力，因此，对高等教育及其学位制度的国际化要求也日益高涨。随着改革开放的深入，我国的高校也陆续走出国门，与他国联合办学，加强与其他国家学位的互认。在这个过程当中，学位制度的趋同可能难以避免。资历框架的建立，不仅使学位授予标准清晰可比，学位的国际影响力得以扩大，与他国的学位互认有据可循，也可以保留符合本国国情的特色，体现本国人才培养的宗旨与目的。

（五）通过法律制度，保证学位授予的高校自主性与政府监管平衡

政府与高校的管理权限问题始终是被高度关注的话题，学位管理权也是其中之一。学位制度形态的选择与各国的历史传承、价值取向和社会发展紧密关联。英美法系的国家倾向于用大学学位制度管理模式来处理两者之间的关系，高等学校自主权较大，但社会行业组织在学位认可活动中地位的合法化也是英美法国家学位质量保障的关键，是大学学位制度有效运作的重要一环。

美国虽然借鉴了德国大学的发展经验，但自独立后实行的是联邦制，宪法规定各州享有广泛的教育管理权，因此没有必要建立统一的教育管理模式，而州政府也并没有过多地干预大学，学位制度倾向大学学位形态[①]。美国虽然并没有出台一套全联邦统一的学位适用规则，但联邦教育部只对官方认可的认证机构所认证的大学提供资助和拨款，以此来间接地对大学学位授予活动施加影响[②]，同时联邦各州通过州立法赋予政府对辖区内公立大学学位授权审核进行监管[③]。

1992 年《继续教育和高等教育法》颁布前，英国大学都有自己的学位授予权，关于学位授予的相关事宜，在遵守高等教育质量保证署出台的强制文件的前提下，由大学自行决定。1992 年《继续教育和高等教育法》颁布之后，未获得学位授予权的学院可通过向教育部递交申请，审核通过后由枢密院批准

① 范奇. 论《学位条例》修订的制度模式选择 [J]. 研究生法学，2015，30（6）：40-48.

② 张冉，申素平. 国家学位制度与大学学位制度比较分析 [J]. 学位与研究生教育，2013（9）：39-44.

③ 石鸥. 差距与超越：中美教育管理比较研究 [M]. 湖南：湖南师范大学出版社，2000：58.

获得学位授予权[①]。在具体的授权审核过程中，QAA 按照政府教育主管部门制定的高校学位授权审核标准对学院能否获得学位授予权进行实质性审核，枢密院不参与学术事务评估，仅在形式上行使行政许可权，这样将行政权力和学术权力平衡地结合在一个制度中[②]。2017 年英国《高等教育与研究法》出台，放宽了新兴高等教育机构的准入限制，为其与传统大学竞争提供支持[③]。成立的学生办公室（OFS）代表政府对英格兰地区高校进行监管，负责审批英格兰地区高校各级各类学位授予权，以及高校已有学位授予权的变更和撤销[④]；QAA 继续作为高校申请学位授权的实质性审核法定机构，在学位授权资历审查和评估方面继续发挥独特的作用。由此可见，学位授权审核本质上是一种解禁行为，具有行政许可性质。

澳大利亚享有“自我认可权”的高等教育机构可以依据该项权力的相关规定，通过自主设置或撤销研究生教育课程达到设置或撤销学位类别的目的；而不具备“自我认可权”的高等教育机构则以七年为一个周期，向澳大利亚高等教育质量与标准署提交申请，之后依据相关政策法规接受审核，审核结果将决定课程与学位的增设或撤销。不具备“自我认可权”的高等教育机构设置与调整专业学位时主要依据《2011 高等教育质量与标准机构法》所规定的程序依法进行申请、审核和评估等[⑤]。

肇始于 20 世纪 80 年代的新西兰教育改革，推动新西兰教育朝着市场化、私有化、自由竞争方向发展，1989 年颁布的教育法案作为高等教育改革的根本法发挥了极其重要的作用[⑥]。该法将大学、教育学院、理工学院和毛利教育研究机构定义为高等教育机构，同时规定应给予高等教育机构尽可能多的学术

---

① 许明，黄孔雀. 英国高校学位授权审核制度改革：背景、举措与特征 [J]. 研究生教育研究，2021（2）：82-89.

② 刘丽华. 浅谈英国的学位授权审核制度 [J]. 学位与研究生教育，2006（2）：73-76.

③ Universities UK. Implementation of the higher education and research act 2017 [EB/OL]. [2020-08-05]. https://www.universitiesuk.ac.Uk/policy-and-analysis/reports/Documents/2017/briefing-higher-education-research-act-implementation.pdf.

④ Department for Business, Innovation and Skills. Success as a knowledge economy: teaching excellence, social mobility and student choice [EB/OL]. [2020-06-10]. https://assets.publishing.service.gov.Uk/government/uploads/system/uoloads/attachment_data/file/523396/bis-16-265-success-as-a-knowledge-economy.pdf.

⑤ 肖聪. 澳大利亚专业学位设置与调整程序研究 [J]. 高教探索，2018（3）：55-62.

⑥ 卢思思.1989 年以来新西兰高等教育改革发展研究 [D]. 上海：华东师范大学，2020：26.

自由权和独立决策权，将由国家控制的招生决策权、课程设置权、人事聘任权、经费支配权等都不同程度地下放给大学[①]。该法还改革了教育部对全国学校的管理方式：根据收集的相关数据，教育部就教育相关问题提供建议，制定教育政策，使教育朝着与经济政治目标一致的方向发展，但不干涉学校的具体事务，包括学位的授予。新西兰资历评审局依据该法成立，负责审查学校和高等教育领域资历标准的制定，确保学校和高等教育机构在提供项目或培训计划时有公平一致的评估审核程序。

马来西亚宪法规定，教育是联邦政府的责任，由联邦政府教育部统管高等教育的一切事宜。随着马来西亚高等教育体系的扩张和多样化，马来西亚政府逐步减少对高等院校的直接干预和控制，强化对高等院校的宏观调控和监督，扩大高校的自主权。20 世纪 90 年代，马来西亚颁布了一系列法律，加强对高等院校的宏观调控与监督[②]。1995—1996 年，马来西亚国会通过了五项法律，被认为是高等教育“革命性”的举动。这五项法律分别为：1996 年私立高等教育机构法，1996 年国家认可委员会法，1996 年国家高等教育委员会法，1995 年出台的 1960 年教育法修订案和 1965 年大学与大学学院法修订案[③]。1996 年私立高等教育机构法为私立高等教育机构的建立、课程实施、管理和监督提供了法律依据，也确保了私立高等教育机构的发展处于政府的监管与控制之下[④]。1996 年国家认可委员会法主要围绕国家认可委员会的成立、成员、职责、财务等做相关规定，为高等教育，特别是私立高等教育的学术标准、教师质量、教学设施、管理制度、课程设置及学位、文凭、证书认可等提供法律依据[⑤]。该法的颁布显示了政府的角色让渡，即由管理主体转为监督主体，同时规范和强化质量框架，显示出赋权与控制并重[⑥]。在此基础上，2002 年马来西亚教育部又下设质量审核司对公立高等教育机构进行监督。由

① 朱鹏举. 新西兰高等教育质量保障机制研究 [D]. 保定：河北大学，2009：20.

② 王喜娟. 马来西亚高等教育改革与发展 [M]. 桂林：广西师范大学出版社，2017：100-101.

③ 陈爱梅. 马来西亚私立高等教育：全球化、私营化、教育转型及市场化 [M]. 钟海青，刘肖华，译. 桂林：广西师范大学出版社，2012：63.

④ 王喜娟. 马来西亚高等教育改革与发展 [M]. 桂林：广西师范大学出版社，2017：100-101.

⑤ 付悦涵，夏丽萍. 马来西亚高等教育质量保障体系探析与启示 [C]. 2019 International Conference on Social Science, Economics and Management Research (SSEMR 2019).

⑥ 王喜娟. 马来西亚高等教育改革与发展 [M]. 桂林：广西师范大学出版社，2017：100-102.

于两个机构存在不同的标准和条例，马来西亚政府决定将两者合并，建立一个统一的资历认可框架。2007 年《马来西亚资历认证法》生效，成立马来西亚资质署，负责对公立高校进行质量管理和监控，对私立院校进行认可。

以法、德为代表的大陆法系国家，其学位立法既有国家层面的统一立法，也有大学层面的分散立法。国家层面的统一立法处于核心地位，大学层面立法则是授权之下的执行性立法，需要遵守“法律保留、法律优先”原则。违反国家立法的大学立法不仅可能被撤销，而且还会承担立法不当或违法的责任[①]。

2007 年法国政府出台了《大学自治法》，进一步增强高等教育机构的自主性与灵活性。为了推动《博洛尼亚宣言》的三级学位制度在本国落地，德国联邦政府出台了《高等学校总纲法》，对各邦大学或高等专门学校学士—硕士两级学位改革提出了具体要求，明确指引三级学位制改革进程[②]，但由于学术自由的思想早已渗透到德国的“骨髓”，因而大学自治依然盛行，沿袭的导师主导的学位质量保障制度突出教授治学，教授在高等院校管理上，特别是学术管理上有更高权威，包括对学位申请的绝对控制权、研究生招生名额决定权、独立的学位论文指导权、研究所任职人员的决定权，以及对教学内容的建议权等[③]。

日本的学位授予权在很长一段时间内由政府的文部大臣所掌握，大学只有培养、推荐、考核等基本的功能。经过改革，到 20 世纪初，学位授予权由文部大臣完全下放到大学，既充分体现了学位从荣誉评价向学术评价功能的转变，也体现了大学在学术评价中的主导地位。

虽然市场经济带来了“从身份到契约”的变革，但中国院校依附于教育行政部门的整体面貌还没有彻底改变，政府仍然包办大学的招生入学，考试要求，课程、专业与学科设置等，当然也包括学位授予。随着全国“放管服”改革的推进和教育治理现代化的要求，国外的立法经验、大学自治传统以及与政府监管之间的平衡，对我国学位制度的进一步优化与完善具有重要借鉴意义。

---

① 申素平. 学位立法的国际比较与借鉴 [J]. 学位与研究生教育，2004（11）：42-47.

② 贺红岩. 博洛尼亚进程下德国学位制度的改革 [D]. 石家庄：河北师范大学，2007：16-17.

③ 范奇. 我国学位制度研究 [D]. 重庆：西南政法大学，2016：20.

二、中外学位制度比较分析对中国学位制度改革的启示

我国学位制度在制度供给、学位形态、吸收已有改革成果、适应高等教育发展以及与国家资历框架链接等方面，都已取得一定成就，但仍有可以改进的空间。

（一）加快学位立法的修订进程，充分保障学位授予单位的自主权

我国通过《学位条例》的颁布和实施建立起具有中国特色的学位制度①，并通过法律解释和政策工具来推动学位制度的发展和《学位条例》的实施。学位立法为学位制度设立基本框架。完善学位立法可以解决我国学位制度面临的重大问题，推进学位制度体系的完善甚至部分重构，厘清与资历框架的关系。

早在 2010 年，《国家中长期教育改革与发展规划纲要（2010—2020 年）》提出了教育法律“六修五立”的规划，即修订教育法、职业教育法、高等教育法、学位条例、教师法、民办教育促进法，制定有关考试、学校、终身学习、学前教育、家庭教育等法律②。目前《学位条例》还在修订过程中。学位工作属于高等教育工作的重要组成部分，教育行政部门是高等教育的直接管理机构，学位与学历管理机构的双线设置，导致了实践中学位证书与学历证书“双证分离”“双网管理”（学信网与学位网）的现象③。修订《学位条例》的目的是更好地促进学术发展与知识创新，保证国家各个领域的人才供给，因而需要加快修订进程，在遵循国家对学位的基本定位以及学术发展的基本规律的前提下，在法律逻辑和实践逻辑之间，在改革前瞻性和现实可行性之间，在制度宏观要求和具体细节之间，寻找到平衡和统一④，尽快为新时代现代化建设进程和高等教育高质量发展提供学位制度保障。

---

① 湛中乐，靳澜涛. 新中国成立 70 年来教育立法变迁及其制度发展 [J]. 中国人民大学教育学刊，2019（4）：5-25.

② 国家中长期教育改革和发展规划纲要（2010—2020 年）[EB/OL]. (2010-07-19) [2022-04-19]. http://www.moe.gov.cn/jyb_xwfb/s6052/moe_838/201008/t20100802_93704.html.

③ 马怀德. 学位法研究——《学位条例》修订建议及理由 [J]. 北京：中国法制出版社，2014：58.

④ 王大泉. 中国学位法律制度修订完善的历史回顾和现实展望 [J]. 复旦教育论坛，2020，18（2）：24-31.

近年来，学者就我国的学位制度提出了从国家学位制度向大学学位制度转型的建议[①]，实践中也确实出现了大量向大学学位形态转轨的努力与探索，可以说我国的学位制度不再是单纯的国家学位制度[②]。

在国家学位形态下，学位管理属于国家权力的一部分，合法设立的教育机构并不必然享有学位授予权，必须通过学位授予权审核。获得学位授予权的单位所颁发的学位代表国家信用，有较强行政属性。大学学位形态下，国家对学位进行宏观控制：经政府部门批准，大学就能以大学名义授予学位；学位授予标准由大学自主决定，学位体现的是大学自身信誉[③]，侧重于学术水平的证明，对应学术属性。美国是这类学位形态的代表，各大学学位价值由市场和第三方评估机构鉴定，学位价值的高低直接体现大学自身教育质量和学术水平的高低，也是学生择校的重要参考因素之一[④]。

学位作为一种资历证书，兼具执教、营业资历和大学学术标准的多重证明[⑤]。学位制度本质上是将知识加工和处理能力作为评价核心与标准的制度，通过政府、行业组织以及教育机构等社会组织的公信力的信用背书，得以将知识在社会各层面运用和推广[⑥]，内含国家行政权和高校自主权二元复合的结构[⑦]。通过展示、比较、分析多个国家学位管理制度，我们发现这些国家不论实行“国家学位”还是“大学学位”，都通过财政拨款、社会组织实质审核或者管理—咨询等机制，寻求政府监管与大学自主性的平衡[⑧]。

学位制度根源于对知识生产机构生产效果的权威认可[⑨]。我国制定《学位条例》时，学术环境与生态不够完善，高水平人才相对匮乏，学术行业组织缺失，因此通过国家公权力对学位的学术性加以保证，将学术信用转化为国家信

---

① 湛中乐，李烁. 学位形态变革和《学位法》的制定 [J]. 行政法学研究，2020（3）：58-68.

② 靳澜涛. 国家学位制度的现实考察与立法完善 [J]. 重庆高教研究，2020，8（2）：91-103.

③ 张冉，申素平. 国家学位制度与大学学位制度比较分析 [J]. 学位与研究生教育，2013（9）：39-44.

④ 湛中乐，李烁. 论《学位条例》修定中的关键问题 [J]. 中国高教研究，2020（6）：32-37.

⑤ 周洪宇. 学位与研究生教育史 [M]. 北京：高等教育出版社，2004：16.

⑥ 贺国庆. 欧洲中世纪大学 [M]. 北京：人民教育出版社，2009：104.

⑦ 周详，延然. 学位授予行为的法律性质及制度创新——基于司法审判的反思 [J]. 清华大学教育研究，2020，41（2）：141-148.

⑧ 刘恒，邱新. 我国学位标准立法研究 [J]. 江海学刊，2014（3）：125-132.

⑨ 周详，杨斯喻. 学位的功能、结构与学位授予权的本质——兼论《中华人民共和国学位条例》修订的基本问题 [J]. 复旦教育评论，2019，17（1）：17-23.

用背书，一方面是对科研院所、高等教育机构本身的教学与人才培养质量进行控制，另一方面，也是通过政府主导的同行评价制度，保障学位授予单位授予学位行为的合规性。

目前我国高等教育仍处于不均衡不充分发展的状态，国家信用背书的国家学位形态在保障学位质量、实现公平公正、维护管理秩序等方面的有效性和规范性也已经深入人心，为社会广泛接收。然而高等院校本质上是学术组织，教师在这一组织的各项学术活动中，根据制度安排发挥主体作用，行使学术权力，能更好地激发高校的自主性。因此在学位立法修订中，在保留国家学位制度形态的基础上，可以进一步吸纳大学学位制度的有益做法，保障各学位授予单位的办学自主权，明确学位授予单位在学位授予权限下的学术评定权。

我国《高等教育法》规定国家实行学位制度，同时也规定了高校对学生教育过程中的自主权利，因此不同的高校和科研机构在立德树人的总体目标下，根据办学定位、服务对象、地方经济发展状况，以及彰显各自特色的人才培养目标与规格，可以依法自主调整学科、专业，设置课程和教学计划，实施教学活动，开展科学研究等，这些都属于高等教育法规定的办学自主权范畴。学位授予与学生培养紧密相关，既然学位授予单位对学生的学术培养环节有自主权利，那该项权利就应当延续到学术评价环节，才能保持评价与培养的一致性，即学位授予标准与培养方案应当有内在一致性①。

学术评价不存在绝对客观的衡量标准，必然存在一定的主观性，在与国家学位统一标准不冲突的前提下，具体并细化各自的学位授予标准，也应当属于高等教育法赋予的办学自主权范畴，因而学位授予单位在符合法律、法规规定的学位授予条件下，适当提高或放宽授予学位的学术标准，就是合理的行为。对于学术不端行为的判断，也不应当简单地以检测重合比例为认定依据，而应当坚定地以由学术专家对学术不端行为进行判断作为基本原则，明确认定学术不端行为的适格主体，将查重数据的使用权，从行政管理层面移转至专业学术评定层面②，由学术评判人在包含大数据应用的技术辅助下，从论文的文

① 鞠真. 高校学位授予权的法律性质及其限制——基于最高人民法院第 38 号、第 39 号指导案例 [J]. 教育与考试，2020（2）：78-84.

② 王力. 一个学位规制研究样本的发生机制考察——为学位条例修订而作 [J]. 湖北第二师范学院学报，2019，36（12）：87-91.

字内容与学术思想两方面认定是否涉嫌抄袭剽窃，或转化为论文评审得分，形成学术评定结论。

（二）完善学位体系结构，扩大学位授予主体范围

学位在12世纪中叶从博洛尼亚大学和巴黎大学向世界各国大学的传播扩散过程中，不断因为所到国的经济社会发展状况而发生变迁，如德国的学位从纯学术到学术职业并举，英国从精英学位发展到百姓学位，美国从单一学位过渡到多样化学位。

在我国的学位立法修订中，要维护高等教育制度体系与其他教育制度之间的协调统一。学位属于高等教育的组成部分，是对高等教育接受者学业水平的认可与证明，《高等教育法》规定学位制度是高等教育基本制度之一，学位授予单位能获得相应学位授予许可的前提是能够实施相应层次的高等教育，学位质量的保证基于对高校教育质量的监督与评估。因此，学位制度在高等教育制度体系内的价值、功能以及定位，也需要在学位立法中得到体现与回应。基于当前的高等教育办学类型、办学层次、培养目标和服务面向，应通过学位体系结构的丰富完善，衔接起中职、高职、应用型本科、研究生专业学位教育，打通职业教育的延升通道，实现职业教育与普通教育并轨发展①。

随着职业教育改革的深化，职业教育成为一种教育类型，与普通教育同等重要，国务院明确指出要建立高职教育学位体系。与此同时，应用型本科和研究生教育快速发展，专业学位成为亟须完善的发展方向。由于专业学位是具有职业背景的学位，并且应用型本科也是职业教育体系的组成部分，因此有学者建议将专业学位拓展为职业学位，将现有学位体系区分为学术学位与职业学位②；也有学者认为，高职学位是对技术人才技能创新与应用水平的一种制度性认可，以技术知识生产、传承与扩散为旨归，完全区别于以科学知识和专业知识生产为基础的学术学位与专业学位，应当成为独立的职业学位，和学术学

① 谭光兴，冯钰平. 新时代的学位制度变迁——基于我国高校转型发展的视角 [J]. 中国高教研究，2018（5）：104-108.

② 王大泉. 中国学位法律制度修订完善的历史回顾和现实展望 [J]. 复旦教育论坛，2020，18（2）：24-31.

位、专业学位共同构成我国的学位体系①。

根据教育部等六部门印发的《现代职业教育体系建设规划（2014—2020年）》（教发［2014］6号）指出，教育体系的构建应采取双轨制（见图4-1②）。联合国教科文组织统计研究所发布的《国际教育标准分类法》（2011），从统计的口径上，将教育结构分别用“学术”和“专业”代替“普通”和“职业”。

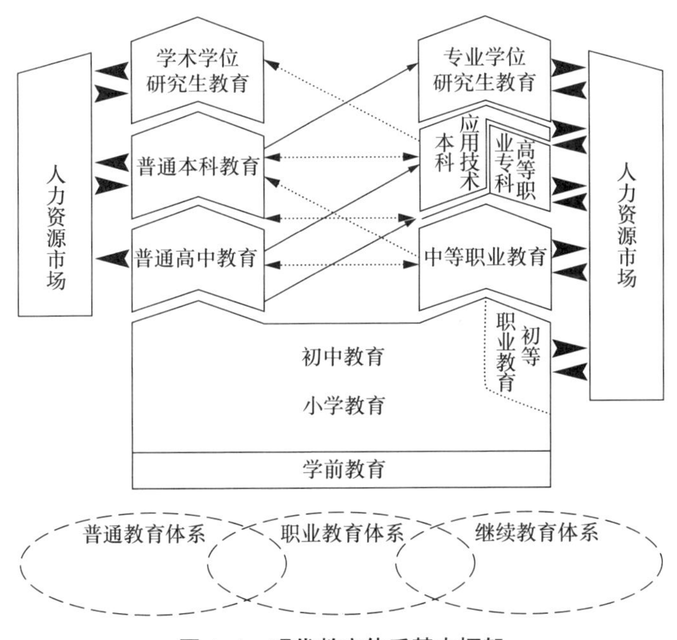

图 4-1　现代教育体系基本框架

在学位立法修订中，建议呼应职业教育改革的趋势和其他国家的经验，将学位区分为学术学位和专业学位，同时加上“等类型”的兜底性表述，为未来可能出现和新增的类别留出空间；进一步扩大专业学位的专业类别，从硕士学位同步对应延展至博士学位层次。同时为了保持与高等教育制度的协调，借鉴“副学士”学位或基础学位的经验，对专科层次的高职教育，对应增加“副学士”学位（或具有相同性质的其他学位名称），将我国的学位分为

① 王亚南，贺艳芳. 高职教育学位体系构建争议的学理澄明及路径抉择——双轨制抑或三轨制?[J]. 学位与研究生教育，2019（9）：34-42.

② 教育部. 六部门印发的《现代职业教育体系建设规划（2014—2020年）》[EB/OL]. (2014-06-23)[2022-04-19]. http://www.moe.gov.cn/srcsite/A03/moe_1892/moe_630/201406/t20140623_170737.html.

副学士、学士、硕士和博士四级。在此基础上调整学位授予条件，要求有接受相应高等教育培养过程的学术经历，遵守学术诚信规则，具有达到学位授予单位要求和学术水平（≥资历框架对应级别基础标准）的学术成果，如论文或其他实践性成果。

此外，在明确学位类型和结构的基础上，还需进一步在学士学位条目下，明确辅修学士学位、双学位、联名学位和第二学士学位的法律地位与属性①；在硕士学位条目下，明确非全日制研究生学位的法律地位与质量保障。

随着终身学习理念的全民普及与深入，成人继续教育、现代远程教育和高等教育自学考试等灵活开放的学习方式，会成为终身学习体系的重要组成部分。《高等教育法》赋予了所有高等教育接受者在学业水平达到规定的学位标准时，可以向学位授予单位申请相应学位的权利，以“构建服务全民终身学习的教育体系”发展目标。

综上所述，在学位立法的修订中，应进一步明确学位授予的主体范畴，扩大原来高校和科研机构的有限授予主体范围，规定符合条件的学位申请人都可以向其学籍所在的或者学习关系所在的学位授予单位申请获得相应学位。对于业余、远程学习者和自学考试者而言，则可以向获得相应学位授予权的开放大学、成人高等学校、继续学历教育以及自学考试学习关系所在的高校申请。可以在专业学位下开放“高等学历继续教育学位”类型，明确开放大学、成人高等学校以及教育考试院等都有申请各级学位，包括硕士、博士学位授予审核的资格，通过审核的，可以获得专业硕士、博士的学位授权许可。鼓励学历继续教育提供者提高人才培养质量，按照规定的各级学位授予许可标准开展教学、科研建设。为了从学位管理角度实现教育公平，可以要求在学位证书中明确标注“高等学历继续教育学位”。

（三）强化质量保障，科学制定学位标准

美国教育学家马丁·特罗提出了著名的高等教育大众化的观点。他以毛入学率作为区分指标，认为低于 15% 的高等教育属于精英教育，高于 15% 而低

① 张勇，杨大伟. 双学位的“合法性”探析 [J]. 上海交通大学学报（哲学社会科学版），2015，23（2）：69-75.

于50%的则属于大众化教育，若毛入学率达到50%以上，则这个国家的高等教育已经进入普及阶段[①]。中国目前已经进入了高等教育普及化阶段，虽然高度重视质量建设，但仍然存在“严进宽出”、质量下降的现象，学位标准比较宏观，规范语义不够清晰。因而建立健全学位质量保障体系是提高学位授予单位现代化治理能力和人才培养水平的关键，科学的学位标准又是质量保证的核心要素。

目前，我国的学位质量评价是以政府为主，实行的是逐级官方评价，评估体系比较单一。学位立法修订中，可以引入高等教育行业组织或第三方评估机构，参与学位认可、学位质量评估以及学位信息咨询等工作，充分发挥高校自身作用，支持多重保障学位授予质量，实行多管齐下、多方协同的学位质量管理机制。各方具体职责如下。

国家和政府部门主要负责对教育资源进行宏观配置和调控，负责相关法律法规的制定和完善以及执法监督，加强过程化动态监管，如定期开展学位授予活动的监督与评估，建立退出机制；增加新兴学科、紧缺专业学位授予点的事后认可制度，允许具备条件的高校在新兴学科、交叉学科先行开展博士研究生教育，在第一次为毕业生颁发学位后，由国务院学位委员会组织专家对培养方案、论文质量、创新成果进行审核认定，以决定是否承认所颁发学位的合法性[②]。

社会组织作为第三方机构，实质性接入学位授予审核以及学位授予的质量评价，通过立法赋予特定社会组织质量评价职能，保证第三方机构评价活动的独立性与自主性；同时建立市场监督机制和行政诉讼机制，对学位授予审核及质量评审行为可以提起诉讼。

学位授予单位要充分发挥主观能动性，完善学位质量保障体系，持续优化人才培养模式，重视研究方法与思维能力的训练，建立系统规章制度，定期或不定期地对自身教育教学情况、学科点建设情况进行自我评价，及时解决问题，并逐步使自身的学位质量评价工作趋于规范化。

学位是围绕学术建构的一套评价体系。对个人而言，学位意味着个人学术

① 李从浩. 马丁·特罗的高等教育大众化理论再探讨 [J]. 教育评论，2006（2）：95-97.

② 王大泉. 中国学位法律制度修订完善的历史回顾和现实展望 [J]. 复旦教育论坛，2020，18（2）：24-31.

水平达到了一定标准，是对个人学术成就和学术水平的评价，不同层次的学位意味着不同级别的学术水平，学位标准就是求学的产出和自我的期待。对市场和社会而言，学位是一种信息符号，是判断人才层次的一套甄别系统，学位标准让学位更精准全面地反映学位获得者的受教育程度和学术能力；对国家而言，学位标准是一国高等教育质量和学术水平高低的重要判断依据；对世界而言，学位标准是各国学位互认的衡量标尺，是进一步扩大公民接受高等教育机会、分享和利用国际优质高等教育资源、增进双方或多方相互信任的筹码。

学位标准从字面意义上可以理解为规定学位申请者应达到的标准，包括学术标准和非学术标准。学术标准是对学位申请者学术评价的客观参照，是评价其学术水平高低的标尺①，由内在和外在标准构成，内在的学术标准包含学术创造标准、学术规范标准和学术道德标准三个方面②，外在的学术标准是由学术权威或官方机构制定的一种量化评价机制。非学术标准通常是指品行要求、纪律要求和政治要求等。

现行的学位标准因为还难以发挥应有的价值，尤其在推动高等教育国际化发展、助力学位互认方面，需要通过学位标准的法定化，提供一套科学、透明、可被比较的各级学位基础标准。

为了平衡政府监管和大学自治之间的关系，学位立法修订要明确规定学位标准的基础性和兜底性，体现国家对学位质量的最低控制标准。为了适应高等教育的未来发展，要规定学位标准的原则性和开放性，推动高等教育的国际化程度进一步提升。在此基础上明确授权各学位授予单位可以依据各自的人才培养定位与办学特色，自行设立各学位授予单位的学位标准，但各学位授予单位的学位标准不得与国家学位标准相抵触，也不得低于学位立法中确立的国家学位标准。至于各学位授予单位的学位标准的上限，原则上由各学位授予单位自行确定，只要其标准不侵害公民受教育权和不违反其他法律规定即可确认其效力。具体而言，建议在修订后的学位立法中专门规定：“国家设定各级各类学位授予的基本条件和基本标准，推动与其他国家之间的学位互认，提升学位的国际化程度。学位授予单位可以在规定的基础上自主设定各级各类学位授予

① 龚向和，张颂昀. 论硕士、博士学位授予的学术标准 [J]. 学位与研究生教育，2029（3）：56-64.

② 刘昌庆. 学术评价的内在标准 [J]. 山西大学学报（哲学社会科学版），2017，40（5）：4，145.

的具体标准、要求、条件和程序”[①]。

（四）纳入国家资历框架，推动国际互认

近年来，我国致力于推动形成全方位、多层次、宽领域的教育对外开放格局，深化同世界各国的教育合作与交流。截至 2020 年 9 月，中国已与 188 个国家和地区、46 个重要国际组织建立了教育合作与交流关系，与 54 个国家和地区签署了高等教育学历学位互认协议[②]。由于国际上缺乏统一的认可标准，国家间的学历学位与文凭的互认主要使用“大约等值法”和“精准测量法”。大约等值法建立在双方信任的基础上，精准测量法就需要通过对申请者的学术水平进行衡量来判断。不论哪一种方法都离不开学位标准的法定化。由于学历学位的认可涉及国家的教育主权、学术系统以及学习者权益的保护[③]，借助于公开的、可考察的学位标准，形成与他国标准的衔接与沟通，预计可以进一步加深彼此间的信任，提高各国的教育水平。因此，在修订的学位立法中需要考虑结合国家资历框架制度的设计，将各级各类学位授予标准纳入国家资历框架中统筹考虑。同时因为国家和社会对学位体系的逐步认可，学位标准可以成为资历框架等级标准研发的核心参照系数。

学位标准的完整设计，不仅是架设一套质量标准体系，也要为个人发展提供发展路径，针对不同学位之间人才培养存在的区别性与相似性来设计路径转换通道。横向上，要承认专业学位与学术学位、全日制学位和高等学历继续教育学位就读和就业资历上的等同价值，高职毕业生获取相应学位可以继续攻读同一类或跨类攻读高一层级的学位[④]；纵向上，则应根据不同学位类型人才培养目标及培养模式的差异进行差别化制度设计，专业学位获得者如果想要攻读更高层级的学术学位，应加试相关学科知识，而学术学位获得者如果想要攻读专业学位则必须具有一定的职业实践经验[⑤]。

---

① 刘恒，邱新. 我国学位标准立法研究 [J]. 江海学刊，2014（3）：125-132.

② 魏梦佳，高敬. 中国已与 54 个国家签署高等教育学历学位互认协议 [EB/OL]. (2020-09-05) [2021-02-28]. http://www.gov.cn/xinwen/2020-09/05/content_5540890.htm.

③ 马杰. 中外学历学位互认中的法律问题研究 [D]. 武汉：武汉大学，2014：91-97.

④ 陈厚丰. 高等教育分类的理论逻辑与制度框架研究 [M]. 广州：广东高等教育出版社，2011：372.

⑤ 王亚南，贺艳芳. 高职教育学位体系构建争议的学理澄明及路径抉择——双轨制抑或三轨制? [J]. 学位与研究生教育，2019（9）：34-42.

从这一角度看，国家学位标准及其纵横向规划正与国家资历框架不谋而合，两者之间有着天然的响应与互动。因此建议在新一轮的《博士、硕士学位基本要求》编写中，关于学位标准的修订和编制应尽量采用与国家资历框架相匹配的术语和标准，充分借鉴发达国家地区较为通用的资历框架体系中所提及的相关标准，以资历框架对接为桥梁，在《全球公约》的大框架下进一步推进国际间学位互认。

（五）规范学位授予程序，完善救济机制

学位授予要充分体现公平公正的原则，在学位授予评审阶段要保证学位授予审核评议结果客观公正，过程监督规范可行，真实体现学位授予单位的办学水平；在学位授予阶段要为学位申请者提供均等机会，授予审核评议过程公开公平公正，保证学位申请人的知情、陈述、申辩以及诉讼权利。

目前学位授予审批项目已被列入教育部行政许可项目列表中[①]，可见学位授予审核是一种竞争性行政许可，目的在于将国家权力的直接管理转化为政府的过程监管[②]，所以首先要厘清并界定学位管理单位与高等学校的权利义务关系，用明确的条款限制政府权力，防止在审议过程中行政权的“角色异位”[③]，确保学位授予单位的办学自主权。

学位授予阶段要切实保障学位申请人的权益，建立回避制度、信息公开制度、明确告知制度以及听证制度，建立健全申诉、复核机制，将学位授予事宜纳入学生申诉委员会的处理范畴。完善学位申请人的程序性权利，如要求说明决定理由的权利、被告知的权利、获得平等对待的权利、要求举行听证的权利[④]、陈述与申辩的权利等。

“有权利必有救济”，学位立法要明确学位争议的司法救济途径。学位授予涉及国家行政权和高校学术自治权，国家行政权部分应接受行政监督和救济已被普遍接受，但对于学术权利，如学术水平评价、学术不端界定等，法院能

① 教育部. 教育部行政许可事项清单 [EB/OL]. [2021-02-26]. http://www.moe.gov.cn/jyb_zwfw/fwxx_xzsp/xzsp_fwqd/201702/t20170209_295923.html.

② 胡建淼. 行政法学 [M]. 北京：法律出版社，2015：548.

③ 胡大伟. 我国学位授权审核制度的行政法反思与完善——西北政法大学申博案引发的思考 [J]. 现代教育管理，2010（9）：50-53.

④ 苏兆斌. 我国学位制度的历史与现状研究 [D]. 长春：东北师范大学，2013：100.

否进行司法审查，不论是在学界还是在司法实践中都没有形成一致观点[①]。从保护不利者的主张出发，涉及改变学生身份的管理行为以及其他一些对学生基本权利有重要影响的学校管理行为应该纳入司法审查范围[②]。由于学位授予属于对学位申请人（学生）的基本权利有重大影响的管理行为，所以为了避免出现对学位申请人权利保护真空，学术水平评价、学术不端界定等不能完全排除法院的司法审查，可以进行程序性审查，对“明显是武断或恣意的”或“实质偏离公认的学术准则”[③]，也可以进行实体性审查。

三、中外资历框架的比较分析

（一）国际资历框架的发展

1. 从学位到资历的含义扩展

现代学位制度是规范学术活动、保障高等教育质量的重要手段，是国家人才选拔和培养的重要机制。世界各国和地区的学位制度主要针对的是正规教育系列的高等教育，但随着终身教育和终身学习理念的推广和深入实践，以及现代信息技术的发展与应用，人们学习的方式更加灵活多元，非正规教育和非正式学习逐渐成为知识经济社会中人们生涯发展和职业晋升的重要途径。非正规教育和非正式学习衍生的各类证书和成果证明纷繁复杂，如继续教育证书、职业技能等级证书、企业培训证书、创新创业成果、奖项和业绩、MOOC 课程学习等，难以通过国家学位制度进行认可，因此资历的概念应运而生。根据亚太经济合作组织（APEC）的定义：“资历是由政府机构正式认可或颁发，根据建立的学习成果标准，评审个人达到的资历头衔，通常包括证书、文凭以及学位；由于资历的学习和认可往往是在学习和工作进程中发生的，学习者的资历在劳动力市场、继续教育或者职业培训中都获得政府的认可”。[④] 由此可见，

① 刘莘，李烁. 司法审查介入高校教育纠纷的难点分析 [J]. 广东行政学院学报，2017，29（5）：5-12，2.

② 韩兵. 德国司法审查学校学生管理纠纷的理论与实践 [J]. 河北法学，2010（2）：164-168.

③ 李烁. 美国公立高校惩戒学生行为的正当程序审查 [J]. 行政法学研究，2018（5）：136-144.

④ 张伟远，段承贵. 终身学习立交桥建构的国际发展和比较分析 [J]. 中国远程教育，2013（9）：9-15.

资历拓展了学位的功能与内涵，既包括正规高等教育的学位，也包括非正规教育和非正式学习的各级各类文凭、证书等学习成果证明。

2. 国外资历框架发展历程与规模

资历框架的发展始于 20 世纪 80 年代末至 90 年代中期。最早推行资历框架的国家和地区有澳大利亚、新西兰、南非和英国的苏格兰等；从 90 年代后期到 2000 年，资历框架的发展扩展到爱尔兰、马来西亚、马尔代夫、毛里求斯、墨西哥、纳米比亚、菲律宾、新加坡、威尔士、特立尼达和多巴哥等国家和地区①。2000 年以后，资历框架开始在全球兴起，基于联合国教科文组织等机构 2019 年 11 月联合发布的《全球区域和国家资历框架目录》和其他文献的综合数据，全球终身教育资历框架的发展规模达到前所未有的水平，建立和实施资历框架的国家总数达 161 个。由此可见，资历框架的发展规模已经达到全球化的程度。此外，资历框架发展已经进入跨国区域互认阶段，全球已经建立了 7 个区域资历框架，实现资历和学分的区域互认，7 个区域资历框架为 126 个国家或地区提供了区域内的跨国资历和学分对接的互认标准②。同时，大部分国家或区域联盟的资历框架已经从理念推广和政策规划走向了具体的实践与应用，并进行了多轮实践、评估与修订，逐渐成为根本性的国家战略制度。

3. 国（境）外资历框架结构发展体系

资历框架建设是系统性工程，国（境）外资历框架建设往往要经历多轮建设、实施、评估、反馈和修订，是一项利益相关方共同参与和推进的系统化教育工程，就资历框架的建设内容而言，通常包括资历等级、能力标准维度、质量保证等。下面主要从资历框架建设体系视角，选取新西兰、澳大利亚、法国、爱尔兰、南非、马来西亚、德国、俄罗斯等国家的资历框架建设情况作为案例进行概述。

---

① CEDEFOP. Global inventory of regional and national qualifications frameworks 2019, volume II: National and regional cases [EB/OL]. (2019-12-11) [2020-06-05]. https://www.cedefop.europa.eu/files/2225_en.pdf.

② 谢青松. 区域资历框架的构建和对接的比较研究 [J]. 中国职业技术教育，2019（18）：36-45.

（1）资历框架的立法与管理

为了保证资历框架的推行，各国家都在政府层面上进行资历框架立法。资历框架的立法包括内容和过程两个维度。资历框架立法内容是指资历框架的法律、条例、适用范围和目的，并对八个关键内容作出规定：目的和原则；组织管理机构；利益相关者；资历的开发；实施资历框架的关键议题；质量保证；非正规和非正式学习的认可；资历的认可。过程是指资历框架立法的构思和设计，在起草法律时需要研究如何建立新的法律，以及如何与相应法律的对接，如遵循上位的国家教育法的条款，与下位的职业和培训法的衔接，确保终身教育资历框架与各级各类教育、培训和劳动力市场已有的相关法律和政策一致。此外，资历框架立法基于各国国情在以下方面存在差异：初级和二级立法，初级立法制定基本原则，二级立法规定详细条款；参与立法的主体和利益相关者群体①。

此外，各国家和地区在构建终身教育资历框架中，采用政府主导、各利益相关机构全面参与的管理模式。利益相关机构是指在资历框架政策制定和实施过程中具有特定作用或既得利益的团体或实体机构。没有利益相关机构的参与，资历框架将会缺少可信度，资历框架的实施也难以落实。利益相关机构包括政府不同部门、行业机构和商会、教育和培训机构等。资历框架由政府指定的部属机构或特设部门管理，为不同的利益相关机构搭建咨询和商讨的平台，讨论资历框架体系中的问题；制定国家和地区资历框架实施计划；制定改革目标；识别新资历的需要；评估资历课程提供机构的能力和措施；决定资历体系的改革等②。从新西兰、澳大利亚、法国、爱尔兰、南非、马来西亚、德国、俄罗斯等国家的终身教育资历框架的管理模式来看，在各国资历框架法律中，都规定了由政府部门作为资历框架的管理机构，各国终身教育资历框架立法和管理机构情况见表 4-1。

① GRAHAM M, DEIJ A. Organising to deliver national qualifications frameworks [EB/OL]. [2019-03-05]. http://www.cedefop.europa.eu/files/2221_en.pdf.

② ETF. Getting organised for better qualifications: a toolkit [EB/OL]. [2018-10-12]. http://www.etf.europa.eu/web.nsf/pages/Qualifications_toolkit.

表 4–1　各国终身教育资历框架的立法和管理情况

国家	资历框架立法	管理情况
新西兰	1989 年《教育法》 1992 年《行业培训法》	1991 年，新西兰正式推出国家资历框架。新西兰资历评审局负责管理资历框架，同时负责职业教育和培训项目的注册、评审、质量保证；新西兰大学校长委员会负责普通高校的质量保证。
澳大利亚	联邦政府和州政府法律	澳大利亚资历框架委员会监管澳大利亚资历框架的实施，质量保证分别由高等教育、职业教育和培训以及普通教育三个领域各自负责。
法国	2002 年《社会现代化法》	2002 年成立了国家职业资历认证委员会（CNCP）并推出了国家职业资格证书目录（RNCP）。
爱尔兰	1999 年《资历法》 2012 年《资历和质量保证法》	2001 年成立爱尔兰国家资历认证局，负责发展和监管资历框架。2012 年颁布《资历和质量保证法》，为新成立的爱尔兰质量与资历署（QQI）提供法律依据。QQI 是由四个拥有证书发放和质量保证权限的机构合并而成的，包括 2001 年成立的国家资历认证局。
南非	1995 年《南非资质法》 2009 年《国家资历框架法》	1996 年，南非资质署（SAQA）开始运作，负责开发和推行国家资历框架。
马来西亚	2007 年《马来西亚资历认证法》	2007 年，马来西亚资质署（MQA）成立。
德国	2013 年《德国文教部长联席会议、联邦教育与研究部、联邦经济部长联席会议、联邦经济与技术部关于终身学习资历框架的共同决议》	2012 年 1 月，德国各政府部门、行会、工会、职业教育和培训部门进行管理，将现有资历纳入国家资历框架。

续表

国家	资历框架立法	管理情况
俄罗斯	1996 年 1 月 13 日新版《俄罗斯联邦教育法》; 1996 年 8 月 22 日《俄罗斯联邦高等教育和研究生教育法》。	2010 年，成立国家资历开发局；同时，卫生和社会发展部负责管理行业分类和信息码统一系统，教育和科技部负责教育类资历的管理。

资料来源：French project working group，2010①；Malaysian Qualifications Agency，2013②；New Zealand Qualifications Authority，2013③；QQI，2013④；SAQA，2013⑤；Allais，2010⑥；ACE，2000⑦。

（2）资历框架的等级和标准

要实现各级各类教育之间的衔接和沟通，就需要建立统一的资历级别划分。资历框架只是一个划分资历等级的工具。在资历框架中需要为每一级别确立统一的能力标准，为各类教育和培训提供统一的质量要求。有了统一的资历级别能力标准，就为教育和培训机构提供了课程建设的统一指南和基准。同时，资历框架能力标准也为企业培训提供了课程建设指南。建立了资历框架的国家和地区都组建了一系列的行业培训咨询委员会，这些委员会按照资历框架的通用能力标准，建立了行业培训的能力标准，以保证行业培训与资历框架的能力要求一致。从新西兰、澳大利亚、法国、爱尔兰、南非、马来西亚、德国、俄罗斯等国家的终身教育资历框架的资历等级来看，资历等级从 0 级到 10 级，因国情不同而有所不同，见表 4-2。

① French project working group. Referencing of the national framework of French certification in the light of the European framework of certification for lifelong learning, 2010 [EB/OL]. [2020-08-04]. http://ec.europa.eu/eqf/uploads/file/Report-FR-NQF-EQF-VF.pdf.

② Malaysian Qualifications Agency. Malaysian qualifications framework, 2013 [EB/OL]. http://www.mqa.gov.my/portal2012/default/en/mqf.cfm.

③ New Zealand Qualifications Authority. NZQF timeline 1980s-2008, 2013 [EB/OL]. [2020-08-04]. http://www.nzqa.govt.nz/studying-in-new- zealand/nzqf/history-of-nzqf/nzqf-timeline-1980s-2008/.

④ QQI. About QQI, 2013 [EB/OL]. [2020-08-04]. http://www.qqi.ie/About/Pages/default.aspx.

⑤ SAQA. South African qualifications authority, 2013 [EB/OL]. [2020-08-04]. http://www.saqa.org.za/.

⑥ ALLAIS S. 2010 The implementation and impact of national qualifications frameworks: report of a study in 16 countries [EB/OL]. [2020-08-04]. http://www.oit.org/wcmsp5/groups/public/---ed_emp/---ifp_skills/documents/meetingdocument/wcms_126589.pdf.

⑦ ACE. Mutual recognition of qualifications: the Russian federation and the other European countries [EB/OL]. [2020-08-04]. http://www.aic.lv/ace/tools/leg_aca/guid_rus.htm.

表 4–2　各国高等教育资历等级

国家	资历级别	高等教育资历等级
新西兰	10 级	五级文凭；六级文凭；七级学士学位；八级荣誉学士学位、研究生证书、研究生文凭；九级硕士；十级博士
澳大利亚	10 级	五级文凭；六级副学士学位、进修文凭；七级学士学位；八级学士荣誉学位、研究证书、研究文凭；九级硕士；十级博士
法国	5 级	第一级资历（博士、硕士）；第二级资历（学士学位）；第三级资历
爱尔兰	10 级	六级高级证书；七级学士学位；八级荣誉学士学位；九级硕士；十级博士
南非	10 级	六级文凭 / 职业证书；七级学士学位 / 进修文凭；八级学士学位 / 学士荣誉学位 / 研究生文凭；九级硕士学位；十级博士学位
马来西亚	8 级	四级文凭；五级高级文凭；六级学士；七级硕士；八级博士
德国	8 级	六级学士学位；七级硕士学位；八级博士学位
俄罗斯	9 级	六级学士；七级硕士、专业硕士、专家；八级副博士；九级博士

资料来源：French project working group，2020①；Malaysian Qualifications Agency，2013②；New Zealand Qualifications Authority，2013③；QQI，2013④；SAQA，2013⑤；Allais，2010⑥；ACE，2000⑦。

（3）资历的质量保证和评审机制

除了资历框架的资历级别和统一能力标准要求，要使各级资历和学分得

① French project working group. Referencing of the national framework of French certification in the light of the European framework of certification for lifelong learning [EB/OL]. (2020-06-29) [2022-06-20]. https://europa.eu/europass/system/files/2020-06/France%20Referencing%20Report%20.pdf.

② Malaysian Qualifications Agency. Malaysian qualifications framework, 2013 [EB/OL]. (2019-01-17) [2022-06-20]. http://www.mqa.gov.my/portal2012/default/en/mqf.cfm.

③ New Zealand Qualifications Authority. NZQF timeline 1980s-2008, 2013 [EB/OL]. [2020-08-04]. http://www.nzqa.govt.nz/studying-in-new- zealand/nzqf/history-of-nzqf/nzqf-timeline-1980s-2008/.

④ QQI. About QQI, 2013 [EB/OL]. [2020-08-04]. http://www.qqi.ie/About/Pages/default.aspx.

⑤ SAQA. South African qualifications authority, 2013 [EB/OL]. [2020-08-04]. http://www.saqa.org.za/.

⑥ Allais, S. 2010 The implementation and impact of national qualifications frameworks: report of a study in 16 countries [EB/OL]. [2020-08-04]. http://www.oit.org/wcmsp5/groups/public/---ed_emp/---ifp_skills/documents/meetingdocument/wcms_126589.pdf.

⑦ ACE. Mutual recognition of qualifications: the Russian federation and the other European countries [EB/OL]. [2020-08-04]. http://www.aic.lv/ace/tools/leg_aca/guid_rus.htm.

到认可，还需要建立严格的质量保证系统和评审机制。缺乏课程的质量保证和评审，资历框架就成为一个毫无意义的工具，没有质量保证，资历框架也就难以有效地推行。在评审中，资历框架下的学术和职业资历评审机构是基于资历框架中的通用能力标准，对相应的学术和职业资历课程进行评审，通过评审的课程名单，能够进入政府的资历名册网站并向全社会公布，帮助人们了解和选择具有质量保证和资历的课程。资历框架中的质量保证和评审一般由政府认可的专业评审机构执行，表 4–3 列举了新西兰、澳大利亚、爱尔兰、南非、马来西亚的质量保证和评审机构。

表 4–3　各国资历框架下的质量保证和评审机构

国家	学术和职业评审机构
新西兰	新西兰资历评审局（NZQA）
澳大利亚	澳大利亚国家职业教育与培训规范局（ASQA） 澳大利亚高等教育质量与标准署（TEQSA）
爱尔兰	爱尔兰质量与资历署（QQI）
南非	南非普通和继续教育与培训质量保证委员会（Umalusi）、高等教育委员会（CHE）、行业和职业质量委员会（QCTO）
马来西亚	马来西亚资质署（MQA）

资料来源：张伟远等，2014[①]

（4）学习成效为本的课程建设

为了帮助教育和培训机构在课程建设中能遵循资历和学分的要求，资历框架要求课程建设遵守成效为本的原则。成效为本的核心理念是强调学习者的学习结果，而不是学校的投入（例如教学、持续时间和考核方法）。通过确定和测评学习者获得的学习成效，将学生所学的知识、技能和能力转化为相应的学分和资历。在资历课程中，学习成效用以确定资历的级别、指标、评估标准和对课程或单元的预期成果。例如，马来西亚资历框架对于资历的开发和分类是根据学生的学习量来设定学术级别、学习成效以及学分系统。马来西亚资历

① 张伟远，段承贵，傅璇卿. 搭建终身学习立交桥：国际的发展和比较 [M]. 北京：中央广播电视大学出版社，2014：12.

框架中的每一个资历的学习成效都是通过级别指标进行描述的。由于采用成效为本的原则，强调学习者、学习和学习成就，因此，达到学习成效的方法也就不限于正规教育了，也包括那些通过非正规教育和非正式学习所取得的学习成就。

（5）学分累积和转换

学分的累积和转换是资历框架的重要组成部分，用以实现不同类型教育的互通和衔接。目前，学分累积和转换在大部分国家尚停留在成人教育、继续教育、职业教育和企业培训之间，有的开始与开放大学的学位课程互通和衔接，但与普通高校的学分转换尚未实现。例如，新西兰资历框架自 1991 年建立以来，采用了统一的学分体系，所有的资历都有相应的学分值及其所需的学习时间。教育和培训机构在开发课程时，需要根据在指定的条件下达到既定学习成效所需的时间，确定该资历所需的学习时间，进而确定该资历的学分值。学分的计算公式为：1 学分等于 10 学时（学时包括：教师指导下的学习时间、自主学习时间、完成作业的时间以及参加考试的时间）。另外，全日制学习每年是 120 学分，即 1,200 学时[①]。

（6）过往学习成果的资历认可

过往资历认可是指对非正规和非正式学习成果的认可，在资历框架出现以前就存在已久。国家资历框架制定的统一能力标准和学分要求，为过往资历认可提供了科学的评审依据，从而大大推动了过往资历认可的发展。许多国家都强调，资历框架对于促进非正规和非正式学习成果的认可起到了重要的作用。例如，在南非，为了加强资历框架中的过往资历认可，2012 年 1 月进一步成立了部长级过往资历认可工作组，负责规划和实施所有中学后教育及培训体系中过往资历认可的策略[②]。马来西亚资质署于2009年制定了对过往学习的认可准则，2011 年，又进而开发了评估过往学习的工具和标准，并建立评估中心。

① New Zealand Qualifications Authority. Understanding New Zealand qualifications [EB/OL]. (2013). http://www.nzqa.govt.nz/studying-in-new-zealand/nzqf/understand-nz-quals.

② SAQA. Recognition of prior learning in South Africa: taking RPL to scale [EB/OL]. (2012). http://www.saqa.org.za/docs/pubs/bulletins/bullvol12_3.pdf.

4. 国外区域资历框架发展现状

全球已经建立的区域资历框架有七个，分别是：欧洲资历框架（European Qualifications Framework, EQF），东盟资历参照框架（ASEAN Qualifications Reference Framework, ASEAN QF），南部非洲发展共同体区域资历框架（Southern African Development Community Regional Qualifications Framework, SADC RQF），太平洋资历框架（Pacific Qualifications Framework, PQF），加勒比共同体资历框架（CARICOM Qualifications Framework, CARICOM QF），海湾资历框架（Gulf Qualifications Framework, GQF）和跨国界资历框架——英联邦小国虚拟大学（Transnational Qualifications Framework – The Virtual University for Small States of the Commonwealth, VUSSC TQF）。

（1）欧洲资历框架

欧洲资历框架于 2008 年发布，旨在提高欧洲国家资历的透明度、可比性和可转换性。欧洲资历框架包括八个基于学习成果的资历等级，从基础等级（第一级）到最高级（第八级），为欧洲各国资历框架与之衔接或对接提供了参考标准，例如英国的资历框架可以通过欧洲资历框架与奥地利的国家资历框架进行资历等级对接。鉴于整个欧洲教育和培训体系的多元性，每个资历等级都是根据需要获得的知识、技能和能力作为学习成果标准进行定义。欧洲资历框架适用于各级各类的教育、培训和资历，包括普通教育、职业教育与培训、高等教育以及成人教育，每个级别都可以通过各种教育或职业的路径和资历来实现，包括认可非正规教育和非正式学习所获得的资历。个人资历不直接对接欧洲资历框架，但必须从一开始就纳入国家资历框架体系，而国家资历框架等级与欧洲资历框架等级的对接是基于国家资历框架的级别指标与欧洲资历框架的级别指标的比较。

欧洲资历框架推动了整个欧洲基于学习成果的国家资历框架的发展，截至 2019 年 4 月，39 个欧洲国家都已制定或实施资历框架，建立的基于学习成果等级的国家资历框架总数达到 43 个[①]。与此同时，欧洲资历框架已经进入到区域对接和认可阶段，目前，已有 34 个国家正式将其国家资历框架与欧洲资

① CEDEFOP. Qualfications frameworks in Europe 2018 developments [EB/OL]. (2019-04-24) [2019-04-26]. http://www.cedefop.europa.eu/files/9139_en.pdf.

历框架进行了对接[①]。大多数欧洲国家正在现有资历框架基础上建立综合性国家资历框架（Comprehensive National Qualifications Framework），包括正规教育和培训（普通教育、职业教育与培训、高等教育）的所有级别和类型的资历，也包括非正规学习背景下的学习成果。许多国家正在系统地在颁发的资历和证书文件上指明国家资历框架和欧洲资历框架所对应的等级，根据资历架构对资历信息进行理想化整理，并纳入国家和欧洲资历数据库。截至 2018 年 5 月，已有 23 个国家将国家资历框架和欧洲资历框架的级别纳入国家资历证书体系和欧洲通行证（Europass），17 个国家在国家资历文件或数据库中引入了级别对接标准。

（2）东盟资历参照框架

东盟资历参照框架的构建设想始于 1995 年，当时东盟各成员国的经济部长共同签署了东盟服务行业框架协议，首次提出行业资历在成员国之间的互认。2007 年，东盟各成员国签署东盟经济蓝图，呼吁各成员国加强合作，进行专业资历互认，营造技术人员自由流动的环境。2012 年，东盟成立跨部门资历对接框架工作小组，着手制定东盟资历参照框架，小组成员包括东盟各国国家贸易服务部门、劳动力和人力资源开发部门、教育部门和其他相关政府部门或职业认定机构的官员。2013 年 11 月形成了东盟资历参照框架的草案，2014 年 3 月最终修订完成东盟资历参照框架，2015 年正式发布实施[②]。

东盟资历参照框架共有八个级别，并包括一套完整的级别指标体系，涵盖两个能力标准维度（知识和技能，应用和责任），为东盟成员国将其国家资历框架的级别进行对接奠定了基础。东盟资历参照框架也建立了配套的基于共同商定的质量保证原则和广泛标准，旨在建立对国家资历和地区资历价值对接的信心和信任，例如注册和认可机构的职能标准、评估学习和颁发资历的系统、证书颁发的规定等。东盟资历参照框架也要求各成员国更广泛地参考一个

① CEDEFOP. EQF celebrates 10th anniversary [EB/OL]. (2018-05) [2019-04-15]. http://www.cedefop.europa.eu/files/eqf_celebrates_10th_anniversary_-_slave_pevel_grm_cedefop_skillset_and_match_may_2018.pdf.

② SHARE. ASEAN qualifications reference framework and national qualifications frameworks [EB/OL]. (2015-10-18) [2021-01-20]. http://share-asean.eu/wp-content/uploads/2015/10/AQRF-NQF-State-of-Play-Report.pdf.

或多个既定的质量保证框架，作为其质量保证原则和标准的基础①。

（3）南部非洲发展共同体区域资历框架

南部非洲发展共同体成员国于1997年通过了《教育和培训协定》，旨在促进区域教育体系一体化，特别是在教育获取、公平、相关性和质量方面。2015年，南部非洲发展共同体通过了《2015—2026年南部非洲发展共同体工业化战略》，旨在通过加强系数积累（劳动力、资本和技术）来提高区域一体化并促进区域工业化经济，以提高总生产率。南部非洲发展共同体区域资历框架被认为是对《教育和培训协定》和《南部非洲发展共同体工业化战略》的重要支持，有助于统一教育和培训，推动地区劳动力的流动。在2011年9月，南部非洲发展共同体成员国负责教育和培训的部长正式批准建立南部非洲发展共同体区域资历框架，2017年5月，在南非约翰内斯堡举行的南部非洲发展共同体资历认可委员会上正式发布。

南部非洲发展共同体成员国国家资历框架的发展和实施具有阶段性差异，有的国家正处于国家资历框架发展的最初阶段，例如刚果民主共和国和津巴布韦，有的国家处在国家资历框架尚未制定但已经建立了职业教育与培训资历框架的阶段，例如博茨瓦纳、马拉维、坦桑尼亚和赞比亚，但有四个国家已经实施了十年或更长时间的国家资历框架，例如南非（自1995年以来）、纳米比亚（自1996年以来）、毛里求斯（自2001年以来）和塞舌尔（自2005年以来）。尽管南部非洲发展共同体区域资历框架尚未真正实施，但15个南部非洲发展共同体成员国都参与其中，并将其纳入了国家资历框架的制定和实施过程。

（4）太平洋资历框架

太平洋资历框架的理念于2001年在新西兰奥克兰举行的太平洋岛屿论坛教育部长会议上首次提出，2009年2月在南太平洋教育评估委员会上设立了一个专门下属单位，以支持太平洋资历框架体系的发展。教育部长们对太平洋资历框架的最初期望是建立一个区域性共识，不断提高太平洋岛屿所有类型的

① BATEMAN A, COLES M. ASEAN qualifications reference framework and national qualifications framework: state of play report. Jakarta: European support to higher education in the ASEAN region (EU SHARE) [EB/OL]. [2021-01-20]. http://www.share-asean.eu/wp-content/uploads/2015/10/AQRF-NQF-State-ofPlay-Report.pdf.

教育和培训的质量，最终获得国际资历的认可。太平洋资历框架由十个资历等级组成，包括所有类型的教育和培训：普通教育、成人教育、社区教育、职业教育与培训和高等教育，级别指标包括三个能力标准维度：知识和技能、应用（归类和问题解决）和自主（支持度和判断力）。

目前，斐济、巴布亚新几内亚、萨摩亚、所罗门群岛、汤加和瓦努阿图在国家资历管理机构和国家资历框架建设方面已经取得进展；库克群岛和纽埃与新西兰的资历框架保持一致；北太平洋国家，包括密克罗尼西亚联邦，帕劳和马绍尔群岛共和国，正在寻求美国西部院校协会的认可；基里巴斯和图瓦卢已采用太平洋资历框架，并与教育质量和评估中心合作，推进其中学后教育和培训的质量保证；所罗门群岛已开始建立其资历和质量保证体系；瑙鲁提供由昆士兰课程评估局认可的资历。负责监督太平洋资历和标准名册的资历小组制定了详细而又具体的未来发展计划，包括开发职业标准，制定区域和国际资历认可程序，支持建立国家和地区认可机构，协助较小的岛屿国家（如基里巴斯和图瓦卢）探索资历框架和质量保证体系建立的最佳选择，支持区域资历的发展、认可和链接，在两年内审查太平洋资历和标准名册数据库①。

（5）加勒比共同体资历框架

早在1990年，加勒比共同体就提出了职业教育与培训的区域战略。在2002年，“职业教育与培训的能力模型”建立并被采纳，为加勒比职业教育与培训战略实施奠定了基础。2003年，加勒比国家培训代理协会（Caribbean Association of National Training Agencies）成立，并得到加勒比共同体的认可，成为职业技术教育与培训区域协调机制的实施部门，其主要职能是建立和监管区域培训和认可体系，即加勒比职业资历体系（Caribbean vocational qualifications），以确保在加勒比单一市场经济发展中提供标准化和统一的职业培训。加勒比职业资历是衔接和认可制度的基础，允许学生在不同教育体系之间无缝流动。国家培训机构、职业技术教育与培训理事会等上层机构通过各种政策规划和行业协会参与支持加勒比职业资历的发展，并从区域层面对资历进行审查。

① Secretariat of the Pacific Board for Educational Assessment. Pacific register of qualifications and standards (PRQS) [EB/OL]. (2014-04-02) [2019-04-15]. http://www.forumsec.org/resources/uploads/attachments/documents/2014FEdMM.07.pdf.

2012 年，加勒比共同体开发了区域资历框架草案，作为“参考基准”支持学习者的流动以及区域内资历的衔接和认可，提供足够的独立数据以促进区域和国际资历的透明化。2016 年 10 月，利益相关方区域会议批准了加勒比资历框架草案，并同意通过和实施相应的建议。目前，加勒比共同体部分成员国已经建立了国家资历框架，例如巴巴多斯、伯利兹、圭亚那、牙买加和特立尼达和多巴哥；有些国家仍处于国家资历框架开发的初始阶段，例如圣基茨和尼维斯、苏里南。加勒比资历框架只有当所有成员国都建立了国家资历框架才可能完全实施，成员国国家资历框架必须与加勒比共同体资历框架草案对接并建立统一的交付机制，为此，加勒比共同体秘书处制定了国家资历框架的发展指南。展望未来，在加勒比共同体资历框架被正式批准以后，成员国将被要求采用加勒比共同体资历框架并使用其指导原则开发或修订本国的国家资历框架，这将最终推动区域内全部教育和培训提供者建立符合本国国情的国家资历框架，进而与加勒比资历框架对接。

（6）海湾资历框架

阿联酋国家资历认可委员会代表海湾合作委员会制定了海湾资历框架，并于 2014 年 5 月在沙特阿拉伯利雅得正式发布。海湾资历框架为海湾合作委员会成员国之间资历体系互认和衔接提供了共同参考框架。海湾资历框架包括十个等级，覆盖了普通教育、职业教育、高等教育和培训，但海湾资历框架的主要目的是为海湾国家的职业教育与培训和职业资格证书体系提供服务，所有资历证书将对接或基于职业技能标准。在海湾资历框架得到批准以后，海湾国家（不包括已有资历框架的阿联酋和巴林）开始制定各自国家资历框架，海湾资历框架主要发挥了以下作用：推动国家资历框架与海湾资历框架对接；促进海湾国家之间的资历框架衔接；未来推动海湾资历框架与欧洲资历框架对接；推动海湾国家之间资历的发展和互认，特别是职业和专业资历；促进学生和劳动力在海湾国家之间的自由流动，促进教育、培训和就业；推动终身学习理念，特别是对非正规教育和非正式学习成果的认可；满足海湾劳动力市场对高素质技能型人才的需要和要求。

（7）英联邦小国虚拟大学

2003 年，建设英联邦小国虚拟大学理念得到批准以后，英联邦学习共同体被要求通过英联邦小国虚拟大学协助各国合作并加强其国家教育机构的能力建设。经过英联邦小国虚拟大学四年“新兵训练营”课程开发以后，参与英联邦小国虚拟大学的小国提议建立一个资历框架，作为支持英联邦小国虚拟大学课程开发、国际认可、成果比较和资历互认的机制。2008 年 10 月，跨国界资历框架的第一个管理委员会得到任命，由 32 个国家所在的三个主要地区的六位代表组成，该委员会于 2010 年制定了跨国界资历框架的实施计划，并在纳米比亚正式启动跨国界资历框架建设。2011 年，该框架的第一批资历开始登记，随后通过 2010 年在巴哈马和萨摩亚以及 2012 年在塞舌尔举行的协商研讨会，在旅游、农业和信息通信技术方面制定了英联邦小国虚拟大学课程标准。2015 年，跨国界资历框架管理委员会批准了六个英联邦小国虚拟大学专业课程的注册①。

截至 2023 年，已有 86 个机构参加了英联邦小国虚拟大学活动，并通过英联邦小国虚拟大学活动培训了 53,000 多人，有来自 8 个国家共 10 个机构开始提供英联邦小国虚拟大学专业和课程。机构通过各种方式提供服务，但主要方式是在线教学或混合教学。现在英联邦小国虚拟大学已经开发了 13 个以上的专业课程，所有这些专业课程都由英联邦小国自己认定，并作为开放教育资源共享，在获得了资历以后，可以通过跨国界资历框架实现学习成果的跨国跨区域认可与衔接。

5. 全球资历框架与公约的发展探索

（1）国际参照等级的建设与推广

随着移民大迁徙、教育全球化、数字化等国际趋势显现，现有资历框架从架构体系到发展模式本身所具有的显著性差异难以满足全球教育资历进行公平和透明衔接的需要。众多国家资历框架难以遵循全球统一标准的现状不仅影响了本身的发展，也可能导致全球资历体系贬值和挫伤公众的信心，因此创建全球性质的资历框架进而提供可以彼此独立比较的国际参照标准成为新的时代发展命题②。为响应这一全球发展需要，联合国教科文组织联合全球利益相关方开发了国际参照等级（World Reference Levels, WRLs），旨在基于现有资历框架建设和实施经验，进一步拓展各类资历框架的功能，将各类成效为本的资

① COL. Transnational qualifications framework–the virtual university for small states of the Commonwealth [EB/OL]. [2021-04-15]. http://oasis.col.org/bitstream/handle/11599/501/TQF.pdf?sequence=4.

② 谢青松，许玲. 国际参照等级：学习成果的全球认证和比较 [J]. 职教论坛，2020，36（8）：117-125.

历证书、职业标准、工作规范和成果框架转换为国际认可的通用语言和表达形式[①]，以满足寻求认可的个人、企业招聘人员、证书评估人员和国家认可机构的需要[②]。

2012 年 5 月，在上海召开的第三届国际职业技术教育大会上发布了《上海共识》，强调建立全球资历认可体系的重要性，呼吁通过透明清晰和成效为本的资历体系，为个人学习成果的积累、认可和转换提供灵活路径，提出建立学习成果的国际参照等级，以促进职业教育和培训资历的国际比较和认可[③]。2017 年以来，国际参照等级在比利时、拉脱维亚、卢森堡、挪威、波兰、俄罗斯、苏格兰、南非、瑞典、土耳其等国家试行，涵盖众多行业资历、证书和不同学习成果的认可[④]。

国际参照等级的目的是为全球所有的资历框架提供一个相互衔接的工具，它本身不是资历框架，也不会代替任何资历框架。国际参照等级的级别和标准基于资历框架，与不同类型的资历框架兼容，以便生成国际标准化的报告，易于广泛接受和使用。基于对区域资历框架、国家资历框架、行业框架、能力框架、工作评估体系、工作岗位要求、专业课程要求的深入分析，国际参照等级的结构体系包括 4 个层次、8 个等级、11 个能力因素[⑤]。

（2）高等教育全球公约的建立与发布

2019 年 11 月，经过 8 年的努力和大约 150 个国家批准，在联合国教科文组织第 40 届会议上表决通过了《承认高等教育相关资历全球公约》（以下简

① CHAKROUN B. Future of qualifications [EB/OL]. (2019-06-25) [2020-02-06]. http://saqa.org.za/docs/pres/2019/Borhene%20Chakroun_Future%20trends.pdf.

② HART J, CHAKROUN B. World reference levels for lifelong learning: a tool for comparison and recognition of learning outcomes [EB/OL]. (2019-05-22) [2020-01-17]. https://www.etf.europa.eu/sites/default/files/2019-05/03%20P221543_Volume%20I%20-%20PROOF%202_IC%20-%20080519%20-%20x%20copies.pdf.

③ UNESCO. Shanghai Consensus: Recommendations of the Third International Congress on Technical and Vocational Education and Training "Transforming TVET: building skills for work and life" [EB/OL]. (2012-05-16) [2020-01-12]. https://unevoc.unesco.org/fileadmin/up/217683e.pdf.

④ CHAKROUN B. Future of qualifications [EB/OL]. (2019-06-25) [2020-02-06]. http://saqa.org.za/docs/pres/2019/Borhene%20Chakroun_Future%20trends.pdf.

⑤ WRL.World reference levels: element outcome statements-draft for piloting [EB/OL]. (2018-08-15) [2020-02-06]. https://worldreferencelevels.org/wp-content/uploads/2019/05/WRL-Elements-vE1-180930.pdf.

称《全球公约》)，这是联合国第一个具有法律约束力的全球性高等教育条约。《全球公约》由术语定义、公约目标、高等教育学历承认的基本原则、缔约国的义务、执行结构与合作、最后条款六个主要部分、二十五项具体条款组成，提出了缔约国应该重点关注的八项核心义务①。《全球公约》旨在满足全球学习多元化和就业能力提升的需求，实现资历框架全球化和教育质量保证，以促进跨地区乃至全球层面的资历承认，加强高等教育的国际合作。公约中对资历、资历框架、质量保证、先前学习等关键术语做出了权威解释，同时也明确规定缔约国需要建立整合正规、非正规、非正式学习成果标准的国家资历框架，建立客观且可靠的高等教育机构审批、资历承认和质量保证体系，设立专门的机构开展资历和学习成果的评估和认可工作。《全球公约》的推出，掀开了资历框架全球化和资历互认国际化的新篇章。

6. 国外资历框架学习成果认可的数字化

互联网时代的信息技术应用，为全社会成员提供了开放灵活和随时随地地学习的技术支撑，在线学习已经成为人们终身学习的必要选择，数字化学习成果成为资历的重要形式。随着在线学习的飞速发展，数字化资历证书广泛使用，如 MOOC 课程徽章（学完课程自动获得的教师签名证书)、数字成绩单、电子证书、电子档案袋、纳米学位（针对具体工作任务所需新技能的在线课程，通常在职学习一年，也称为微学位)、开放教育徽章等②。相对时间长、成本高、回报低的传统学位，数字证书提供了更大的灵活性，具有碎片化、可累加、证据化、个性化、机器可读等特征。数字证书可以灵活便捷地证实每位学习者的学习成果，可以是获得的成绩，也可以是拥有的技能和能力，学习成果可以通过数据形式添加到电子数据库中，基于开放的技术标准，显示学习者获得的沟通能力或具备的团队合作精神，为雇主直接提供用人者的学习成果证据，并能与资历框架系统链接。

---

① UNESCO. Global convention on the recognition of qualifications concerning higher education [EB/OL]. (2019-11-25) [2020-12-25]. https://unesdoc.unesco.org/ark:/48223/pf0000373602?posInSet=12&queryId=3ec9e630-1d3a-4f4e-8319-3df55ecb4d0b.

② UNESCO. Digital credentialing: implications for the recognition of learning across borders [DB/OL]. [2020-01-29]. https://nebula.wsimg.com/3517dbd6b2058b28c1b6c54b53912d4c?AccessKeyId=4CF7FAE11697F99C9E6B&disposition=0&alloworigin=1.

在联合国教科文组织等机制的推动下，许多国家的政府大力发展学习成果的数字化。欧盟委员会于2018年通过《数字教育行动计划》，旨在支持数字技术使用和数字能力发展，提出制定共同框架，在可信任和多语言背景下认可数字化资历，并存储在诸如欧洲通行证（Europass）的电子数据库中[①]。在美国，卢米纳基金会（Lumina Foundation）于2017年12月启动了证书数据平台，称为“注册表”（Registry），采用资历评价的标准语言，使用搜索资历信息的数字应用程序以及将最新信息连续上传的应用程序编程接口工具，利用资历引擎从各种类型的来源中收集人们的学习成果信息，包括学位、徽章、执照、证书、微凭证等，从而大大提高资历的透明度[②]。

（二）国际资历框架的四种模式

纵观国际上的资历框架，可以划分为四种模式：一是国家终身教育资历框架，即国家层面上的各级各类教育衔接和沟通的终身教育体系；二是单一类型资历框架，如高等教育资历框架、职业教育和培训资历框架；三是地方资历框架，典型的如中国香港特区、中国广东省、加拿大安大略省的资历框架；四是区域资历框架，即跨地区共享和对接的资历参照框架，用于区域内资历和学分的跨国互认及转换。在以上四种类型中，单一类型资历框架和地方资历框架有的是重叠的，如地方的职业教育和培训资历框架。

1. 国家终身教育资历框架

大部分国家是直接建立国家终身教育资历框架，也有部分国家是先有单一类型资历框架，再把各类教育资历框架整合起来，形成各级各类教育之间衔接和沟通的国家终身教育资历框架。例如，马来西亚资历框架起源于高等教育认可。马来西亚政府在1996年颁布了国家认可委员会法，教育部据此成立马来西亚国家认可委员会，对私立高校的学位、学历和专业进行认可。2007年，马

① European Commission. Communication from the commission to the European parliament, the council, the European economic and social committee and the committee of the regions on the digital education action plan [EB/OL]. [2020-02-12]. https://eur-lex.europa.eu/legal-content/EN/TXT/?uri=COM%3A2018%3A22%3AFIN.

② SAMSON C. Credential engine launches platforms and tools to promote credential transparency [EB/OL]. [2020-02-15]. https://credentialengine.org/2017/12/07/press-release-credential-engine-launches-platforms-and-tools-to-promote-credential-transparency/.

来西亚政府颁布《马来西亚资历认证法》，通过了马来西亚资历框架；成立马来西亚资质署，负责制定国家资历框架，涵盖普通高校、职业院校、专业团体以及其他公立和私立的高等教育机构，也包括在职培训和终身学习机构①。由于资历框架起源于高等教育领域，马来西亚资质署也设置在高等教育部②。马来西亚资历框架包含三个子框架和八个级别。三个子框架分别是技能培训、职业与技术教育、高等教育。在八个资历级别中，技能培训有五个级别，分别是一级技能证书、二级技能证书、三级技能证书、文凭、高级文凭。职业与技术教育有三个级别，在资历框架中位于第三到第五级，分别是职业技术证书、文凭、高级文凭。高等教育系列有六个级别，在资历框架中位于第三级到第八级，分别是证书、文凭、高级文凭、本科阶段的证书和文凭 / 学士学位、研究生证书和文凭 / 硕士学位、博士学位③。马来西亚资历框架不同级别的资历标准从五个维度进行描述，称为资历框架标准通用能力：知识的深度、复杂性和全面性，知识和技能的应用，决策过程中的自主程度和创造性，交流技能，实践的广度和复杂程度。

2. 单一类型资历框架

单一类型的资历框架是指同一类型教育之间的衔接和沟通，如高等教育资历框架，职业教育和培训资历框架等。例如，英国不同地区并存着五个资历框架，如高等教育资历框架、苏格兰学分与资历框架、威尔士学分与资历框架等。其中高等教育资历框架于 2001 年由高等教育质量保证署负责开发和推出，2003 年在英格兰、威尔士和北爱尔兰三个地区实施，2008 年 8 月进行修订。高等教育资历框架包括第四级到第八级五个层次，分别是：高等教育证书 / 国家高等教育证书，高等教育文凭 / 国家高等教育文凭 / 基础学位，本科证书 / 本科文凭 / 学士学位 / 荣誉学士学位，研究生证书 / 研究生文凭 / 硕士学

① Malayasia. UNESCO institute for lifelong learning [EB/OL]. [2019-03-03]. http://uil.unesco.org/fileadmin/keydocuments/LifelongLearning/en/UIL_Global_Inventory_of_NQFs_Malaysia.pdf.

② KEATING J. The Malaysian qualifications framework: an institutional response to intrinsic weaknesses [J]. Journal of Education & Work, 2011, 24(24): 393-407.

③ Malaysian Qualifications Agency. Malaysian qualifications framework [EB/OL]. [2019-03-05]. http://www.mqa.gov.my/PortalMQAv3/document/mqf/MALAYSIAN%20QUALIFICATIONS%20FRAMEWORK_2011.pdf.

位，博士学位[①]。在高等教育资历框架的细则中，对各级资历的级别标准有详细的描述。

3. 地方资历框架

地方资历框架是相对于国家资历框架而言的一种资历框架，如加拿大安大略省资历框架。加拿大的政治体制属于联邦制，宪法规定，教育完全由各省自治。安大略省资历框架始建于 2010 年，是加拿大全国范围内完成的第一个地方资历框架[②]。安大略省资历框架由低到高分为 13 个级别，包括职业教育和培训系列的 9 个级别和高等教育系列的 4 个级别。第一级是一级证书，第二级是二级证书，第三级是学徒证书，第四级是资历证明，第五级是三级证书，第六级是一级文凭，第七级是二级证书，第八级是进修证书，第九级是文凭后证书，第十级是学士学位，第十一级是荣誉学士学位，第十二级是硕士学位，第十三级是博士学位。该资历框架中的每一个资历级别都有对应的资历级别标准，包括六个维度：知识的深度和广度，理论和方法论的认知 / 学术研究，沟通技巧，知识的应用，专业能力和自主性，对知识局限性的认识。

4. 区域资历框架

随着资历框架理念和实践在国际上的广泛流行，以及全球人口流动性的增强，很多地区探讨和实施跨国资历的认可和转换，即建立区域资历参照框架。终身教育资历框架从一国发展到区域跨国资历和学分的互认，最早是 2008 欧洲资历框架的建立，2011 年在欧洲国家正式实施，截至 2019 年初，已经有 39 个欧洲国家参照欧洲资历框架，实现了一国内部的地方资历框架和跨国的资历及学分互认[③]。在 2009 年，太平洋资历框架正式发布，帮助成员国进行资历框架的对接。2010 年，英联邦学习共同体参照欧洲资历框架，建立英联邦小国虚拟大学，通过资历框架为 32 个成员国提供课程的学分认

---

① QAA. The framework for higher education qualifications in England, Wales and Northern Ireland [EB/OL]. [2019-03-03]. http://www.qaa.ac.uk/en/Publications/Documents/Framework-Higher-Education-Qualifications-08.pdf.

② 张伟远，段承贵，傅璇卿. 搭建终身学习立交桥：国际的发展和比较 [M]. 北京：中央广播电视大学出版社，2014：299-305.

③ CEDEFOP. National qualifications framework developments in Europe 2017 [EB/OL]. [2019-03-05]. http://www.cedefop.europa.eu/en/publications-and-resources/publications/4163.

可和互认，目前已经在旅游、农业、信息通信技术等领域开展。2012 年加勒比区域制定资历框架草案，2016 年得到批准，目前 15 个成员国根据加勒比共同体资历框架规则逐渐对接本国资历框架。2014 年，海湾资历框架在沙特阿拉伯正式发布，6 个成员国开展本国与区域资历框架的对接工作①。目前资历框架发展最为迅速的是东盟，2014 年，东盟资历参照框架正式建立，为东盟 10 个成员国之间进行跨国资历和学分互认提供了参照标准，逐步实施东盟 10 国之间跨国的资历和学分互认②。2017 年，南部非洲发展共同体区域资历框架正式推出，并建立了区域资历认可网，作为南部非洲发展共同体成员国资历认可的工具③。

（三）国际资历框架的管理模式

为了了解国际上已制定的国家资历框架的管理模式，我们从“一带一路”合作伙伴中选取五个国家为样本进行比较研究，分别是东南亚的菲律宾、南亚的马尔代夫、中亚的哈萨克斯坦、东欧的保加利亚以及北非的埃及。

1. 终身教育资历框架的立法

为了保证资历框架的顺利推行，这五国都在政府层面上颁布和实施了资历框架相关的法律。终身教育资历框架立法的现状见表 4–4。

表 4–4 “一带一路”五个合作伙伴终身教育资历框架的立法现状

国家	资历框架的立法现状
菲律宾	2012 年 10 月 1 日，在政府颁布的《83 号行政命令》中宣布
马尔代夫	2000 年 8 月 14 日，在政府颁布的《总统法令》中宣布

① CEDEFOP. Global inventory of regional and national qualifications frameworks 2017. volume II [M]. Thessaloniki: The European Centre for the Development of Vocational Training: 106, 161, 285-286, 343-344, 621-653.

② SHARE. ASEAN qualifications reference framework and national qualifications frameworks [EB/OL]. [2019-03-05]. http://share-asean.eu/wp-content/uploads/2015/10/AQRF-NQF-State-of-Play-Report.pdf.

③ SADC. Summary of deliberations meeting of the SADC technical committee on certification and accreditation [EB/OL]. [2019-03-05]. http://www.sadc.int/files/4214/9327/4413/Final_Summary_of_the_meeting_TCCA_19-20_April_2017.pdf.

续表

国家	资历框架的立法现状
哈萨克斯坦	2012 年 10 月 19 日，在政府颁布的《8022 联合令》中宣布
保加利亚	2012 年 2 月 1 日，在政府颁布的《部长理事会第 96 号决定》中宣布
埃及	在 2006 年政府颁布的《82 号法律》和 2007 年颁布的《25 号总统令》中，提出了资历框架的技术蓝图，宣布建立国家质量保证和认可委员会。在 2015 年在质量保证和认可委员会主办的高端会议上，决定草拟埃及资历框架法律

资料来源：CAEP，2016①；MQA，2018②；PQF，2018③；ETF，2017④；ETF，2018⑤

从上表可以看到，五个国家的终身教育资历框架都以法律为保障，保证国家资历框架能在全国范围内广泛推行和实施。

2. 终身教育资历框架的管理机构

在构建终身教育资历框架过程中，通常采用政府主导、各利益相关机构全面参与的管理模式。从这五国的终身教育资历框架的管理模式来看，都规定了由政府部门作为资历框架的管理机构，见表 4–5。

表 4–5　“一带一路”五个合作伙伴终身教育资历框架政府管理机构

国　家	资历框架管理机构
菲律宾	菲律宾资历框架全国协调委员会
马尔代夫	马尔代夫资历局
哈萨克斯坦	哈萨克斯坦教育科学部、卫生和社会发展部

① CAEP. Stock-taking report on national qualification frameworks in Central Asia [EB/OL]. [2018-09-12]. https://www.caep-project.org/wp-content/uploads/2014/09/CAEP_NQF_Report_prel_ver.pdf.

② MQA. About MQA [EB/OL]. [2018-10-10]. http://mqa.gov.mv/about.

③ PQF. Legal bases [EB/OL]. [2018-10-12]. https: //pqf.gov.ph/Home/Details/5.

④ ETF. NQF inventory Kazakhstan [EB/OL]. [2018-10-02]. https://connections.etf.europa.eu/wikis/home?lang=en-gb#!/wiki/Wf591e43b607e_4ccf_8d94_a3256a255147/page/Kazakhstan%20-%20NQF%20Inventory.

⑤ ETF. NQF inventory Egypt [EB/OL]. [2018-10-12]. https://connections.etf.europa.eu/wikis/home?lang=en#!/wiki/Wf591e43b607e_4ccf_8d94_a3256a255147/page/Egypt%20-%20NQF%20Inventory.

续表

国　家	资历框架管理机构
保加利亚	保加利亚教育科学部
埃及	国家质量保证和认可委员会

资料来源：CAEP，2016①；MQA，2018②；PQF，2018③；ETF，2017④；ETF，2018⑤

菲律宾资历框架由菲律宾资历框架全国协调委员会管理，协调委员会主席由教育部部长担任，成员包括技术教育和技能发展署、高等教育委员会、劳动和就业部以及专业监管委员会的官员，这些成员分管全国不同类型的教育和培训事务，以管理和统筹相关利益机构共同参与资历框架的建设和实施。协调委员会成立四个工作组，分别承担不同职责，所有的组织机构致力于发展一个协调的、符合国际标准的资历框架，覆盖基础教育、职业教育与培训、高等教育以及更广泛的终身学习⑥。

马尔代夫总统在2000年组建了教育认可委员会，而此前资历认可由公共考试部负责。马尔代夫资历局建立后，于2005年启动了对各级资历的修订，经过广泛的研究和与利益相关机构的讨论，2009年完成资历的修订工作。直到2010年，马尔代夫认可委员会的资历认可的职责正式移交给马尔代夫资历局，2011年，马尔代夫资历局完成了原有认可体系和新的国家资历框架体系的对接⑦。

哈萨克斯坦教育科学部、卫生和社会发展部负责国家资历框架的管理，

① CAEP. Stock-taking report on national qualification frameworks in Central Asia [EB/OL]. [2018-09-12]. https://www.caep-project.org/wp-content/uploads/2014/09/CAEP_NQF_Report_prel_ver.pdf.

② MQA. About MQA [EB/OL]. [2018-10-10]. http://mqa.gov.mv/about.

③ PQF. Legal bases [EB/OL]. [2018-10-12]. https://pqf.gov.ph/Home/Details/5.

④ ETF. NQF inventory Kazakhstan [EB/OL]. [2018-10-02]. https://connections.etf.europa.eu/wikis/home?lang=en-gb#!/wiki/Wf591e43b607e_4ccf_8d94_a3256a255147/page/Kazakhstan%20-%20NQF%20Inventory.

⑤ ETF. NQF inventory Egypt [EB/OL]. [2018-10-12]. https://connections.etf.europa.eu/wikis/home?lang=en#!/wiki/Wf591e43b607e_4ccf_8d94_a3256a255147/page/Egypt%20-%20NQF%20Inventory.

⑥ ISAAC I. The Philippine national qualifications framework. Paper presented at the International Conference on Implementation of NQF Policies and Strategies [EB/OL]. [2018-10-12]. http://www.unescobkk.org/fileadmin/user_upload/epr/TVET/PHILIPPINES_Paper.pdf.

⑦ MQA. The Maldives national qualifications framework (MNQF) [EB/OL]. [2018-10-12]. http://172.16.24.178/mqa.gov.mv/static/uploads/Maldives-National-Qualifications-Framework-V2_2-witheffectfrom01stJan2017_2018-06-26T00-49-48.pdf.

联合全国的 16 个行业委员会，共同承担职业和培训资历标准的开发和实施，同时鼓励企业更多地参与到职业教育与培训中来①。

保加利亚教育科学部管理和统筹资历框架的起草工作和实施，负责国际和欧洲合作理事会的统筹工作。保加利亚计划成立一个由教育科学部代表和其他利益相关机构组成的工作组，包括社会机构伙伴、雇主和雇员组织，为中等教育以上等级的资历框架进行修订，同时负责维护和更新保加利亚国家资历框架。保加利亚的国家职业教育和培训机构管理委员会以及专家团队，长期参与制定和更新资历框架中职业教育与培训的通用标准②。

埃及国家质量保证和认可局管理和统筹国家资历框架的发展和实施，并由社会不同机构全面参与，旨在与行业企业建立密切的合作伙伴关系。2013 年 1 月，埃及政府批准成立国家职业技术教育与培训管理局，取代国家人力资源开发理事会。2014 年新政府上台，设立新的职业技术教育与培训管理机构，由总理直接管理，下设两个由教育部协调的执行委员会，分别负责职业技术教育和职业培训，替代原有的职业教育和培训部门以及人力和移民部。目前，全国已经建立了 27 个由地区长官监督的区域委员会，以确保政府与各地职业教育和培训机构保持密切联系①。

3. 非正规教育和非正式学习的成果认可

非正规教育和非正式学习的认可，也就是对正规教育之外学习成果的认定，是资历框架的重要组成部分。学习成果认可对于开放教育、职业培训、继续教育的发展起着关键的作用，对在职人员通过业余时间获得的学习成果进行认可，能够满足劳动力市场需求和促进社会的融合④。

① CEDEFOP. Global inventory of regional and national qualifications frameworks 2017. volume II [M]. Thessaloniki: The European Centre for the Development of Vocational Training: 106-161, 285-286, 621-653.

② CEDEFOP. European inventory for validation of non-formal and informal learning 2016: country report Bulgaria [EB/OL]. [2018-10-12]. https://cumulus.cedefop.europa.eu/files/vetelib/2016/2016_validate_BG.pdf.

① BJORNAVOLD J, PEVECGRM S, GRAHAM M. Global national qualifications framework inventory [EB/OL]. [2018-10-12]. https://files.eric.ed.gov/fulltext/ED560846.pdf.

④ SOUTO O M, VILLALBA G E. Migration and validation of non-formal and informal learning in Europe: inclusion, exclusion or polarisation in the recognition of skills? [J]. International Review of Education, 61(5): 585-607.

马尔代夫资历局负责从初级到高级的学术、技术和专业资历证书的资历和学分的认可和管理，通过评审的课程的资历在马尔代夫资历局网站上向公众开放，无论是全日制课程还是模块化短期课程都能进行资历和学分的认定。模块化课程适合在职人士利用业余时间学习，这就把基于工作场所的理论学习和岗位技能培训结合起来，同时学分累积到规定的要求可以转换成相应的资历①。

菲律宾资历框架让所有人可为任何原因随时随地地学习，例如就业、提高生产能力、提高收入和进修，也为人们提供过往学习经历的资历认可。菲律宾资历框架为职业教育院校的学生提供衔接高等教育、继续教育、职业培训和就业的途径②。

保加利亚资历框架旨在推进非正规教育和非正式学习的成果认可，这是由于高等教育机构拥有自我评审的资历和认可体系，故学习成果认可主要集中在职业教育和培训领域。2014 年保加利亚颁布的《职业教育与培训法修订案》，确定要开展职业教育和培训的学习成果认证，并为过往学习成果认可提供了法律基础。目前，保加利亚尚在建立国家层面的非正规教育和非正式学习成果认证系统正在建设过程中。哈萨克斯坦政府和利益相关机构正在积极推动对非正规教育和非正式学习的学习通道进行衔接和学习成果认可，但目前尚未形成正式的认可方案。埃及建立了对非正规教育和非正式学习的成果认可的资历框架，但目前还没有正式形成学习成果认可的实施体制和机制③。

4. 基于资历框架的学术和职业的资历认可机构

在资历框架实施中，要保证资历和学分的对等性和公平性就需要有专门的学术和职业资历认可机构。“一带一路”五个合作伙伴负责学术和职业资历认可机构的名单，见表 4-6。

---

① CEDEFOP. Global inventory of regional and national qualifications frameworks 2017 [M]. Thessaloniki: The European Centre for the Development of Vocational Training: 106-161, 285-286, 621-653.

② PIJANO C V. Quality assurance and accreditation: the Philippine experience [EB/OL]. [2018-10-12]. https://www.niad.ac.jp/n_kokusai/intl_engagement/seminar/12_no17_paascu_slides.pdf.

③ CEDEFOP. Global inventory of regional and national qualifications frameworks 2017 [M]. Thessaloniki: The European Centre for the Development of Vocational Training: 106-161, 285-286, 621-653.

表 4-6 “一带一路”五个合作伙伴学术和职业资历认可机构

国　家	学术和职业资历认可机构
菲律宾	全国质量认可机构联盟，菲律宾资历认证机构联合会
马尔代夫	亚太地区认可委员会
哈萨克斯坦	国家职业技术培训发展与资历管理科学方法中心
保加利亚	保加利亚国家评估和认可处，保加利亚国家职业教育和培训局
埃及	埃及国家质量保证和教育认可处

资料来源：CEDEFOP，2017①。

为了确保有效实施国家资历框架，菲律宾政府教育部、技术教育和技能发展署和高等教育委员会组建了常设秘书处，负责统筹课程开发、教育测评和资历认可。菲律宾资历认可是政府授权，由不同的联盟或者委员会负责。菲律宾公立高等教育机构的资历认可由全国质量认可机构联盟负责；私立教育机构由菲律宾资历认可机构联合会负责，联合会包括菲律宾大学认可委员会，为私立学校、学院和大学服务的认可协会，为基督教学校、学院和大学服务的认可机构协会②。

马尔代夫教育部规定所有的课程以外部考试为基础，目的是使马尔代夫学生能够得到国际和国内的教育、培训和就业机会③。为了保证公民的资历、知识和技能得到国际认可，马尔代夫建立了统一的国家资历框架体系，其实施和运作接受亚太地区认可委员会的评审和监督。认可委员会由 17 个国家的代表组成，是区域职业和技术教育的认可机构。亚太地区认可委员会倡导的核心原则是协调职业技术教育与培训的质量，规范亚洲和太平洋地区职业技术教育

① CEDEFOP. Global inventory of regional and national qualifications frameworks 2017 [M]. Thessaloniki: The European Centre for the Development of Vocational Training: 106-161, 285-286, 621-653.

② CONCHADA M I P, TIONGCO M M. A review of the accreditation system for Philippine higher education institutions [EB/OL]. [2018-10-12]. https://dirp3.pids.gov.ph/webportal/CDN/PUBLICATIONS/pidsdps1530.pdf.

③ My Maldives. Maldives education [EB/OL]. [2018-11-12]. https://mymaldives.com/maldives/education.

与培训机构的技能，并促进该地区的劳动力流动①。

哈萨克斯坦国家职业技术培训发展与资历管理科学方法中心以及相应的八个国际处，负责教育机构和课程的资历评估。此外，政府正采取举措将认可的权力从哈萨克斯坦教育科学部下放到地区，有的地区已经成立了监督委员会，负责学术和职业的资历评审②。

保加利亚国家评估和认可处与国家职业教育和培训局共同负责资历的认可。保加利亚制定了专业和职业资历的国家标准，建立了职业教育和培训机构的认可、许可和控制的全国信息网络平台，同时建立了成人学习电子平台，正在制定评估从业人员职业岗位要求的信息系统③。

埃及的资历框架和资历认可尚在进行中，目前，埃及国家质量保证和教育认可处与多个国际质量保证组织签署了谅解备忘录，包括医学教育联络委员会、欧洲工程教育认可网络、苏格兰资历认可管理局、日本工程教育认可委员会、日本大学认可协会等。同时，埃及国家质量保证和教育认可处已获得欧洲在线学习质量保证基金会、欧洲远程和在线学习质量保证网络和国际高等教育质量保证机构联盟的会员资历，并与工程技术认可委员会建立了联盟。

（四）国际资历框架的等级和内容

资历框架的等级和内容是资历框架的核心，也是制订资历框架必须要解决的关键问题。

1. 资历框架的资历等级划分

国际上已经建立资历框架的国家和地区对于资历级别的划分不尽相同。从新西兰、澳大利亚、法国、爱尔兰、南非、马来西亚、中国广东省、德国、俄罗斯等国家和地区的终身教育资历框架的资历等级来看，资历等级从1级到10级，因国情不同而有所不同。

① SAARC. Report of the sub-regional workshop on the SAARC framework for action for education 2030 [R]. Delhi: UNESCO New Delhi Office.

② OECD. Higher education in Kazakhstan 2017 [EB/OL]. [2018-11-05]. https://read.oecd-ilibrary.org/education/higher-education-in-kazakhstan-2017_9789264268531-en#page1.

③ ELINET. Literacy in Bulgaria [EB/OL]. [2018-11-12]. http://www.eli-net.eu/fileadmin/ELINET/Redaktion/user_upload/Bulgarian_Short_Report.pdf.

2. 资历框架的内容

资历框架的内容本质上指的是资历框架所涵盖的资历类型或者涵盖的学习成果，不同国家和地区基于资历框架所着重解决的问题，其覆盖的资历类型也是不一样的。《广东终身教育资历框架等级标准》涵盖普通教育、职业教育、培训及业绩成果等内容，而德国资历框架体系目前覆盖了基础教育、职业教育与培训和高等教育等领域①。

（五）国际资历框架的等级标准

要实现各级各类教育之间的衔接和沟通，需要建立统一的资历级别划分，形成统一标准的参照系统，让学习者获得的资历和学分在省级、国家或区域内得到认可，这就是资历框架中的资历级别划分。资历框架中每一资历级别从哪些维度去规定和呈现即是资历框架的等级标准。知识、技能、能力分类法（简称 KSC 分类法）是欧洲职业培训发展中心于 2006 年发布的《知识、技能和能力的类型学：概念和原型的澄清》一书中提出的一种学习成果分类理论，②这也成为一些国家和地区在描述资历框架等级时的选择。表 4–7 是部分国家的资历框架中的资历级别。

表 4–7　资历框架中资历级别通用能力标准的比较

国家	资历级别的通用能力标准维度
新西兰	知识维度；技能维度；知识和技能的应用维度
澳大利亚	知识维度；技能维度；知识和技能的应用维度
法国	技能；知识；能力
爱尔兰	知识；技能和技巧；能力
南非	知识范围；知识素养；方法和过程；解决问题的能力；道德准则和专业实践；访问、处理和管理信息的能力；产生和传递信息的能力；操作环境和系统；管理学习；问责性

① 谢莉花，余小娟. 德国资历框架内容体系的特点及启示 [J]. 中国远程教育，2020（9）：8-15.

② 谢莉花，何蓓蓓，余小娟. 资历框架维度划分的基础：学习成果分类理论及其应用探析 [J]. 职业技术教育，2020（28）：70-78.

续表

国家	资历级别的通用能力标准维度
马来西亚	知识的深度、复杂性和全面性；知识和技能的应用；决策过程中的自主程度和创造性；交流技能；实践的广度和复杂程度

由上表可见，各国的资历框架针对每一层级均设有统一的能力标准，为各类教育和培训提供了统一的质量要求。总的来说，每一层级均涵盖了知识、技能和能力（素养）三部分的标准要求，每一级资历在每个范畴都有详细的标准说明，随着资历的提高，要求学习者的知识、技能和能力有质的提升。

（六）广东终身教育资历框架与国外资历框架比较分析

广东终身教育资历框架由低到高分为七级，从小学开始，第一级是小学，第三级是高中 / 中职 / 中技。

从广东和欧洲资历框架的等级来看，广东终身教育资历框架由低到高分为七级，欧洲资历框架分为八级，欧洲资历框架把专科 / 高职等级细分为第四和第五两个等级，广东的第一到第三级依次对应欧洲的第一级到第三级，广东的第四级对应欧洲的第四级和第五级；广东的第五级对应欧洲的第六级；广东的第六级对应欧洲的第七级；广东的第七级对应欧洲的第八级，见图 4–2。

从广东终身教育资历框架和东盟资历参照框架的比较看，东盟参照欧洲资历框架等级共分为 8 级，将把大专 / 高职层面的等级细分为第四级和第五级，等同于广东资历框架的第四级，即大专 / 高职层次，广东资历框架和东盟资历参照框架的等级是对接的，结果见图 4–3。

从欧盟成员国资历架构与欧洲资历框架之间对接的十项原则来看，广东终身教育资历框架能满足其中的六项原则。

第一，有明确的机构对接。广东终身教育资历框架的起草与建设工作受到了广东省政府的高度重视，并纳入了《广东省中长期教育发展规划纲要》《广东省“十三五”规划》及《广东省委全面深化改革任务》等省政府文件中，广东省教育厅也积极开展工作部署，广东终身教育学分银行管理中心负责广东终身教育资历框架的推广与运行工作。

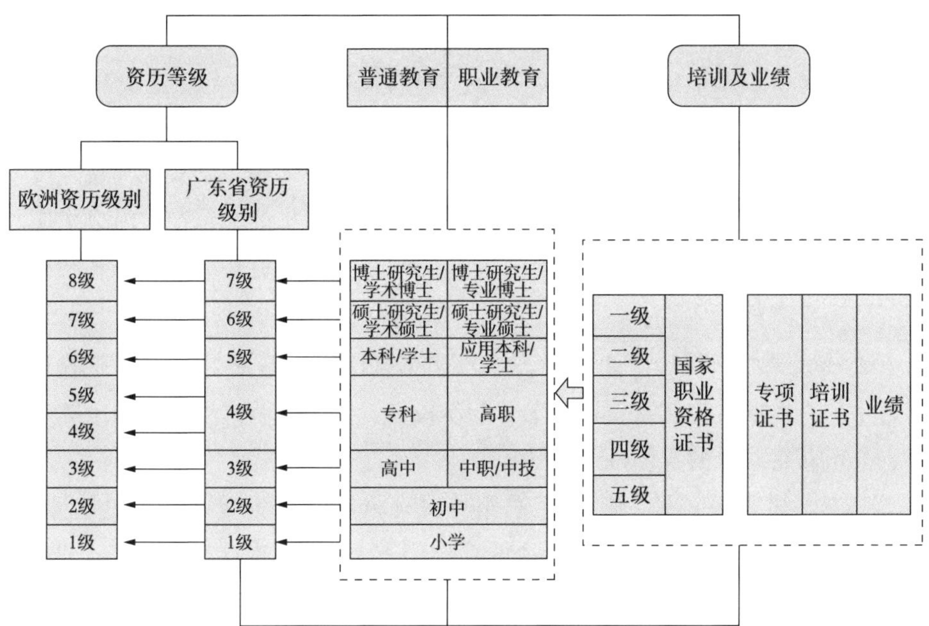

图 4-2　广东终身教育资历框架等级和欧洲资历框架等级的对接

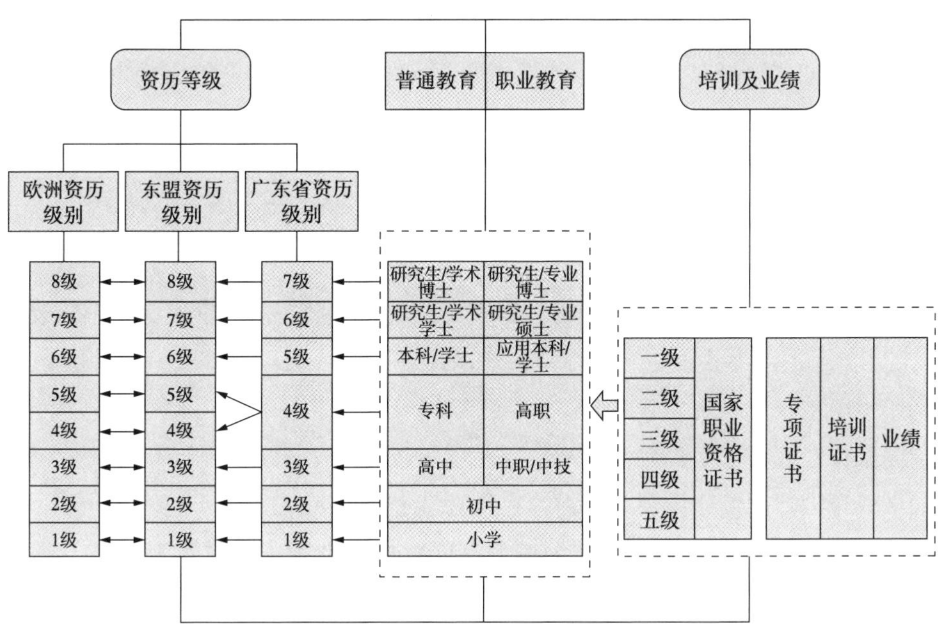

图 4-3　广东终身教育资历框架等级和东盟资历参照框架等级的对接

第二，资历等级对接。广东终身教育资历框架涉及普通教育、职业教育、培训及业绩三个范畴，从低至高分为 7 个资历等级。

第三，资历标准的核心指标对接。广东终身教育资历框架的级别标准分为知识、技能和能力三个方面，其中知识包括理论性知识、事实性知识、技术性知识和实践性知识；技能包括认知技能和实践技能；能力是在学习或工作环境下，在职业和个人发展的过程中，运用知识、技能和方法完成任务和解决问题所体现出来的素质。

第四，学分对接。广东终身教育资历框架中，在普通教育和职业教育的体系下，人才培养方案主要依据学分制度设计，个人只有修读一定学分的课程后，方可获得对应的学历证书。

第五，过往经历的对接。广东终身教育资历框架重视培训和过往业绩，不仅将一级到五级的国家资历证书纳入资历框架中，也将专项证书、培训证书及业绩纳入资历框架。

第六，行业能力标准对接。广东在终身教育资历框架发布后正式启动汽车业、机械制造业能力标准试点工作。以汽车业为例，在充分调研的基础上设计了汽车业（后市场）中汽车维修、汽车检验检测、销售与市场推广等七大职能范畴的知识、技能和能力，确定了 27 个工作领域的能力单元类型、级数、数量和能力单元结构，最后确定了不同级别能力单元的内容及考核标准。

四、中外资历框架比较分析对中国资历框架建设的启示

编者比较了目前国外学习成果积累、互认和转换的三种模式，即“框架 + 认可”模式、“认可 + 学分银行”模式以及“协议 + 认可”模式。编者还深入调研了国内国家开放大学学分银行、广东终身教育学分银行、上海市终身教育学分银行、江苏省终身教育学分银行、重庆市终身学习学分银行等区域性、行业性终身学习制度建设实践探索。在此基础上，编者提出中国方案：创新“标准 + 认可 + 学分银行”终身学习制度，即加快推进以资历框架为标准、学习成果认可为制度、学分银行为平台的三位一体的终身学习制度建设。终身学习制度建设是一项深度全面的教育领域综合改革，需要强调改革的系统性、整体性、协同性。

中国资历框架建设和实施包括制度层、标准层、质量层、运行层等四个环节，核心要素包括立法与管理、等级和标准、质量保证和评审机制、成效为本课程建设、学分累积和转换、过往学习成果认可、行业资历等级标准等，如图 4-4 所示。

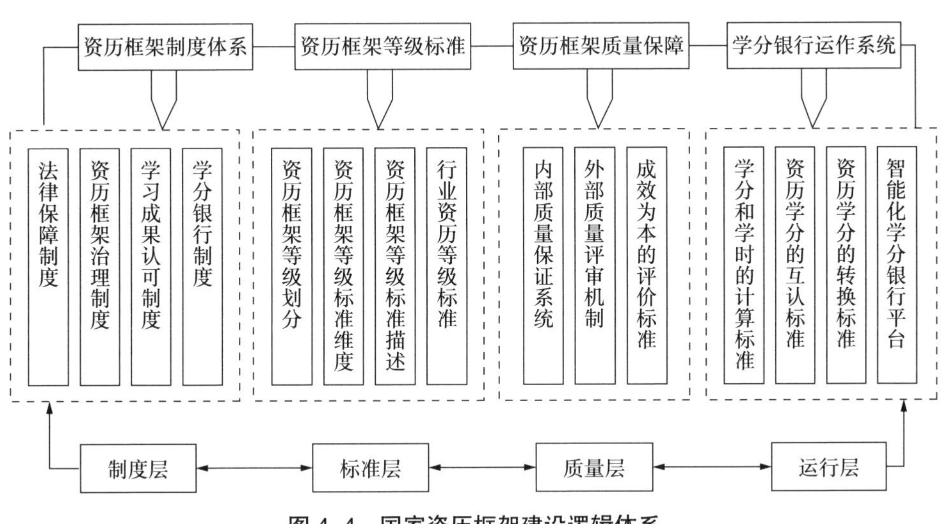

图 4-4 国家资历框架建设逻辑体系

（一）国家资历框架制度体系建设

教育体系的建设目标是服务全民终身学习（教育体系是终身学习体系的重要组成部分），加快发展面向每个人、适合每个人、更加开放灵活的教育体系。要实现这一目标，除了需要新技术的支撑，更为核心的是要建立服务全民终身学习的基础制度体系。学校教育制度是基于特定学习时间段、特定学习地点的制度体系，无法满足全民终身、灵活、弹性、个性化的学习需求，因此需要加快建立基于学习成果（成效为本）的终身学习制度体系，未来形成学校教育制度和终身学习制度并举、相互补充、互融互通的教育新格局。

1. 加快立法进程，为制度建设提供法律保障

法律保障是国家资历框架得以广泛实施与顺利推进的重要基础。

（1）推进现有法律修订

修订和完善现有法律，使之覆盖国家资历框架。例如，修订教育法，加

入相关终身学习及资历框架的基本内容，从教育基本法层面提供制度性保障。又如全面修订《中华人民共和国学位条例》，且易名为《中华人民共和国学位与资历框架条例》，作为资历框架体系基本法律遵循。

（2）推进国家《终身学习促进法》立法进程

建议推进国家《终身学习促进法》立法进程，在其条文中专设“终身学习资历框架”条款，建立终身学习资历框架的法律基础。

2. 完善治理制度，为制度实施提供机构和机制保障

资历框架是连接教育与行业需求、教育与市场需求、教育与社会需求的桥梁，构建国家资历框架是一项国家层面的复杂的系统工程，需要多层级、多部门通力合作方能实现。在建立资历框架的机构与机制保障方面，建议如下。

第一，成立“国家终身学习资历框架建设领导小组”。成员可由国务院主管领导牵头，教育部和人社部统筹，联合财政部、民政部、发改委、工信部等多部门领导组成，并组建来自不同领域的专家委员会，制定终身学习资历框架的条例、认可标准、质量标准、学分银行制度、体制机制等。

第二，成立“终身学习办公室”。可由教育部和人社部共建，教育部职成司、发展规划司、高教司、学位办、国际司参与，负责资历框架、学习成果认可、学分银行的组织、协调、指导、实施工作，制定工作路线和时间表。

第三，成立“终身学习资历框架专家委员会”。可由终身学习办公室统筹，委员会成员包括教育、管理、法律、技术等领域的学者，行业企业的专业管理人员，各类教育和培训机构的代表等。该委员会负责制定资历框架、学习成果认可和学分银行相应的原则、标准、指引、指标、工具、评价机制等。

第四，成立政府认可的学习成果认可管理机构。由上述终身学习办公室组织专家队伍，共建基于资历框架的学习成果认可制度、指引、标准、方法和程序。

3. 建立学习成果认可制度，提供学习成果认可的方法

学习成果认可制度是国家资历框架系统顺利运行的根本保障，需要依据相关标准并遵照一定程序，实现各级各类学习成果之间的衔接和转换。建议如下。

（1）建立学习成果认证制度

建立学习成果认证制度，一是通过制定基于质量保障机制的学习成果认可制度，建立权威的学习成果认可机构和公开的监管机制，保证资历和学分互认的实质等效；二是鼓励有条件的地方、院校、行业企业开展非正规教育和非正式学习的成果认可试点，将个人在任何场所通过多种方式获得的知识、技能、能力等，按照资历框架的等级和标准给予认可，促进终身学习。

（2）建立过往学习成果认可机制

基于国家资历框架和行业资历等级标准，建立过往学习成果的认可机制。通过过往学习成果的评价制度，使得在职人员在工作场所、社区、家庭等获得的多元化学习成果，如 MOOC 课程、创新创业、志愿服务、专利、技能竞赛、获奖证书等，能够得到社会和雇主的认可，减少人们的重复学习。例如，为高职扩招 100 万学生中具有相应工作经验的申请者，通过学习成果认可豁免相应学习内容的部分学分。

（3）成立学习成果认可专门机构

学习成果认可机构需要符合以下三个条件：一是由政府指定，有公认的认可资质和明确的认可职责，保证学习成果认可的权威性和公信力；二是享有独立行事的权力，可以从客观的角度对多元化学习成果进行评价和认可；三是必须做到透明公平公正，保证认可过程和认可结果的权威性。鉴于资历框架标准下的学习成果认可是以非正规教育和非正式学习的成果认可为核心，建议由政府认可的第三方权威机构，设立专门的资历认可处，负责制定学习成果认可的政策、标准、工具和方法，评估和指导地方学分银行管理中心实施资历框架下学习成果认可的实践。

4. 建立学分银行制度，提供学习成果认可平台

学习者通过在学分银行建立的终身学习账户，以学分形式记录、存储个人的学习经历和成果，能够实现学习成果的追溯、查询、积累和转换。因此，学分银行制度既包含实现学分存储、积累、转换等功能的技术支撑环境，也包含实现各类学习成果认可与学分转换的规范与规则体系。需立足于发挥当前智能化技术的优势，依托 5G、大数据、人工智能、区块链等新技术，推进我国学分银行平台建设，为全体社会成员提供一站式、个性化、智能化的电子学习档案以及学分积累、互认和转换等多样化精准服务。

（二）国家资历框架标准建设

1. 确定国家终身学习资历框架等级划分

国家通用终身学习资历框架是地方性、行业性终身学习资历框架的母标准。国家资历框架涵盖普通教育、职业教育、继续教育、各类证书和各类业绩。通过对国际资历框架等级划分的分析，结合我国教育体系现有特点，建议将国家资历框架划分为 7 个等级，如图 4–5 所示[①]。

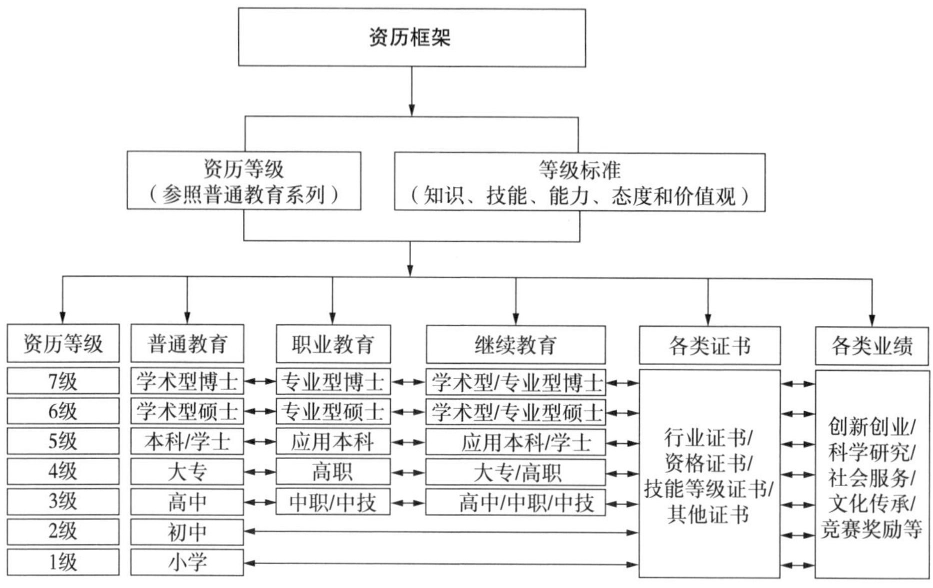

图 4–5　国家资历框架

国家资历框架等级划分以普通教育系列为参照，即从最低的小学等级到最高的博士等级，基于我国的各类教育、各类证书、各类业绩的实际情况，建立横向沟通和纵向衔接的终身学习体系。国家资历框架等级划分涵盖普通教育、职业教育、继续教育、各类证书和各类业绩，凸显我国三类教育之间的融合（普通教育、职业教育、继续教育）；三类教育与各类证书、各类业绩之间的融合；学历教育和非学历教育之间的融合；正规教育、非正规教育和非正式

① 张伟远. 国家资历框架的理论基础和模式建构 [J]. 中国职业技术教育，2019（18）：28-35，45.

学习之间的融合，为多元化学习成果提供沟通与衔接的基础标准。

2. 制定国家终身学习资历框架等级标准

“十四五”规划建议强调高质量的教育体系，全面贯彻党的教育方针，坚持立德树人等要求。为了保障资历框架各等级的质量水平，结合国际资历框架中已有标准的分析，建议制定态度和价值观、知识、技能、能力四个维度的资历等级标准，其中以立德树人为核心的态度和价值观是我国各级各类人才培养和要求的前提指标和标准。此外，还要明确各等级需要达到的知识、技能、能力三个维度的通用标准，体现为资历各等级通用标准中具有明显区分度的核心指标，如表 4–8 所示。

表 4–8　国家资历框架等级标准

等级	知识	技能	能力	态度和价值观
1	掌握工作或学习所需要的基本的常识性简单知识	具有完成简单任务的基本技能	能够在他人直接指导下完成简单的学习或工作任务	个人品格、职业态度、责任感、道德规范、公民意识和社会主义核心价值观
2	掌握工作或学习所需要的基础知识	具有应用相关信息和简单工具、完成常规任务的基本技能	能够在他人的指导下在一定程度上自主地完成学习或工作任务	
3	掌握某个工作或学习领域所需要的事实性和理论性知识	具有在某个工作或学习领域中，选择和应用相应的信息、工具和方法，解决具体问题和完成相应任务所需要的技能	能够在变化但可预测的环境中，基于工作或学习的指引进行自我管理，监督他人的常规工作，承担评价和改进工作或学习的有限职责	
4	掌握某个工作或学习领域所需要的综合、专业、理论知识，并了解知识应用范围	具有创新性地解决抽象问题的综合的认知和实践技能	能够在不可预测的工作或学习环境中，履行管理和指导的职责，评估和改进自己和他人工作或学习表现	

续表

等级	知识	技能	能力	态度和价值观
5	掌握某个工作或学习领域所需要的高层次知识，对理论和原理进行批判性理解	具有在某个专业的工作或学习领域中，创新性地解决复杂和不可预测问题的高级技能	能够在不可预测的工作或学习环境中，管理复杂的技术或专业项目，承担管理个人和团队专业发展及作出决策的职责	
6	掌握某个工作或学习领域的高度专业化知识，包括某些可作为原创思维和/或研究基础的前沿知识；对某个领域和交叉领域的知识形成批判性认识	具有在研究和/或创新中，为发展新知识、新工艺以及整合不同领域知识所需的专业化解决问题的技能	能够应对和改变复杂、不可预测、需要新策略方法的工作或学习环境，承担促进专业知识和实践发展和/或评估团队战略绩效的职责	
7	掌握某个工作或学习领域以及交叉领域最先进的前沿知识	具有最先进的技能和方法，包括综合和评价，解决在研究和/或创新中的关键问题，扩展和重新定义已有知识和专业化实践	能站在工作或学习（包括研究）的前沿，表现出高度的权威性、创新性、自主性、学术性和职业操守，能持续不断地形成新的理念和方法	

3. 发布国家终身学习资历框架等级和标准

建议由教育部和人社部联合质检总局来共同发布国家资历框架等级和标准，并就其术语及定义、等级划分、等级标准、学分成果认可、学习银行、行业资历等级标准等做出规定；同时明确提出，该标准适用于我国普通教育、继续教育、职业教育、行业证书、培训证书、各类业绩等学习成果的认定和使用。

4. 制定终身学习行业资历等级标准

行业资历等级标准是国家资历框架在某一行业的具体标准。通过确定行业职能范畴和具体职能，基于国家资历框架等级标准和具体的行业岗位用人要求，能够建立以能力单元为核心的能力矩阵，形成一个连续的、被认可的行业资历阶梯，以反映行业各职能对人才层次和质量的资历要求。

建议行业资历框架标准由质检总局联合人社部、教育部以及相应部委联合发布。例如，教育部和人社部联合开发《国家教师终身学习资历框架标准》；农业农村部与人社部、教育部联合开发《国家农业人员终身学习资历框架标准》；卫健委与人社部、教育部联合开发《国家医护人员终身学习资历框架标准》；司法部与人社部、教育部联合开发《国家司法人员终身学习资历框架标准》。

（三）国家资历框架质量保障制度建设

1. 建立教育和培训质量保证委员会

（1）建立国家层面的教育和培训质量保证委员会

在国家层面，建议成立教育和培训质量保证委员会，负责组建质量保证专家团队，制定教育教学质量的原则、标准、指引、指标、工具、评价机制。之后，基于国家层面的教育和培训质量保证委员会，组建各级各类教育和培训质量保证委员会，如高等教育质量保证委员会、高等继续教育质量保证委员会、高等职业教育质量保证委员会、中等职业教育质量保证委员会、行业培训质量保证委员会等。

（2）建立地方层面的教育和培训质量保证办公室

基于国家层面的教育和培训质量保证委员会，建议在地方教育评估院或者教育评价中心增设教育和培训质量保证办公室，具体负责本地教育和培训机构质量保证工作的指导、监督和评价。

2. 制定国家层面的教育和培训质量保证机制

（1）制定教育和培训机构内部质量保证机制

质量保证机制旨在保证资历和学分的对等性和可比性。教育和培训机构需要基于国家教育质量保证的标准和要求，建立内部的质量保证机制，包括建立：质量保证委员会、机构质量保证部门和专职队伍，部门质量保证委员会、各学科学术委员会评审机制，质量保证组织模式机制，机构、专业和课程质量保证的标准和流程等。

（2）制定学习成果外部质量评审机制

外部质量评审指的是对人们通过非正规教育（如企业大学和培训部、校外培训机构等）和非正式学习（自主学习）获得的学习成果、由政府认定的第三方权威机构进行评审。第三方评审机构应该独立于提供教育和培训服务的机构，以保证从客观的角度进行学习成果评估和鉴定，保证不同类型学习成果获得的资历和学分的实质等效。

（3）制定成效为本的质量评价标准

成效为本是全球终身学习资历框架的评价原则，是资历框架中保证各类学习成果公平对接的理论基础。无论学习者采用何种学习方式，只要达到相应的学习成效目标要求，就能获得相应的学分。成效为本的教育评价包括三个步骤：第一，清楚地描述预期的学习成效目标，应用合适的行为动词描述学生需要达到的成效程度；第二，为学生创造达到学习成效的学习环境，基于成效目标设计相应的学习活动；第三，评价学生是否达到了预期的学习成效目标，并将评价结果转换为标准的学分。为了保证不同类型学习成果的可比性，确定清晰的可评定的学习成效目标是关键。学生达到预期的学习成效目标，就能获得相应的学分。达到行业资历等级标准的能力单元要求，就是学习成效需要达到的预期学习目标。

（四）国家资历框架学分银行运作系统建设

1. 学分银行的制度建设

学分银行制度是基于资历框架的等级和标准，对各类学习成果以学分为计量单位进行认证、积累和转换的管理制度①。在基于资历框架制度和学习成果认可制度的学分银行制度建设中，要明确学分银行在国家资历框架系统中的定位和作用。国家资历框架和行业资历框架是标准，是各类学习成果等级和标准的顶层设计，是学分银行中达到学分要求的通用标准。学习成果认可是保障，是将个人在任何场所通过多种方式获得的知识、技能、能力、态度和价值观，按照资历框架的等级和标准，以保证各类学习成果互认的对等和公平，保

① 张伟远. 国家资历框架的理论基础和模式建构 [J]. 中国职业技术教育，2019（18）：28-35，45.

证学分的质量和社会公信力。学分银行是平台，社会成员通过学习成果认可的资历和学分，也就是有质量保证的资历和学分，通过学分银行进行积累、互认和转换。此外，要认识到学分银行建设是一个多方利益主体协作推进、持续迭代发展的系统工程，既包括学分银行内部各个子系统的建设，也包括学分银行信息平台的完善，还包括相关制度的革新，如学分制、入学制、选课制、评价制、课程制、认证制和转换制等①。

2. 制定学分和学时的计算标准

为了确保对学习成果进行等价交换，需要制订统一的学分计算标准作为学习成果认可、积累与转换的基础。现在，不同教育机构采用的学分和学时的计算标准不同，有的院校 1 学分 =16 学时、1 学时 45—50 分钟，有的院校 1 学分 =28 学时、1 学时 =45 分钟。为了实行学分的转换，在指定学分和学时的计算标准时，建议采用国际通用的资历学分和学时计算标准，即 1 学分 =10 个学时、1 学时 =60 分钟，学时是学习需要的时间总量，既包括课堂学习时间，也包括作业，阅读，讨论，分享，完成项目式学习任务、探究性学习任务，参加考试，比赛，实习，实践等各种不同形式的学习所用的时间量。当学分积累到 120—160 个学分时，转换为相当于全日制学习一年的学分。

3. 明确学分的使用和转换标准

基于资历框架标准和通过学分成果认可的学分，可用于不同院校的学分互认以及申请高一级学校的学分转换与减免等。在高一级院校的入学申请中，学校把申请者通过认可的学分作为减免学分的依据。基于国际资历框架的经验，为了保证学历教育的学术完整性，建议减免的学分一般不超过总学分的 30%，最高不超过 50%。

4. 推进智能化学分银行平台建设

学分银行要保证学习成果的公平公正互认，需要良好的技术支撑。建议建立学分银行数据库建设标准和学分银行运行标准，将不同类型的学习成果认

① 谢青松，白然，谢浩. 服务全民终身学习的基础性制度：学分银行的研究现状与趋势——基于近二十年国内学分银行文献的知识图谱分析 [J]. 中国职业技术教育，2021（10）：75-86.

可以学分的形式进行统一的储存、积累和转换。此外，随着大数据、人工智能、5G、区块链等新兴技术的兴起，去中心化、分布式数据库技术会对治理理念、治理手段和治理能力带来革命性的变化，建议进一步加强新技术与学分银行领域研究的融合，探索新技术引发新机制的变革，更好地为服务全民终身学习的教育体系和学习型社会提供一站式、智能化和个性化服务。

（五）国家职业教育和培训资历框架建设

1. 国外职业教育和培训资历框架建设经验

建立国家级资历框架体系需要经过较为复杂且耗时的过程。为便于社会及劳动市场对职业类人才的专业水平进行评估参考，部分国家虽然没有国家层面的资历框架，但却建立了职业教育和培训资历框架。例如，新加坡于2005 年颁布了劳动力技能资历框架（Singapore Workforce Skills Qualifications, WSQ）作为国家职业技能认证体系，收录了劳动力技能资历体系的证书，与新加坡的学术资历并列，在没有建立国家资历框架的情况下，保证了职业教育体系的纵向衔接与横向沟通①。目前我国正大力推广职业教育，为满足国家人才战略需求，亦可参考他国经验，优先建立职业教育和培训资历框架。

为进一步了解职业教育和培训资历框架的全球发展现状与特征，编者选取 11 个国家的职业教育和培训资历框架作为研究样本，相关信息见表 4–9。

表 4–9　国际职业教育和培训资历框架信息

国家	职业教育和培训资历框架	建立时间	资历等级数量	能力标准维度
英国	英国职业资历框架（National Vocational Qualifications）	1988 年	5 级	知识；技能
巴基斯坦	巴基斯坦国家职业资历框架（National Vocational Qualifications Framework）	2015 年	8 级	知识和理解；技能；责任

① Singapore. UNESCO institute for lifelong learning [EB/OL]. [2017-02-25]. http://uil.unesco.org/fileadmin/keydocuments/LifelongLearning/en/UIL_Global_Inventory_of_ NQFs_Singapore.pdf.

续表

国家	职业教育和培训资历框架	建立时间	资历等级数量	能力标准维度
越南	越南国家职业技能标准框架（National Occupational Skills Standards Framework）	2016年	8级	知识和理解；技能；自主和责任
印度	印度国家职业资历框架（National Vocational Education Qualification Framework）	2013年	10级	学习过程；专业知识；专业技能；核心技能；职业责任
尼泊尔	尼泊尔国家职业资历框架（Nepal National Vocational Qualifications Framework）	2013年	8级	知识；技能；能力
孟加拉国	孟加拉国国家技术和职业资历框架（National Training and Vocational Qualifications Framework）	2008年	8级	知识；技能；责任
加纳	加纳的国家技术和职业教育与培训资历框架（Ghana's National TVET Qualifications Framework）	2012年	8级	知识；要求（技能和态度）
冈比亚	冈比亚技术资历框架（Gambian Skills Qualifications Framework）	2006年	5级	知识和理解；应用知识和理解；通用认知技能交流，信息、通信技术和数据使用
卢旺达	卢旺达技术和职业教育与培训资历框架（Rwanda National Technical and Vocational Education and Training Qualifications Framework）	2012年	7级	知识和理解；应用知识和理解；认知技能；沟通、信息通信技术和计算能力；自主、责任和与他人合作
斯里兰卡	斯里兰卡国家职业资历框架（Sri Lankan National Vocational Qualifications Framework）	2004年	7级	过程；学习要求；责任

续表

国家	职业教育和培训资历框架	建立时间	资历等级数量	能力标准维度
不丹	不丹职业资历框架（Bhutan Vocational Qualification Framework）	2012年	5级	知识的深度、复杂性和理解力；知识和技能的应用；决策的自主程度和创造力；沟通技巧；实践的广度和复杂性

资料来源：NAVTTC，2017[①]；CEDEFOP，2019[②]；MVTT，2009[③]；UIL，2015[④]。

从表4–9可以看出，这些国家的职业教育和培训资历框架既有共性又各有特色：各国职业教育和培训资历框架名称虽有所不同，但在本质内涵上均体现了职业、技术、培训等职业教育核心要素；其中8个国家已经将其上升至国家职业教育和培训资历框架，3个国家只是将其作为国家资历框架的组成部分或补充。此外，90%以上的国家职业教育资历框架于2000年以后建立，与教育全球化和终身学习理念全球发展潮流相呼应。通过对样本国家职业教育和培训资历框架的利益相关者进行调研，编者认为职业教育和培训资历框架有利于保证国家职业教育体系质量，为学习者学习进阶提供便利和机会，有利于职业教育资历获得国际社会认可，满足国家社会需求和提升整体经济水平[⑤]。下面以英国为案例，深度剖析职业教育资历框架的发展历程和关

① NAVTTC. National vocational qualifications framework (NVQF) [EB/OL]. (2017-10-15) [2021-02-03]. http://navttc.org/downloads/NVQF_Version%20_II.pdf.

② CEDEFOP. Global inventory of regional and national qualifications frameworks 2019, volume II: national and regional cases [EB/OL]. (2019-12-11) [2021-02-05]. https://www.cedefop.europa.eu/files/2225_en.pdf.

③ Ministry of Vocational and Technical Training (MVTT). National vocational qualifications framework of Sri Lanka [EB/OL]. (2009-10) [2021-02-20]. http://technicalcouncil.com/files/sri_lanka_qf.pdf.

④ UIL. Rwanda [EB/OL]. (2015-09-11) [2021-02-13]. https://uil.unesco.org/fileadmin/keydocuments/LifelongLearning/en/Rwanda.pdf.

⑤ BHATTARAI A. National vocational qualification framework (NVQF) for Nepal: necessity or waste of money? Experts' standpoint [J/OL]. Journal of Training and Development [EB/OL]. (2017-03-03) [2021-02-20]. https://www.researchgate.net/publication/320066877_National_Vocational_Qualification_Framework_NVQF_for_Nepal_Necessity_or_Waste_of_Money_Experts'_Standpoint.

键特征。

英国是世界上较早推行职业教育资历框架的国家。在传统英国教育体系中，职业教育无法满足学生继续攻读学士学位的需求，因此，英国政府于1986年成立了国家职业资历委员会，并于1987年正式推出国家职业资历框架，旨在从政府层面规范和替代现存资历证书体系。1988年，国家职业资历框架开始在全国推行。该框架分为5个等级，涉及11个能力领域。1992年，国家职业资历委员会又推出了主要面向16—19岁全日制学生的普通国家职业资历框架，分为初级、中级、高级三个等级，与国家职业资历框架互为补充，构成英国国家资历体系。2000年，英国政府建立了国家资历框架，以适应当时国内资历种类繁多的局面。但由于英国国家资历框架存在着诸多问题，如资历比较专业且复杂、资历名目繁杂不易理解、资历之间缺乏衔接等，2003年，资历与学分框架（Qualification and Credit Framework, QCF）作为改革框架被提出。资历与学分框架创新性地依据学分数量将资历划分成证明、证书和文凭三种类型①。经过测试期后于2008年正式推行，从2011年1月开始，英国资历与学分框架全面取代国家资历框架②。2015年10月，英格兰和北爱尔兰引入了新的规范资历框架（RQF）。规范资历框架建立在资历与学分框架使用的级别指标描述符基础上，并参照欧洲资历框架的级别指标描述符进行了部分调整③，涵盖了英格兰资历考试局监管的所有职业和普通教育资历，还包含为社区和志愿部门开发的资历。

综合而言，尽管英国职业教育和培训资历框架随历史发展而不断变革，但其本质内涵和核心功能基本保持一致：旨在使学习者获得国家职业标准要求的知识和技能，以能够完成特定的工作任务；持有职业资历的学习者，可以通过职业教育和培训资历框架证明自己已在特定工作场所接受了充分的培训，符

① BROWN A. Lessons from policy failure: the demise of a national qualifications framework based solely on learning outcomes in England [J]. Journal of Contemporary Educational Studies, 2011, 62(5): 36-55.

② 关晶. 从 NQF 到 QCF：英国资格框架改革的新进展 [J]. 江苏技术师范学院学报（职教通讯），2009，24（10）：77-80.

③ OFQUAL. After the QCF: a new qualifications framework: decisions on conditions and guidance for the regulated qualifications framework (RQF) [EB/OL]. (2015) [2021-02-12]. https://assets.publishing.service.gov.uk/government/uploads/system/uploads/attachment_data/file/461401/after-the-qcf-a-new-qualifications-framework decisions-on-conditions-and-guidance-for-the-rqf.pdf.

合特定工作或部门的国家职业标准。英国职业教育资历从入门级到8级，与普通教育资历级别相似。例如，2级职业资历相当于普通中等教育证书中的A*—C级，而3级相当于普通中等教育证书中的A级，为职业教育与普通教育之间的衔接提供了对接标准。此外，所有职业资格证书均由单元组成，每个单元包括1个学分，等同于10个小时的学习时间，如果获得某项职业资格证书需要12个学分，则学习者需要完成120个小时的学习量，从而为职业教育资历与各级各类资历的衔接提供学分学时计算标准。除了允许学习者获得特定工作所需的知识和技能外，职业资历还允许学习者从广泛的行业岗位中选择，例如医疗保健、零售、休闲服务、美发、建筑、食品、餐饮以及管理，为职业教育与行业企业对接提供了参照标准。职业教育资历由英格兰和北爱尔兰资历考试管理办公室，威尔士儿童、教育、终身学习和技能部以及苏格兰资历鉴定局监管，保证了多方利益主体的充分参与①。从英国职业教育和培训资历框架发展过程可以发现，在职业教育领域引入资历框架，是解决职业教育所面临突出的问题的国家战略选择。职业教育和培训资历框架既具有独立性，也具有与其他资历框架融合协调发展的交互性，其本身的构成具有系统性，同时随着社会的发展又具有动态性和持续性。

2. 我国职业教育和培训资历框架建设的建议

（1）协调多方参与，构建特色化的职业教育与培训资历框架

职业教育与培训资历框架的建立具有复杂性和系统性，在国际上没有统一的模板和照搬的样本，必须根据本国国情规划和设计建设和实施路径。职业教育与培训资历框架的建设应该首先从供给侧和输出侧入手，做好前期需求分析和调研论证，即重视本土已有实践探索，同时参考国际已有经验。职业教育与培训资历框架建设与实施需要顶层设计，应从国家立法和管理层面入手，制定具有本国特色的职业教育与培训资历框架的级别指标和能力标准，对资历进行官方注册，建立良好的内外部质量保证体系和学分体系，及时提供信息指南并纳入对过往学习成果的认证。职业教育与培训资历框架的建立与实施需要众多

① YOUNG M. National vocational qualifications in the United Kingdom: their origins and legacy [J/OL]. Journal of Education and Work, 2011, 24: 3-4, 259-282. https://www.ilo.org/wcmsp5/groups/public/---ed_emp/---ifp_skills/documents/genericdocument/wcms_145934.pdf.

利益相关方的参与，政府机构、科研院所、行业企业、协会与个人等都应深度参与其中，方能保证资历框架的可行性。职业教育与培训资历框架学习成果认证的核心是成效为本，只有以成效而不是过程与投入来计算资历，才能保证资历互认的透明与公平。职业教育与培训资历框架在不同行业有不同体现，因此还需要建立与资历框架对应的行业能力标准。职业教育与培训资历框架属于国家资历框架的一部分，其最终目的是实现与本国各级各类教育资历的纵向衔接和横向沟通，并与区域和国际资历框架进行对接。职业教育与培训资历框架是动态发展的，需要周期性进行评估与复核，并进行及时修正和完善。

（2）发挥职业教育与培训资历框架的作用，助力可持续发展目标和教育现代化

联合国《2030 年可持续发展议程》提出的 17 个可持续发展目标中有 5 个目标与提高儿童、青年和成人的教育质量有关，其中的教育可持续发展目标（SDG4）更明确提出了“全纳、公平的优质教育，促进全民享有终身学习的机会”。针对联合国的 2030 年教育发展蓝图和我国经济社会发展需要，我国提出了“教育现代化 2035”的构想，强调要办好公平优质教育，通过教育现代化支撑国家现代化。职业教育与培训的教育对象覆盖面广，包括学习者在校和离校后的全过程教育，为学习者自我能力彰显和自我价值实现提供了可能，为构建全民终身学习体系和满足现代经济社会发展提供了动能，是世界各国教育决策者的优先选择和聚焦要点。要保证职业教育与培训的质量和认可度，资历框架是核心，发挥着桥梁和支点的作用。资历框架可以增强职业教育与培训的相关性和灵活性，使学习者随时可学、随处可学、想学就学，在不同场景、不同场所获得的学习成果都能得到认证。资历框架可以提高职业教育与培训体系的透明度，为不同形式下获得的学分进行积累、认证和转换提供了可能，为与不同教育类型的资历进行对接提供了标尺。此外，职业教育与培训资历框架对资历的跨境认证，使劳动者和学习者的流动有了积极意义，让世界人才得以流动。从某种意义上来说，提高资历的透明度、对比性和可转换性是职业教育与培训与教育可持续发展目标以及教育现代化的关键要素。

（3）接轨国际职业教育，构建完整的职业教育与培训体系

从国际上的职业教育与培训资历框架的先行经验可以看出，职业教育与培训是独立而完整的教育类型，在等级上包括从初级证书到高级证书，从中等

职业教育到高等职业教育，在学历上可以拓展到硕士和博士。这种教育的完整性提升了职业教育与培训的社会地位，有助于消除“低层次”和“蓝领型”教育类型的长期误解，不仅有利于学习者正确地自我认知，也有利于职业教育与培训在社会上的公平认证，以及与普通教育和继续教育的衔接与互认。我国虽然是职业教育大国，但由于职业教育主要包括中等职业教育和大专层次的高等职业教育，应用本科层次的职业教育也往往以民办教育为主，而后者更趋向于坚持传统大学办学思维，导致职业教育的社会地位不高、教育类型发展的“断头”，教育提供者和受教育者容易产生错误的价值判断。因此，有必要分步骤分阶段地完善我国职业教育的类型体系，将学历层次在保证质量的基础上逐渐提高到硕士和博士层次。此外，我国现有职业教育体系主要以正规职业教育为主，但随着市场化和新兴互联网技术的发展，培训行业兴盛，各类社会培训成为重要的后职业教育形式。遗憾的是，我国社会培训往往被列入“非正规”“非正式”的教育类型，被加上“营利性”和“非标准”标签，发放的培训证书或资历证书也无法与正规职业教育进行对接。这一方面与国际社会脱节，因为国际社会对职业教育的全称往往是“职业教育与培训”，而有别于国内对“培训”的轻视；另一方面，也不利于发挥社会力量办学的优势，难以满足全民学习的多样性和广泛性需求，阻碍了全民学习和学习型社会建设。因此，我国新时代的职业教育应充分考虑和纳入社会培训，在官方提法中应正式采纳“职业教育与培训”的称谓，强调社会培训的作用和地位。更为重要的是，应充分利用职业教育与培训资历框架，打通正规职业教育和非正规培训之间的通道，实现正规职业教育、非正规社会培训和各类非正式职业学习之间的横向沟通和纵向衔接，构建新时代的职业教育与培训体系。

（4）立足成效为本，建立职业教育与培训质量保证框架

职业教育与培训资历框架资历等级的定义、划分和量化的基础是学习成效，这也是资历框架建设和后期运作的基础和关键。学习成效是判断和评价资历的唯一标准，通过学习成效和学习成果来判断学习者应该获得何种资历证书，比以往以学习时间、学习投入、学习内容等标准更为科学，这也是联合国“教育 2030”目标推进的重要原则。但是，成效为本的一个重要前提是质量，没有质量保证难以获得良好的学习成果，没有质量保证也无法使得职业教育与培训的资历与其他类型的教育进行公平的认证和衔接，也会影响到基于资历框

架的跨国人力流动。为保证职业教育与培训的质量，国际上往往会发布与资历框架配套的职业教育与培训质量保证体系。例如，2003 年欧盟建立了《职业教育与培训共同质量保证框架》，提出了质量保证的共同原则、指导方针和使用工具；2008 年，欧盟发布了欧洲资历框架，为契合资历框架对职业教育与培训的要求，对《职业教育与培训共同质量保证框架》进行了修订和完善，旨在进一步改进与提升欧盟各成员国职业教育与培训质量。基于国际经验，我国应该建立以学习成效为基础的职业教育与培训资历框架，并同时建立相应的质量保证机制和认证体系，从而真正提高我国职业教育的质量和社会满意度①。

（六）国家资历框架的国际对接原则与参照

为了推动全球化背景下人才跨境流动和教育资历互认，资历框架的国际对接已经成为世界各国重要的教育发展战略。国家资历架构的国际对接通常遵循以下十项原则：第一，相互拥有清晰且透明的机构角色和责任；第二，资历架构的级别以及资历级别指标有清晰的关系；第三，资历架构以学习成效以及学分制度为基础；第四，清晰且透明的资历纳入的政策及程序；第五，资历架构都基于质量保证，并符合国际质量保证原则；第六，对接过程有外部专家参与；第七，质量保证机制与相关的原则及指引一致；第八，参与对接的国家和地区须就有关对接结果提供一份详尽的报告；第九，官方网站列出已完成对接国家名单，有关报告可供社会大众下载；第十，所有新颁布的资历除列出其本国的资历等级外，也列明其对接区域资历框架的等级。其中，原则一、七和八是资历架构对接在组织机构层面的要求，原则二、三、四、五和六是对资历架构这一制度自身属性的要求，原则九和十体现了资历架构对接的持续发展性。这十项对接原则为国家及地方资历框架对接奠定了基础②。

国家资历框架的国际对接惯例是国与国教育主管部门之间进行咨询对接，就专业课程、学时学分、评价考核等从知识技能单元维度进行专业认证，并就对接结果发布报告，以供教育办学和管理机构参照。随着资历框架近 30 年的

① 谢青松. 职业教育与培训资历框架的国际比较：学习成果的互认与衔接 [J]. 教育与职业，2019（10）：5-12.

② 许玲，张伟远，李雪婵. 粤港澳终身教育资历框架的衔接和创新发展——粤港澳大湾区资历框架研讨会综述 [J]. 中国职业技术教育，2019（27）：17-22.

理念推广与实践探索，全球资历框架的数量、类型和规模已达到前所未有的程度。为解决缺少全球跨国资历和学习成果统一认证标准的难题，联合国教科文组织在2012年启动了国际参照等级以及配套数字化工具的开发和试点研究工作。截至2019年，国际参照等级已经在全球30多个国家和地区进行了试点①。因此，我国国家资历框架的后期发展还需要与国际参照等级进行对接，并就相关的能力要素和数字化工具进行深入研究与吸纳，真正建立既具有中国特色，又具有国际视野与先进性的国家资历框架体系②。

五、小结

从中外学位制度的比较可以看出，各国因不同的历史传统和政治、文化、制度特色，学位制度在诸多方面也存在差异。这些国家虽然学位层次结构划分大致相同，但学位设置更灵活多样；虽然都有学术型与专业型学位，但学制更富弹性，不同类型学位有不同要求，获得途径相对开放多元；虽然都重视质量保障，但授权审核主体与方式不同，质量保障体系相对完善；虽然都有学位授予标准，但纳入资历框架体系标准更清晰可比，更有利于扩大学位的国际影响，提升各级各类教育的规范水平；虽然都有相关立法，但更注重通过法律制度确认政府及其教育管理部门的宏观调控职能，在政府管理和大学学术自治之间取得平衡。

学位制度改革的目的是为了更好地促进学术发展与知识创新，保证国家各项战略实施的人才供给，这也与全民终身学习的内在旨趣不谋而合，因此在加快学位立法修订、完善法律救济的制度化进程中，要保障学位授予单位的自主权，完善学位结构体系，扩大学位授予主体范围，强化质量保障，优化学位标准，并纳入国家资历框架，推动国际互认。

学位制度改革与资历框架建设两项工作存在紧密的联系：一方面学位制度改革是资历框架体系建设的基础，从国外经验来看，大多数国家和地区资历框

① 谢青松，许玲. 国际参照等级：学习成果的全球认证和比较 [J]. 职教论坛，2020，36（8）：117-125.

② 谢青松，南旭光. 职业教育资历框架构建：动因溯源与路径探析 [J]. 职业技术教育，2021，42（16）：6-12.

架都是基于原有的学历、学位体系建成的，资历框架的建设并非推倒重来，而是通过改革原有学历、学位体系中的体制机制，尽量发挥已有机构和已有制度的作用，不断完善发展的产物；另一方面资历框架建设是学位制度改革的发展方向，基于资历框架的终身学习制度是未来教育制度的发展方向，是满足开放、灵活、弹性终身学习的制度基础。我国现有学历学位制度改革方向需要突破传统学校教育制度的时空限制，逐步向基于学习成果认可的终身学习制度方向迈进。

基于以上认识，结合我国学位制度和资历框架的发展现状，当前需要两方面的改革齐头并进。一方面加强现有学位制度改革以实现与资历框架制度的兼容，包括进一步保障学位授予机构的自主权、加强学位授权审核的过程监管、理顺学位制度与高等教育制度关系、确立分级管理体制机制、完善学位授予认定的法律程序、完善学位标准等；另一方面基于现有学历、学位、证书制度构建国家资历框架体系，构建“框架 + 认可 + 学分银行”三位一体的终身学习制度体系，明确资历框架是开展学习成果认可的基础性标准，并且为国家资历框架设计科学的等级标准等，以及提出管理机构、机制体制和平台建设的具体建议。

附录　学位制度和资历框架的术语和定义①

附录一　学位制度的术语和定义

1. **学位**　academic degree

学位是教育机构根据学生专业知识和技术水平而授予的称号，是一种受教育程度的标志和象征。学位通常分为学士、硕士和博士三级，学位授予单位依法对达到一定学术水平或者专业技术水平的人员授予相应的学位，颁发学位证书，表明获得者已经掌握本门学科的基础理论、专门知识和基本技能，具有从事科学研究工作或承担专门技术工作的能力，受教育程度和学术水平也达到规定标准②。

2. **学位制度**　academic degree system

学位制度是具有学位授予权的单位对达到一定学位水平或专业技术水平的人员授予某种学位，并向其颁发相应的学位证书的制度。学位制度针对学位委员会的设立、学位授予的级别、学位获得者的资历审查、学位评定程序、学位管理、学位停止或撤销等学位相关工作而制定，具有一定学术水平的公民，其学业水平达到国家规定的学位标准，可以向学位授予单位申请授予相应的学位③。

3. **文凭**　diploma

文凭是指学校发给学生的毕业证书，是某一学习过程的证明和凭据，代

① 本附录中采用了张伟远、谢青松的《终身教育资历框架研究》中的部分术语和定义，经过修订而成，特此说明。在此对国家开放大学出版社表示感谢。

② 中华人民共和国中央人民政府. 中华人民共和国学位条例 [EB/OL]. (1986-01-01) [2021-07-19]. http://www.gov.cn/banshi/2005-05/25/content_940.htm.

③ 中华人民共和国中央人民政府. 中华人民共和国教育法 [EB/OL]. (1995-09-01) [2021-07-19]. http://www.gov.cn/banshi/2005-05/25/content_918.htm.

表个人受教育和训练的程度。文凭是知识能力的标志，一定的文凭代表着拥有人具有一定的知识和技能，而且预示其将来可能获得知识和技能的能力，是代表不同水平的劳动者原有智力以及未来生产率和可塑性的重要信号。证明个人受教育程度和类别的文凭也是劳动力市场上求职的通行证，可以帮助雇主对人力资本进行区分并且合理配置[①]。

4. **学历资历**　academic qualification

学历资历是实施学历教育的学校或者其他教育机构，对完成了学制系统内一定教育阶段学习任务的受教育者所颁发的文凭或学历证书。学历资历与学历、学位和文凭的关系不是简单的对应或加总，而是一种更为抽象的概括，是依托于不同社会历史文化背景下的教育体系和学习成果框架提炼出的具有普适性的概念。

5. **高等教育学历资历**　higher education qualifications

高等教育学历资历是由经国家教育行政主管部门批准备案的独立设立的普通高等学校、成人高等学校、民办学历高校授予毕业生的文凭、学位及其他证书，证明学历资历获得者已成功完成了一段学习经历，并具备了进入更高一级学习阶段深造或不需做其他准备即可从事一定职业的能力。

6. **学历资历认可**　recognition of academic qualification

学历资历认可指国家（政府或非政府机构）将外国学历资历认同为可赋予其持有人与本国同类学历资历持有人在其他相同条件下同等可比的权利，以使持有人可以在本国学习或继续深造，参与科研，从事不需要通过从业考试或特殊培训的职业活动。

① 李敏. 文凭的社会功能 [J]. 社会，2002（11）：26-27. DOI:10.15992/j.cnki.31-1123/c.2002.11.007.

附录二　资历框架的术语和定义

1. **资历**　qualification

资历是个人通过正规教育、非正规教育和非正式学习所获得的学习成果，包括学历、行业证书、资历证书、技能等级证书、学习证书（如MOOC证书）、各类业绩（如创新创业、科学研究、社会服务、文化传承、竞赛奖励）证明等。

2. **资历框架**　qualifications framework

资历框架是由政府教育部门联合不同利益群体共同制定，用于衡量、沟通、衔接社会成员的各级各类学历、证书、各类业绩等多元化学习成果的等级和通用标准，是普通教育、职业教育、继续教育、各类证书以及各种业绩之间沟通和衔接的终身学习制度体系，旨在建立各级各类教育系统和劳动力市场之间相互衔接的认证制度[①]。

3. **终身教育**　lifelong education

终身教育是个人从出生到生命终结持续接受教育的过程和各种教育的总和，包括教育体系的各个阶段和各种方式，既有学校教育，也有社会教育；既有正规教育，也有非正规教育和非正式教育；既有满足人的工作和职业需要的教育，也有铸造人格、发展个性，使个人潜在的才干和能力得到充分发展的教育，还包括在教育发展过程中各个阶段之间紧密而有机的内在联系[②]。

4. **终身学习**　lifelong learning

终身学习是个人为适应社会发展和实现个体发展的需要，贯穿一生的、持续的和多方面的学习过程，是人在一生中所需要的知识、技术，包括学习态度等应该如何被开发和运用的全过程。终身学习场所不限于家庭、学校、机构或企业，可以出现在人类生活的所有空间，覆盖可被利用的一切教育设施与资源[③]。

① 张伟远. 国家资历框架的理论基础和模式建构 [J]. 中国职业技术教育，2019（18）：28-35，45.

② 吴遵民. 终身教育的基本概念 [J]. 终身教育研究，2016（1）：75-79.

③ 高志敏. 关于终身教育、终身学习与学习化社会理念的思考 [J]. 教育研究，2003（1）：79-85.

5. **正规教育**　formal education

由政府教育部门规定的教育系统组织，按年龄划分开展的有目标、有计划、有组织、有系统的教育活动，如初等教育、中等教育和高等教育，以学历教育为主。

6. **非正规教育**　non-formal education

在正规教育体制之外，对特定学习对象开展的有目标和有组织的教育活动，以证书为主，如行业证书、资历证书、技能等级证书以及其他学习证书。

7. **非正式学习**　informal learning

与正规教育和非正规教育有目标和有组织的教育活动不同，非正式学习也称为无一定形式的学习，是在没有预定目标和没有组织的情况下，个人在日常生活、工作场所和社区等环境中获得的知识、技能、能力、态度和价值观。

8. **资历等级**　qualifications levels

基于不同资历对学习成果的不同要求，由低到高的等级划分。

9. **资历标准**　qualifications criteria

基于资历等级，从知识、技能、能力、态度和价值观四个维度进行描述的通用标准，旨在保证各类学习成果的可比性和转换性。

10. **学习成果**　learning outcomes

个人在不同场所、通过不同方式学习所获得的知识、技能、能力、态度和价值观。

11. **学习成果认可**　accreditation of learning outcomes

按照资历框架的等级和标准，将个人在不同场所和通过多种方式获得的知识、技能、能力以及态度和价值观，通过权威机构的学习成果认可，在资历框架下予以认可并授予相应的资历和学分。

12. **普通教育**　general education

以科学文化知识为主要教学内容的学校教育类型。

13. **职业教育** vocational education

职业教育包括各级各类职业学校教育和各种形式的职业培训，是国家教育事业的重要组成部分和教育类型，是促进经济、社会发展和劳动就业的重要途径。职业教育对受教育者进行思想政治教育和职业道德教育，传授职业知识，培养职业技能，进行职业指导，全面提高受教育者的素质，让受教育者获得职业或生产劳动所需要的知识、技能、能力、态度和价值观①。

14. **继续教育** continuing education

继续教育是面向学校教育之后所有社会成员特别是成人的教育活动，是成人在接受一定教育之后所受的教育，以成人所脱离的正规教育的层次为起点，包括已参加工作和负有成人责任的人所接受的各种各样的教育，是对专业技术人员进行知识更新、补充、拓展和能力提高的一种高层次的追加教育。继续教育帮助学习者进一步完善知识结构，提高创造力和专业技术水平，是终身学习体系的重要组成部分②。

15. **职业培训** training

为满足学习者个人发展和完成工作任务的需要，对其所进行的培养训练活动。

16. **业绩** performance

个人取得学术、职业或其他方面的成果，包括但不限于创新创业、科学研究、社会服务、文化传承、竞赛奖励等。

17. **知识** knowledge

与学习或工作有关的理论、原理、事实和实践，包括理论性、技术性和实践性知识。

18. **技能** skills

在学习或工作中应用相关的知识和方法完成任务和解决问题的专项能力，包括认知技能和实践技能。

---

① 中华人民共和国中央人民政府. 中华人民共和国职业教育法 [EB/OL]. (1996-09-01) [2021-07-19]. http://www.gov.cn/banshi/2005-05/25/content_928.htm.

② 李海萍，陈喜. 略论大学后继续教育的内涵及其特点 [J]. 成人教育，2006（5）：16-18.

19. 能力 competence

在学习或工作环境下，在职业和个人发展的过程中，运用知识和技能完成任务和解决问题的综合素质。

20. 态度 attitude

个人基于自身道德观和价值观对事物的评价和行为趋向，对某事物一定价值认识的具体反映，表现为对外界事物的内在感受、情感、意向等要素。

21. 价值观 value

对周围客观事物，包括人、事、物的意义、重要性的总评价和看法。

22. 质量保证 quality assurance

由整套原则、标准、指引、指标、工具等组成，旨在保证资历和学分的对等性和可比性，通常包括教育和培训机构内部质量保证机制和外部质量评审机制。

23. 成效为本的评价 outcome-based evaluation

以学习者达到预期的学习成效目标为评价标准。无论是通过课堂学习、在线学习、混合式学习的方式，还是在校园、工作场所、社区、家庭等场所进行学习，只要学习者达到资历标准的预期成效目标，就可以获得相应的资历学分。成效标准是授予学分的最低要求。

24. 过往学习成果认可 recognition of prior learning

人们以前学过的非学历课程和长期积累的知识及经验，通过权威机构的学习成果认可，在资历框架下获得认可并获取相应的资历学分。

25. 学分 credit

学分是用于计算学习量的一种计量单位。

26. 学分银行系统 credit bank system

模拟银行的“储存—提取—转换”系统的概念，对学习者的学习成果进行认可，并转换为统一的存储学分。根据一定的规则，学习者可以将储存的学分兑付为资历证书。

27. **国家资历框架等级的划分** classification of national qualifications framework level

国家资历框架涵盖普通教育、职业教育、继续教育、各类证书和各类业绩。国家资历框架要实现三类教育（普通教育、职业教育、继续教育）之间的融合；三类教育、各类证书、各类业绩之间的融合；学历教育和非学历教育之间的融合；正规教育、非正规教育和非正式学习之间的融合。各类证书包括行业证书、资历证书、技能等级证书以及其他证书；各类业绩包括但不限于创新创业、科学研究、社会服务、文化传承、竞赛奖励等。

28. **国家资历框架等级标准** national qualifications framework level standard

资历框架等级标准采用知识、技能、能力、态度和价值观四个维度进行具体描述。知识、技能、能力是分等级的标准维度，态度和价值观是不分等级的通用维度。

29. **国家资历框架系统** national qualifications framework system

国家资历框架系统由互相联系和互相制约的三大部分组成，包括资历框架、学习成果认可以及学分银行。

30. **内部质量保证** internal quality assurance

普通教育、职业教育、继续教育机构需要建立内部质量保证机制，包括建立学校质量保证委员会、学校质量保证部门和团队、各学科学术评审委员会，以及确立明确的质量保证组织模式、标准和流程。

31. **外部质量评审** external quality review

外部质量评审是对人们通过非正规教育和非正式学习获得的学习成果进行认可，由政府认定的第三方权威机构进行评审。第三方评审机构应该是独立于教育和培训机构的部门，以保证从客观的角度进行学习成果评估和鉴定，保证不同类型学习成果获得的资历和学分的实质等效。

32. **学分和资历的计算标准** calculation criteria for credits and qualifications

采用国际通用的资历学分计算标准，以学时为计算单位，学时是总的学习时间，1 学分等于 10 个学时。当学分积累到 120—160 个学分时，转换成相当于一年全日制学习的学分，即资历学分。

33. **学分的使用和转换标准** standards for application and validation of credits

在高一级院校的入学申请中，学校可以把申请者通过认可的学分作为减免学分的依据。为了保证学历教育的学术完整性，减免一般不超过总学分的30%，上限为50%。

34. **行业资历等级标准** industry qualification level standard

资历框架在某一行业的具体标准，通过确定行业职能范畴和具体职能，基于资历框架等级形成以能力单元为核心的能力矩阵，形成一个连续的、被认可的行业资历阶梯，可反映行业各职能对人才层次和质量的资历要求。

35. **能力单元** competence unit

能力单元是行业能力不可再分的最小单元，每个能力单元代表一组最少且不可分割的工作任务要求，通过能力单元的学习，能完成一件完整而独立的工作。行业证书课程基于能力单元的知识、技能、能力、态度和价值观的要求开发。

36. **行业培训证书** industry training certificate

教育机构或者行业企业根据资历等级标准和行业能力单元的工作任务要求，开设培训课程。课程考核通过者获得相应的行业培训证书。

后　记

本书由教育部留学服务中心牵头、专家团队和中心工作组共同执笔完成，并得到了教育部和国务院学位委员会办公室的指导和支持。

在此，谨对所有在本书编写期间做出贡献的人士致以诚挚的感谢，尤其感谢北师大首都学习型社会研究院团队的张伟远教授和谢浩博士，以及教育部留学服务中心的周博和薛娟做出的突出贡献！

教育部留学服务中心
2023 年 10 月